WORLD-SYSTEMS ANALYSIS An Introduction

入門 世界システム分析

ウォーラーステイン

山下範久・訳

藤原書店

Immanuel Wallerstein

World-Systems Analysis

An Introduction

入門・世界システム分析／目　次

5 危機にある近代世界システム――分岐《バイファケーション》、カオス、そして選択 *183*

システムの危機とは　システム間移行の過程のカオス性　一九六八年の世界革命――近代世界システムの危機の起源　資本主義的世界＝経済のディレンマ　生産費用の長期的上昇　労働力にかかる費用　工場の逃避　世界の脱農村化　投入物にかかる費用　廃棄物の処理　一次原料の再生　インフラ整備　税負担の費用　世界の民主化　資本主義的世界＝経済の限界　最大のA局面――一九四五年以降の世界＝経済　古い反システム運動への幻滅　国家一般に対する不信――一九六八年の世界革命の帰結　自由主義のジオカルチュアの終焉　ポスト一九六八年の左派の対応　ポスト一九六八年の右派の対応　新自由主義の登場　カオスの増大としての世界＝経済の金融化　徴候としての世界社会フォーラム　カオスの増大としてのテロリズム　システム間移行の過程と行動の時間的スケール　自由と平等の等根源性　多数者の自由と少数者の自由　自由の条件としての平等　新しいシステム

凡例

一　本書は、Immanuel Wallerstein, *World-Systems Analysis: An Introduction*（Duke University Press, 2004）の全訳である。

一　強調をあらわす原文のイタリック体には傍点を付した。

一　［　］は原著者による注記を示す。

一　訳者による短い注記は〔　〕によって本文中に挿入した。

一　原著には無い小見出しを補った。

謝辞

本書執筆の話が決まったとき、おもいがけず幸運に、スペインのサンタンデールにあるメネンデス・ペラヨ国際大学から、「世界システム分析」について、一週間の夏季集中講義をしてほしいという依頼を受けた。講義は五回構成で、主な参加者は、スペインの諸大学から来た大学院生および若手の教員であった。講義には四十名ほどが集まったが、それまで世界システム分析に比較的わずかしか触れてこなかった者が大半であった。というわけで私は、本書を構成する五つの章の下書きを作成するのに、その機会を利用することにした。講義の参加者からいただいたフィードバックは、私にとって有益であった。感謝を表する。

本書の草稿を書き上げた時点で、私は四人の友人に、それを読んでもらって批評を乞うた。その四人はいずれも、その読者としての判断、そして教師としての経験の点で私が敬意を寄せている友人たちであるが、世界システム分析とのかかわりや考え方の近さの度合いの点ではまちまちである。そうすることで幅広い反応が得られるだろうと期待したのである。そしてまた実際、幅広い反応が得られた。このようなかたちで力添えをいただくときはいつもそうであるが、彼らのおかげで誤りや不明瞭な点を除くことができ、感謝している。彼らからは賢明な提案も示してもらい、そのいくつかは実際本書に組み込まれた。しかしもちろん、本書を書く上で、どのようなものに仕上げるのが最も有益であるかということについての私自身の考え方に固執した部分もある。私が四人の友人の進言を採り上げなかったことについて、当然ながら彼らに責はない。しかしながら、彼らの行き届いた批評のおかげで、本書はたしかによりよいものとなった。カイ・エリクソン、ウォルター・ゴールドフランク、シャルル・ルメール、ピーター・テイラーの四氏に感謝する。

はじめに……まさにそのなかで生きている世界を理解するということ

■グローバリゼーションとテロリズム

二十世紀の最後の二、三十年以来ずっと、メディアは——そして実際のところ社会科学者たちも——われわれが生きている世界を支配している二つのことがらについて語り続けてきた。すなわち、グローバリゼーションとテロリズムである。両者はいずれも、はっきりと新しい現象としてわれわれに提示されている。前者には輝かしい希望がこめられ、後者には恐ろしい危険がこめられている。アメリカ合衆国政府は、前者を推進し、後者と闘う上で、中心的な役割を果たしているように見える。しかし、もちろん、このような現実は、ただアメリカだけのものではなく、グローバルなものである。それを分析する上で、一九七九年から一九九〇年までイギリス首相であったサッチャー女史の掲げた「ほかに選択肢はない」（TINA〔=There Is No Alternative.〕）というスローガンは大きな前提をなしている。グローバリゼーションとは、ほかに選択肢のないものだと言われている。迫り来るその要請に対しては、すべての政府が応じざるをえないというわけだ。また、もし生き延びたいとのぞむなら、あらゆるかたちのテロリズムに対しては、それらを容赦なく粉砕するほかに選択肢はないとも言われている。

このようなグローバリゼーションやテロリズムの描き方は、真実に反するものだというわけではないが、非常に偏った見方である。われわれは、グローバリゼーションとテロリズムというものを限られた時間と視野のなかで定義された現象としてとらえ、その帰結として、新聞と変わらない程度の一過性の結論にたどりつきがちである。概して言えば、そのような見方をしていては、これらの現象の意義、起源、そこからの軌跡、そしてなにより大切なことに、より大きな枠組みのなかでの位置づけといったものを理解することは不可能である。つまりわれわれは、これらの現象に対して歴史を閑却しがちなのであり、もろもろの断片を組み立てることができずに、短期的な期待が外れては驚くということを繰り返しているのである。

一九八〇年代に、ソ連があれほど急速に、かつあれほど少ない流血で崩壊することを予期した人間がどれだけいただろうか。二〇〇一年に、アルカーイダというほとんど聞いたこともないような運動組織の指導者が、九月十一日にペンタゴンとニューヨークのツインタワーをあれほど大胆に襲い、あれほどの被害を引き起こしえようなどと予想した人間がどれだけいただろうか。しかしながら、より長期的なパースペクティヴにたてば、この二つの出来事は、より長いシナリオの部分を成していることがわかる。そのシナリオを細部にわたってあらかじめ知ることはやはりありえなかったかもしれないが、おおまかな筋立ては予見可能なものであったのである。

■知の細分化の弊害

問題のひとつは、われわれがこれらもろもろの現象を、それぞれ特別の名前が与えられた別々のボックス――政治、経済、社会構造、文化などといった――のなかで研究してきたことにある。それらのボックスは、実体的な存在というより、われわれの想像による構築物の側面が強いということに思いがいたっていないのである。それら別々のボックスのなかで扱われるもろもろの現象は、実際にはきわめて緊密にからまりあっており、互いに互いの前提となり、互いに影響を与えあっているので、それぞれのボックスをすべて考慮にいれなければ、どのひとつも理解することはできないのである。いまひとつの問題は、われわれが、なにが「新しい」もので、なにがそうでないのかということを分析しようとするときに、近代世界システムの三つの重要な転換点――第一に「長い十六世紀」、第二に一七八九年のフランス革命、そして第三に一九六八年の世界革命――を、その分析からはずしてしまいがちだということである。「長い十六世紀」は、資本主義的な世界=経済として近代世界システムが形成された時期であり、一七八九年のフランス革命は、その後二世紀間にわたって、その近代世界システムのジオカルチュアを支配した中道的リベラリズムの起源となる世界システム上の事件であり、一九六八年の世界革命は、近代世界システムの長い終末局面の前触れである。まさにわれわれがそのただなかにいる、この終末局面において、これまでこの世界システムの紐帯として機能してきた中道的リベラリズムのジオカルチュアは解体しつつある。

本書の主題である世界システム分析の提唱者たちは、「グローバリゼーション」という言葉自体が発案されるずっと以前から、グローバリゼーションについて語ってきた。ただし、それは、なにか新しい現象としてではなく、十六世紀に始まって以来ずっと、この近代世界システムの根幹をなしてきたものとして語られてきた。そして、右に述べた分析上の別々のボックス――大学では「個別科学《ディシプリン》」と呼ばれている――は、世界を理解するうえで、障害にこそなれ、助けにはならないと論じてきた。また、われわれがそのなかに生きており、われわれが持つ選択肢を決定している社会的現実〔の枠組み〕は、われわれのそれぞれが市民《シティズン》として帰属している多数の国民国家でなく、もっと大きな単位、すなわちいわゆる「世界システム」であるとも論じてきた。さらにわれわれは、この世界システムが多くの制度――国家と国家間システム、生産企業、家計世帯《ハウスホールド》、階級、あらゆる種類のアイデンティティ集団――をそのうちに抱えており、それらの諸制度が、システムが作用しうる範囲を決める母型を成すと同時に、システムに浸透している紛争および矛盾を刺激しているとも論じてきた。そしてわれわれは、このシステムが社会的な創造物であって、それには歴史がある――つまりそこには、説明されるべき起源、はっきりとした輪郭を持つものとして記述されるべき諸々のメカニズムの過程、そしてシステムの末期において見きわめられるべき不可避的な危機が存在する——とも論じてきた。

■異議申立てとしての世界システム分析

このように論じてきたなかで、われわれは権力を有する者たちの公式見解の多くに反対することになったばかりか、かれこれ二世紀ほどのあいだ社会科学者たちが積み重ねてきた従来の〔学問的〕知識の多くにも反対することになってしまった。このため、われわれは、われわれがそのなかで生きている世界がどのように機能しているのかに対してだけではなく、われわれがどのようにこの世界を捉えるようになってきたのかに対しても、新しい目を向けることが重要だと論じてきたのである。したがって、世界システム分析は、われわれにとってのわれわれの世界についての知のあり方に対する根底的な異議申立ての作業として捉えられる。しかし同時にわれわれは、まさにこのような分析の様式が現れてきたこと自体が、現代において政治的にきわめて重要な位置をしめている、この世界システムの深刻な不平等に対する、真の異議申立ての反映あるいは表現であるとも考えている。

私自身は、かれこれ三十年以上、世界システム分析に従事し、執筆を続けている。私は世界システム分析を、近代世界システムの歴史とメカニズムとの記述に用いてきた。また私は、知の構造の輪郭を示すためにも、世界システム分析を用いてきた。さらに私は、世界システム分析を、ひとつの方法およびひとつの視点として論じてきた。しかし、私は、自分の言う「世界システム分析」という言葉の意味の全体をひとつに固定しようとは決してしてこなかった。

三十年前と比べて、この「世界システム」という名を冠した著作は、いまや、ありふれたものとなり、世界システム分析に携わる者の地理的な範囲も拡大した。しかしながら、それは依然として、歴史的な社会科学のなかで、傍流の見方であり、反対派の見方である。世界システム分析は、賞賛されることも攻撃されることもあり、誤ったかたちで解釈され、紹介されることもきわめて多かった。そういう誤解は、敵対的で、あまりよく知らずになされる批判のこともあったが、〔世界システム分析に対して〕党派的には味方である（あるいは少なくともシンパである）ことを自認するような人からのこともあった。私には、全体論的《ホーリズム》な史的社会科学を要請するパースペクティヴについて、全体論的《ホーリズム》に概観を与えるため、私が世界システム分析の前提および原則だとみなしているものについて、説明する場がほしいという気持ちがあった。

■本書の構成と対象読者

本書は、同時に三種類の読者に向けて書かれたものである。すなわち、まず、これまでにまったくなんの専門知識も持っていない一般の読者に向けて書かれている。具体的には、大学の学部一年生でもかまわないし、ふつうの読書人でもかまわない。第二の対象読者は、歴史的な社会科学の研究を行っていて、世界システム分析の名のもとに提起されている諸々の論点やパースペクティヴについて本格的な入門を望む大学院生である。そして第三の対象読者は、世界システム分析の研究者集団——その歴史はまだ浅いが、成長しつつある——のなかで、特に私固有の見解について考えてみたいと思っておられる専門有識者である。

本書は、多くの読者にとっては、いささか回り道と思われるような順序で書き起こされている。すなわち、第1章は、近代世界システムの知の構造についての議論であり、世界システム分析という分析様式の史的起源の説明が試みられている。近代世界システムの実際のメカニズムについて論じているのは、第2章から第4章までだけである。そして、最終章の第5章でようやく、われわれが直面している将来の可能性について、したがってわれわれの現在の現実について論じる。すると、いきなり第5章から読み始めたい——つまり第5章を第1章として読みたい——と考える読者もおられるだろう。しかし、いやしくもこの順序で本書を構成したのは、世界システム分析の主張を理解するためには、読者は——たとえまだ若い初心者であっても——初等教育で学び、その後マスメディアで日々強化されてきた知識の多くを「脱思考《アンスインク》」する必要があるという私の信念のゆえである。われわれは、いま自分がそう考えるようになっているその考え方自体に直接対峙することなしには、私の信ずるところ、われわれが現在抱えているディレンマを、より力強く、より有益に分析しうるような考え方に、自分を解放していくことはできない。

書物というものは、さまざまなひとびとに、さまざまに読まれるものである。私は、本書が対象とする三種の読者のそれぞれが、本書をそれぞれ異なったかたちで読まれるものと思っている。

ただ、それぞれの種類の読者が、あるいは個々の読者が、本書を読んで有益だと考えてくださることを望むのみである。本書は、世界システム分析の入門である。なにか決定版のようなものとして世に送るものではまったくない。本書は、〔世界システム分析の〕全範囲にわたる論点を網羅しようと努力はしているが、なにかしら欠けているところがあったり、逆に強調されすぎているところがあったり、またもちろん端的に私の議論に間違いがあるところがあると感じられる読者もおられよう。本書は、考え方の入門を意図するものでもあり、したがってまた、開かれた討議への招待でもある。本書の三種類すべての読者が、その討議に参加されることを、私は望む。

入門・世界システム分析

1 世界システム分析の史的起源

……社会科学の諸ディシプリンから史的社会科学へ

■世界システム分析の構造的起源

世界システム分析は、社会的現実を把握する上での新しいパースペクティヴとして、一九七〇年代のはじめに創始された。そのパースペクティヴを構成する諸々の概念には、古くから用いられているものもあれば、新しいもの（あるいは少なくとも新しく名づけられたもの）もある。概念というものは、それが置かれた時代の文脈においてでなければ理解されえない。パースペクティヴをまるごと理解するとなれば、なおさらそうである。それを構成する諸概念は、基本的に、互いに互いの意味を規定しあい、そうして編み上げられたひとつの全体のなかで意味を持つからである。相対的に古い、その時点では相対的によく受け入れられたパースペクティヴが、なんらかの重大な点で、不適切ないしは誤解をまねくようなもの、あるいはなんらかの偏向をともなうものであり、したがって社会的現実を分析するための道具ではなく、むしろその理解を阻む障害となっているという主張は、なんであれ、新しいパースペクティヴが登場するときの常套である。

そのような他のすべてのパースペクティヴと同様、世界システム分析も、先行するもろもろの議論および批判のうえに成り立ったものである。ある意味、まったく完全に新しいパースペクティヴなどというものはほとんどありえない。たいていの場合、なにかしら似たようなことというものは、何十年、あるいは何百年も前に、すでに誰かによって言われてしまっているものだ。したがって、なにかあるパースペクティヴが「新しい」といわれうるのは、そのパースペクティヴに体現されるような考え方に対して、世界のほうがそれに正面から向き合う準備がはじめてできた(あるいはまた、そのような考え方が、より説得的に、またより多くの人々にとってわかりやすいかたちで呈示されるようになった)というような意味合いにおいてでしかありえない。

かくして、世界システム分析の出現は、近代世界システムの歴史、およびそのシステムの一部として発達した知の構造の文脈に埋め込まれたものとして語られなければならない。そしてそのストーリーの起点を同定するならば、一九七〇年代ではなく、十九世紀の半ばに求めるのが至当である。十九世紀なかば、資本主義的世界=経済は、すでにその形成から二世紀ほどをへた存在となっていた。〔資本主義的世界=経済の論理が要請する〕不断の資本蓄積の必要は、持続的な技術革新、そして持続的なフロンティアの拡大――地理的にも、心理的にも、知的にも、科学的にも――の必要を生んだ。

結果として、知というものがいかに得られるのかについての知の必要が感じられるようになり、またそのような知がいかにして可能なのかをめぐる論議の必要が感じられるようになった。宗教的権威は、彼ら宗教的権威のみが真理に通じる唯一の確実な道であると何千年にもわたって主張してきたが、そのような主張は、近代世界システムにおいては、すでにそうすんなりとは通らなくなって久しいものとなっており、それに代えて、世俗的（すなわち非宗教的）な方法が受け入れられるようになってきた。哲学者たちは、この課題に献身し、人間は、なんらかの宗教的権威や聖典などを通じて明かされた真理なるものを受け入れることによってではなく、自らの知性を特定の仕方で用いることによって知を獲得しうる存在であると主張した。デカルトやスピノザといった哲学者は――両者が互いにどれほど異なる思想を唱えているといえども――いずれも、神学的知識を、知の構造の中心から分離した私的領域に放逐すべくつとめた点で、同じ役割を果たしている。

人間はその持てる理性の能力を用いることで直接に真理を判別しうるという主張のもと、哲学者たちが神学の専制に挑むようになったのと並行して、またひとつ別のグループをなす学者たちが現れてきた。彼らは、神学者たちの果たすべき役割については、哲学者の立場に同意していたが、いわゆる哲学的洞察も、宗教的啓示とまったく同様、真理の源泉としては恣意的なものでしかないと主張した。このグループの学者たちは、現実の経験的分析を第一とすることを主張した。十九世紀の初め、太陽系の起源についての著作をものしたラプラスは、同書をナポレオンに献上した。そしてそのナポレオンから、「これだけの大部のなかに、一度も神への言及がないのはいかなることか」と問われ、こう答えたといわれている——「閣下、その仮説は私には必要ありません」。これらの学者は、その後、科学者と呼ばれるようになっていった。ただ、知の定義の様式という点で、科学と哲学とのあいだに明確な分割が現れるのは、早くとも十八世紀末以降の話だということは銘記しておかねばならない。十八世紀末、カントが、形而上学にくわえて、天文学と詩学の講義を行うことに、まったくなんの問題もなかった。それればかりか、彼は国際関係論の著作も残している。当時において、知とはいまだ単一の場と考えられていたのである。

■「二つの文化」の制度化

しかし十八世紀後半のちょうどこのころから、哲学と科学とのあいだの分離（今日、英語圏では「離婚 divorce」という表現をする論者もいるが）が起こってきた。この「離婚」を訴えたのは、経験的「科学」の立場を防衛せんとする者たちであった。彼らは、経験的観察からの帰納に立脚した理論化こそが、「真理」にいたる唯一の方法であり、その〔経験的〕観察は他の科学者によってあとから再現しうる（そうすることによって観察を検証しうる）かたちで行われなければならないと主張した。彼らは、形而上学的演繹は思弁に過ぎず、「真理」としての価値を持たないと強調し、ゆえに彼らは、みずからを「哲学者」とみなすことを拒否した。

くわえてまたちょうどこのころに——さらに踏み込んで言えば主としてこの「離婚」の帰結として——近代的な大学が誕生した。近代の大学は、中世の大学の枠組みの上に築かれたものでありながら、実際には、まったく異なる構成をとっている。近代の大学は、中世の大学とはちがい、常勤で給与を支払われている教授陣を擁しており、その大半は聖職者ではなく、〔中世の大学を構成した神学、法学、医学、哲学の四学部のような〕「学部 faculty」ごとの組織が、さらに「学科 department」や「講座 chair」に細分化され、個々の「学科」はそれぞれ、自らが特定の「個別科学《ディシプリン》」の場たるべきことを主張した。そして学生は、教科課程に沿って学習を進め、当該の学科が定める学位の取得を目指すものとされた。

中世の大学には四つの学部があった。神学、医学、法学、哲学の四学部である。十九世紀に起こったことは、ほとんどあらゆるところで、哲学部が、少なくとも二つの別々の学部へと分割されたということである。すなわち、諸「科学」を受け持つ学部と、他の諸科目を受け持つ学部である。この後者の諸科目は、場合によっては、「人文学」と呼ばれ、また別の場合には「学芸 arts」ないしは「教養 letters」という名で（あるいは、その両方で）呼ばれた。さらにまた別の場合には、「哲学」の名をそのままとどめることもあった。つまり大学は、のちにC・P・スノーが名づけた表現で言うところの「二つの文化」を制度化していったわけである。そして、この二つの文化は、互いに互いを攻撃しあい、それぞれ自らが知の獲得のための唯一の（あるいは少なくとも最良の）方法であると主張した。科学の側が強調したのは、経験的研究（さらには実験研究）と仮説の検証であった。人文学の側が強調したのは、〔対象への〕移入によって得られる直観――のちに解釈学的了解とよばれるようになった――であった。かつての知の一体性の遺産のなかで、今日唯一われわれに遺されているのは、大学における人文学と科学のすべての学科において最高学位として与えられるのがPhD〔博士号〕、すなわち"doctor of philosophy"〔哲学博士〕の称号であることだけである。

科学は、人文学によっては真理は認識しえないと主張した。知が一体のものであった時代において、真善美の追求は、まったく同一のものとまでは言わぬまでも、密接に織りあわされたものであった。しかしいまや科学者たちは、自分たちの仕事は善や美の追求とは無関係なもので、ただ真の探求のみが科学の役割であると主張し、ひるがえって善と美の追求を哲学者たちに譲り渡したのである。そして哲学者の多くは、この分業を是としたのであった。かくして「二つの文化」への知の分割はまた、真の追求と善および美の追求とのあいだに高い障壁を生み出すことを意味することとなった。すると、これに対して科学者は、自らの「価値中立性」を主張して、その立場を正当化した。

■社会科学の社会的起源

十九世紀において、科学の諸学部は、物理学、化学、地質学、天文学、動物学、数学などの多数の分野――「個別科学《ディシプリン》」と呼ばれる――に細分化されていった。人文学の諸学部は、哲学、古典学（ギリシア語、ラテン語、および〔ギリシア・ローマの〕古典）、美術史、音楽学、民族言語学および民族文学、他の語族の言語および文学といった分野に細分化されていった。

最大の問題は、社会的現実に関する研究を、いずれの学系に位置づけるべきかということであった。一七八九年のフランス革命、およびその結果として近代世界システムにもたらされた文化的混乱によって、そのような〔社会的現実を対象とする〕研究の必要が切実に感じられるようになっていたのである。フランス革命が広めた革命的な考え方は二つあった。ひとつは、政治体制の変化は、例外的な事態でもなければ、なにか忌避すべきことでもなく、正常なことであり、したがって常に生ずるものであるという考え方。いまひとつは、「主権」――国家がその領域内において自律的な決定を行う権利――は、君主にも議会にも存せず（君主のものでも議会のものでもなく）、「国民people」に存するものであり、ただ「国民」のみが体制を正統とする権能をもつという考え方である。

この二つの考え方はいずれも支持を集め、フランス革命自体の政治的過程の逆転にもかかわらず、広く採用されるところとなった。もし、もはや政治体制の変化が正常なものであり、かつ主権が国民に存するのであれば、〔政治的〕変化について、そのあり方と速度の根拠を理解すること、そして「国民」なる存在が意思決定をなすべき方法（あるいはそもそも「国民」がいかにして意思決定をなしうるのかということ）について理解を得ることは、突如、万人必須の課題となる。

これこそが、「社会科学」（という言葉ができたのは、さらに後のことだが）の社会的起源である。

しかし、「社会科学」とは何なのだろうか。そして「社会科学」は「二つの文化」のあいだに始まった新しい争いのなかに、いかに位置づけられるのだろうか。これは簡単に答えの出る問いではない。実際のところ、これらの問いに対して、満足のできる答えが与えられたことなどないといってもよいくらいである。社会科学は、当初、「純粋科学」と「人文学」の中間に位置づけられがちであった。ただ中間とはいっても、そこにしっくりと収まったというわけではない。というのも、社会科学は、〔科学と人文学のいずれとも異なる〕はっきりとしたかたちをもった第三の知のあり方を展開するのではなく、むしろ相対的に「科学的」ないしは「科学主義的」な社会科学観をとろうとする者と、相対的に「人文学的」な社会科学観をとろうとする者とに分裂していったからである。社会科学は、反対方向に向かって走ろうとする二頭の馬につながれた馬車のごときありさまを呈したのである。

■「科学」としての歴史学

最も古い社会科学は、いうまでもなく歴史学である。その営み、そしてその学問名称は、何千年も前にさかのぼるものである。十九世紀に、歴史記述の様式にひとつの「革命」が起こった。その「革命」は、レオポルト・フォン・ランケの名と結びついている。彼は、歴史は「それが実際に起こったがままに」wie es eigentlich gewesen ist 書かれなければならないという標語を遺した。

彼が批判の対象としたのは、〔主人公を理想化した〕聖人伝的な歴史記述を行っていた歴史家たちである。彼らの書く歴史は、君主や王国の美化された物語にすぎず、捏造された話さえ含まれていた。対してランケが提唱したのは、臆断や作り話を排した、より科学的な歴史である。

ランケはまた、そのような歴史を書くための特定の方法を提唱した。すなわち、書かれる対象となる出来事について、その出来事が起こったときに書かれた文書を探すという方法である。やがて、そのような文書は、いわゆる公文書館に保管されるようになっていった。公文書館の文書を研究するこの新しいタイプの歴史家にはひとつの大前提がある。すなわち、出来事が起こった当時にその出来事にかかわった諸々の主体は、将来の歴史家のためにテクストを遺しているのではなく、そのときに現場にいた彼ら自身が実際に考えていたこと、あるいは少なくとも彼らが他人にそう信じてもらいたいと願っていることを書きあらわしているのだということである。もちろん、歴史家たちも、そのような文書が、念入りな作業を通して、偽造や捏造を含んでいないことを立証されなくてはならないことは認めている。しかし、ひとたびそういった検証がなされたならば、その文書は後世の歴史家の偏見の混入を原則的にまぬかれたものとして取り扱われるのである。偏見をさらに極小化するべく、歴史家たちはまた、歴史は、「過去」についてのみ書かれうるものであって、「現在」を対象とはしえないと主張した。現在に関するテクストは、その時点における外的要因の刻印をまぬかれえないからというわけである。いずれにせよ、公文書館（それは政治当局の支配を受けている）は、かなり長い時間（五〇年から一〇〇年）を経なければ、めったに歴史家に「開かれる」ことはなかったし、したがって、どのみち普通、歴史家が現在についての重要な文書を手にしうることはなかった。(二十世紀末になると、多く国の政府は、公文書館をもっと早く開くよう求める、反対勢力の政治家からの圧力を受けるようになった。その結果としてもたらされた公開性は、ある程度の効果を持ったが、その一方で、諸政府がその機密事項を守る新しい方法を見出してもいるということもたしかであろう。)

しかしながら、このような、より「科学的」な方法への志向を持っていたにもかかわらず、〔ランケ的な〕新しい歴史家たちは、自らを科学の学部のひとつとはせず、むしろ人文学の学部のひとつとした。これらの歴史家は、根拠のない臆断のゆえに哲学を拒否していたのであるから、このことは一見、不可思議に思われる。くわえて言うなら、彼らは経験主義者であり、したがって自然科学者への共鳴を感じていたとも考えられる。しかしながら、彼らの経験主義は、大規模な一般化には概して懐疑的な経験主義であった。彼らは、科学的法則の発見はもとより、仮説の定式化にさえ関心を持たず、個別の「出来事」は、それぞれに固有の個別の歴史の観点から分析されなければならないとしばしば主張した。彼らは、人間の社会的生活は、そこに人間の意志という要因が介在しているがゆえに、純粋科学が研究の対象としている物理的現象とはまったく異なるものであると論じた。このように、今日で言うところの人間の主体性 human agency を強調する立場が、彼らをして、自らを科学者ではなく人文学者とせしめたのである。

では、どのような出来事が、彼らの関心にふさわしいのであろうか。歴史家は、研究の対象を決めるということをせねばならない。過去に書かれた文書のみに依拠するということ自体が、すでにして、彼らの研究の対象として可能なものにバイアスをもたらしている。公文書館の文書は、政治組織にかかわっている人物――外交官、官僚、政治的指導者――の手になるものが大半だからである。それらの文書は、政治的事件や外交上の事件として記録されていない現象については、ほとんどなにも明らかにするところがない。さらに言えば、そもそもこのアプローチは、歴史家の研究対象として、文書が存在する地域というものを前提としている。実際それゆえに、十九世紀の歴史家は、主として自国の歴史を研究する傾向にあり、くわえて副次的に「歴史的民族historical nations」――それはつまり、歴史の素材としての文書を公文書館に蓄積している民族という意味だということになろうが――と見なされていた他の諸国の研究が行われた。

では、そのような歴史家はどの国にいたのか。圧倒的多数（ざっと九五％）は、五つの地域に集中している。すなわち、フランス、イギリス、アメリカ合衆国、後にドイツとなる諸地域、そして同じくのちにイタリアとなる諸地域である。したがって、まず言えることは、この時代に書かれ、そして教えられていた歴史というものは、主としてこれら五つの国民の歴史であったということである。くわえてさらに問われなければならぬことがあった。フランスあるいはドイツといった国の歴史に含められるべきものには何があるかということである。いいかえれば、その地理的、時間的境界をどのように引くのかということである。大半の歴史家は、〔地理的境界として〕現在における領土、あるいは現在において領土として主張されている範囲を用い、〔時間的境界としては」できる限り過去にさかのぼってストーリーを追おうとした。かくしてフランスの歴史は、十九世紀においてフランスの領土とされた空間の範囲内で起こったことすべてについての歴史ということになった。いうまでもなく、これはまったく恣意的な境界の引き方ではあるが、あるひとつの目的にはかなっている。すなわちその時代におけるナショナリズム感情を強化するという目的である。そしてそれゆえにこそ、歴史を書くという営みは国家によって支援をうけることになったのである。

■経済学、政治学、社会学

とはいえ、過去を対象とする研究に自己の営みを限定するということになると、当然ながら、歴史家にとって、自国が現在直面している状況について発言しうることはほとんどなくなってしまう。そして政治的指導者たちは、むしろ現在についての情報の必要を感じていた。かくしてその必要に応ずるべく、新しく、おおきく三つの個別科学《ディシプリン》が現れてきた。すなわち、経済学、政治学、そして社会学である。しかしなぜ、過去を対象とする研究がひとつであるのに対して、現在を対象とする個別科学《ディシプリン》は三つということになったのだろうか。これは、十九世紀の支配的なイデオロギーであるリベラリズムが、近代性というものを、市場と国家と市民社会との三つの社会的領域への分化と定義したからである。その定義によれば、これら三つの領域は、それぞれ異なる論理で機能するものであり、社会活動において、ひいては知的活動においても、三つの領域は、それぞれを個別のものとして扱うべきであるとされた。かくて、三つの領域を対象とする研究は、それぞれに適した別々の方法論——すなわち、市場は経済学、国家は政治学、市民社会は社会学——によらねばならないということになったのである。

　ここでまた例の問題がもちあがる。これら三つの領域についての「客観的」知識はいかにして得られるのかという問題である。対する答えは、この場合、歴史家の場合とは異なるものとなった。〔経済学、政治学、社会学という〕それぞれの個別科学《ディシプリン》において支配的な考え方となったのは、社会活動のこれらの諸領域——市場、国家、市民社会——は、法則性をもって機能しており、その法則は、経験的分析と帰納的一般化によって認識することができるというものであった。これは、まさに純粋科学が、その研究の対象に対して前提としている考え方そのものである。したがって、これらの個別科学《ディシプリン》は、法則定立的個別科学《ディシプリン》（すなわち科学的法則を追求する個別科学《ディシプリン》）だということになり、歴史学がそうだとされるような個性記述的個別科学《ディシプリン》（すなわち社会的現象の一回性を前提とする個別科学《ディシプリン》）と対置されることになる。

　するとさらにまた、くだんの問いが発せられる。これら現在の現象についての研究は、〔地理的には〕どこを対象にすればよいのかという問いである。法則定立的な社会科学に従事する学者たちも、だいたいにおいては、歴史学者たちとおなじ五つの国にいたわけであるから、やはり歴史学者たちと同様に、主として自国を対象に研究を行った（あとは、せいぜい五つの国同士で比較を行うといったくらいであった）。これが、社会的に報われる選択であったのはまちがいないが、それにくわえて、法則定立的な社会科学者たちは、この選択が方法論的にも合理的なものであると主張した。彼らは、客観性を保つためにもっとももよい方法は、量的なデータを用いることであり、そのようなデータは、自国の直近の現在においてもっとも手に入りやすいと主張した。また、社会的行動を統べる一般的法則のようなものが、もしあると仮定するならば、あるひとつの場所で妥当なことは、他のすべての場所と時間において妥当するはずであるから、諸々の現象をどこで観察するかは問題にはならないとも主張された。それならば、もっとも信頼の置けるデータ――つまり、もっとも定量化され、反復的に検証可能なデータ――が得られるような現象を研究するにこしたことはないではないか、というわけである。

■「近代」の外部と社会科学――人類学と東洋学

社会科学者は、その先にひとつの問題をかかえることになった。四つの個別科学《ディシプリン》（歴史学、経済学、社会学、政治学）は総じて、実質的に、世界のきわめて限られた地域をしか研究していなかった。しかし十九世紀において、〔これら四つの個別科学《ディシプリン》を発達させた〕五つの国は、世界の他の多くの地域に植民地支配を敷くようになり、さらにその外側の地域とも通商関係や、場合によっては交戦状態に入るようになっていった。それにもかかわらず、それらの地域は、〔それら五つの国の目から見て〕なにかしら〔五つの国とは〕異なるものとされており、それら「近代」化されていない地域の研究に、西洋志向の四つの個別科学《ディシプリン》を適用するのは不適切であると考えられた。その結果、さらに二つの個別科学《ディシプリン》が生まれることになった。

そのひとつは、人類学である。初期の人類学者は、直接的（あるいはそうでなくとも実質的）な植民地支配の下におかれた人々を、その研究対象とした。人類学者は、自分たちの研究対象たる人間集団を、近代的技術を享受しておらず、固有の書記体系を持っておらず、また自集団を越えて拡大する宗教を有していないものという前提で捉えていた。そのような人間集団は、一般に「部族」と呼ばれ、相対的に小規模（人口および居住地域の広さの点で）で、共通の慣習、共通の言語を持ち、場合によっては単一の政治組織を持っているものとされた。十九世紀の言葉遣いでは、彼らは「未開」であると考えられていた。

このようなひとびとを研究するには、それらのひとびとが、近代国家の政治的支配にきちんと服しており、それらのひとびとに近づく人類学者に安全の保証があるということが、ひとつの不可欠な条件となった。それらのひとびとは、彼らを研究する人類学者たちとは、文化的におおきく隔たっているので、調査の基本的なあり方は、いわゆる「参与的観察」というものになった。すなわち、相当期間、研究対象となるひとびとのなかで生活して、その言語を習得し、かれらのさまざまな慣習について全般にわたる理解を得るという方法である。また人類学者は、しばしば、通訳（言語と文化の両面で）として現地の仲介人を利用する。このような研究活動は、民族誌記述と呼ばれ、それは「フィールドワーク」（文献研究《ライブラリー・ワーク》、文書館研究《アーカイヴァル・ワーク》との対比で）に立脚するものとされた。

これらのひとびとには、近代化された外来者による支配以前には「歴史」はないものとされていた。近代化された外来者による支配が、その結果としての「文化接触」によってはじめて、それらのひとびとに文化的な変容をもたらすのだという理屈である。それはどういうことかといえば、民族誌家が再現しようとしている、文化接触（それは通常、比較的最近のことである）以前の諸慣習は、記憶を絶する過去から植民地支配が始まるまでのあいだずっと〔本質的にかわらず〕存在していたということが前提とされているということである。これらのひとびとを支配した近代的な外来者にとって、民族誌家は、第一の通訳者として、多くの点で役に立った。彼ら民族誌家は、慣習の背後にある合理性を、そのような外来者に理解可能な言語で語りなおす役割を果たした。つまり、民族誌家は、植民地支配の当局が、その統治行政のなかで、やれること、やれないこと（あるいはやるべきではないこと）についての認識を高めるうえで有益な情報を提供するというかたちで、当局にとって有用であったのである。

しかしながら、世界は「近代」国家といわゆる未開部族だけで構成されているわけではなかった。汎ヨーロッパ世界の外部には、十九世紀の言い方で言うところの「高等文明」を擁する広大な地域が存在した。たとえば、中国、インド、ペルシア、アラブ世界といった地域である。これらの地域にはすべて、文字、書き言葉に用いられる共通の言語、単一の支配的な「世界」宗教（ただしキリスト教ではない）の存在といった共通の特徴がある。いうまでもないが、これら共通の特徴の存在の理由はいたって単純である。これらの地域はすべて、過去に（あるいは場合によっては現在にいたるまで）官僚制的な「世界＝帝国」が存在していた場所であったからである。そのような「世界＝帝国」は、広大な領土を支配し、そのため、共通の言語、共通の宗教、多くの共通の慣習を発展させた。これが、「高等文明」という言葉の意味である。

またこれらの地域はいずれも、十九世紀においては、もうひとつ別の特徴を共有していた。当時、それらの諸地域はすでに、軍事的にも技術的にも、汎ヨーロッパ世界ほど強力ではなくなってしまっていた。したがって、汎ヨーロッパ世界は、それらの諸地域を「近代」的ではないとみなした。だが逆に、それらの地域に住むひとびとが、「未開」という表現にふさわしくないということもまた（汎ヨーロッパ人的な規準からしても）あきらかであった。とすると、問題は、これらの諸地域に住むひとびとについての研究の方法と対象はいかなるものとなるべきかということになる。彼らは、ヨーロッパ人とは文化的に隔たっており、かつヨーロッパ人の観察者とは異なる言語で書かれたテクストを有し、キリスト教ではない宗教を奉じているわけであるから、彼らを対象とした研究を行う者は、彼らについて相当の理解を得んとするならば、高度に複雑で容易に習得しえない技能を身につけるべく、長期にわたる忍耐強い訓練を要求されることとなった。特に文献学的技能は、古代の宗教的テクストを解読するうえで、有用であった。そのような技能を身につけた者は、次第に「東洋学者《オリエンタリスト》」と呼ばれるようになった。この呼称は、ヨーロッパの知的伝統のなかにながらく存在してきた古典的な西洋／東洋の二分法から派生してきた表現である。

では、この東洋学者たちはなにを研究したのか。ある意味においては、彼らもまた民族誌を書いていたということはできる。彼らもまた、みずからが発見したさまざまな慣習を記述しようとしたからである。しかし、彼らが書く民族誌の大部分は、フィールドワークに立脚したものではなく、テクスト解読から引き出されたものであった。彼らの背後に常に鳴り響いていた問いかけは、これらの「高等文明」が、汎ヨーロッパ世界のように「近代」化しなかったのはなぜかということであった。東洋学者たちは、それらの文明には、なにかしらその歴史の歩みを「凍結」させる文化的要素があり、その要素の抜きがたさゆえに、西洋のキリスト教徒たちが進んだような「近代」へ至るための道筋をそれ以上前進することができなくなってしまったのだという方向で答えを求めようとした。そこからの論理的帰結として、それらの〔非西洋〕諸国が近代へむかって前進するには、汎ヨーロッパ世界からの支援が必要であるという結論が導かれた。

　未開のひとびとを研究する人類学者＝民族誌家と高等文明を研究する東洋学者には、認識論的な態度の点で、ひとつの共通点がある。すなわち、両者はともに、類としての人間の諸特性の分析に対立するものとして、自分たちの研究対象となる人間集団の特殊性を強調したのである。したがって、人類学者と東洋学者は、法則定立的な個別科学《ディシプリン》よりも、個性記述的な個別科学《ディシプリン》の側に立つ傾向を見せた。概して言えば、彼らは、「二つの文化」のなかで「科学」の陣営にではなく、「人文学」、「解釈学」の陣営に属するものとみずからをみなしていた。

■一九四五年の転機

以上、だいたいにおいてここに述べたようなかたちでそれぞれに固有の対象に焦点を定めた組織からなる大学の構成が、大学から大学へ国から国へと模倣・伝播していったのが十九世紀である。〔「二つの文化」に分裂した〕知の構造が定着し、大学がそれを収める枠組みとなった。くわえて、個々の個別科学《ディシプリン》に属する学者たちは、自分たちの縄張りを確保するための大学外組織をつくりはじめた。彼らは、自分たちの個別科学《ディシプリン》の学会誌を発刊し、全国学会および国際学会を設立した。さらには、自分たちの個別科学《ディシプリン》に収まるべき書籍を一括して整理するための図書館分類の範疇までつくった。一九一四年までには、〔各個別科学《ディシプリン》の〕ラベルは、かなり標準的なものとなった。このような個別科学《ディシプリン》の標準化は、少なくとも一九四五年まで、多くの点で一九六〇年までは、拡大を続け、おおむね成功を収めていた。

しかしながら世界は、一九四五年にある重要な点で変容を遂げた。その結果として、このような社会科学の個別科学《ディシプリン》の配置は、深刻な挑戦にさらされることになった。そのときに起こったことは三つである。第一に、アメリカ合衆国が世界システムにおける圧倒的な覇権《ヘゲモニー》大国となり、その結果、アメリカ合衆国の大学システムが、世界でもっとも影響力のある大学システムとなったということ。第二に、この頃から「第三世界」と呼ばれるようになった諸国は、政治的争乱とジオポリティクス上の自己主張〔主権国家としての独立運動〕の場になったということ。第三に、世界＝経済の経済的拡大と民主化の強力な進展とが組み合わさって、世界の大学システムが、信じがたいほどの拡大（教員数、学生数、大学数の点で）に向かったということ。これら三つの変化がひとつにあわさって、過去一〇〇～一五〇年ほどのあいだに展開・定着してきた緊密な知の構造に、大きな混乱がもたらされた。

まず、アメリカ合衆国の覇権《ヘゲモニー》と第三世界の自立のインパクトについて考えよう。このふたつのことが同時に起こったということは、社会科学内の分業――西洋を担当する歴史学、経済学、社会学、政治学と、それ以外を担当する人類学と東洋学――は、アメリカ合衆国の政策立案当局にとっては、無益どころか有害であることを意味した。アメリカ合衆国は、道教の古典を解読できる学者よりも中国共産党の勃興を分析できる学者を、バンツー諸族の親族構造を解説できる学者よりもアフリカのナショナリズム運動の強さや都市の労働力の成長を説明できる学者を必要としていたからである。この点では、東洋学者にしても人類学者にしても、たいした役には立たなかった。

■地域研究と開発主義

ひとつの解決はこうである。歴史学者、経済学者、社会学者、政治学者を訓練して、世界のその他の地域で起こっていることの研究に従事させるというやり方である。これが、アメリカ合衆国で始まった「地域研究《エリア・スタディーズ》」の起源である。これは、アメリカ合衆国の（そして世界の）大学システムに巨大なインパクトを与えた。しかし、本来的にどちらかといえば「個性記述」的なもの、すなわち地理的、文化的な「地域《エリア》」の研究と、経済学者、社会学者、政治学者が（そして、その頃には歴史学者の一部でさえ）前提としている「法則定立」的な認識論的態度とは、いかにして接合されうるのか。そのディレンマを解決すべく現れた巧みな知的解決が、「開発〔あるいは発展〕development」の概念である。

開発とは、一九四五年以降に用いられるようになった用語であるが、その概念の背後にあるのは、おなじみの説明メカニズム、すなわち段階論である。この概念を用いる者は、個別の諸単位――個々の「国民社会」――はすべて、本質的に同じ方向にむかって開発されていく（こうして法則定立的前提からの要請を満たす）が、その歩みの遅速はそれぞれの社会によって異なる（こうして個性記述的前提を満たす）という前提に立っている。かくて見事に、一方ではすべての国家が究極的にはともかく同じであると主張しながら、現在における「他者」なるものを研究するという独特な概念が導入されたわけである。このトリックには、実際的な側面もあった。「最も開発された」国は、「開発が遅れている」諸国に対するモデルの役割を果たしうるという示唆があるからである。前者は、後者に対して、一種の模倣を勧奨し、虹のかなたにある、より高い生活水準とより自由な政治的構造（これは「政治的発展 political development」と呼ばれた）を約束する立場となった。

これがアメリカ合衆国にとって有益な知的ツールであることは瞭然である。アメリカ合衆国では、政府および各種財団がこぞって、主要大学に（そうでない大学にさえ）、地域研究の拡大を支援すべく、手を尽くした。当時は、いうまでもなく、米ソの冷戦の時代であった。ソ連は、良いものを見てそれを採るにやぶさかではない国家であった。そしてソ連も開発の段階論概念を採用した。たしかに、ソ連の学者は、修辞的な目的で、用語に変更を加えはしたが、基本的なモデルは同じである。ただ、一点だけ、彼らが加えた大きな変更は、ソ連版の段階論では、アメリカ合衆国ではなくソ連が〔最も開発の進んだ〕モデル国家とされていることであった。

■ディシプリンの壁の溶解

さて、地域研究のインパクトに、大学システムの拡大があわさって、なにが起こったのかに話を移そう。大学システムが拡大したということは、博士号（PhD）を目指す人間が増えたということである。これは良いことのように思われるが、想起すべきなのは、博士論文が「オリジナル」な知的貢献でなければならないという要件のことである。研究を行う人間がひとり増えるたび、オリジナルな研究をするのは、ますます困難になっていく。こういった困難は、学問的な密漁にひとを駆り立てる。ある研究がオリジナルであるかどうかは、その研究が行われる個々の個別科学《ディシプリン》によって定義されるからである。個々の個別科学《ディシプリン》に属する研究者は、それまで他の個別科学《ディシプリン》に属していたテーマを、自らの専門分野内の一細目として切り取ってくるようになった。その結果、諸々の個別科学《ディシプリン》のあいだに、はなはだしい重複が生じ、それまで堅固であった境界が溶解した。いまや、政治社会学者がおり、社会史家がおり、ほかにも考えられる限りの組み合わせが存在している。

現実世界における変化も、学者の自己定義に影響を与える。それまで非ヨーロッパ世界を対象とする研究に特化していた個別科学《ディシプリン》に従事していた学者たちは、彼らが伝統的に研究してきた当の諸国において、いまや自分たちが、政治的な疑惑の目を向けられていることに気づくようになった。結果として、「東洋学」という用語は次第に消滅し、「東洋学者」は歴史家に転じていった。人類学は、かなり根本的な研究対象の再定義を迫られることになった。「未開」の概念も、その概念に反映されているはずの現実も消えうせつつあったからである。ある意味でいえば、人類学者たちは「帰郷」した。彼らは、その大半の出身地である〔汎ヨーロッパ世界の〕国々を、その研究対象に含めだしたのである。そして他の四つの個別科学《ディシプリン》（歴史学、経済学、社会学、政治学）では、はじめて、それまではカリキュラムに含められてこなかった世界の諸地域を専門として研究する学者が、学科の構成メンバーに迎え入れられるようになった。近代と非近代の地域区分は、その全体が解体しはじめたのである。

■四つの論争

こういったことは総体として、一方では、伝統的な真理についての確実性を低下させることになり（個別科学《ディシプリン》の「混乱 confusion」とも言われた）、他方では、それら既存の真理に疑義を唱える異端的な学者たち（特に、数の増えてきた非西洋世界出身の学者や、西洋出身で地域研究の畑で育まれた新しいタイプの学者の一部の者たち）に道をひらくことになった。そして一九四五年から一九七〇年までの時期において、社会科学の場でたたかわされた四つの論争が、世界システム分析の出現の背景となった。すなわち〔第一に〕、国連ラテンアメリカ経済委員会（ＥＣＬＡ）が展開した中核／周辺概念、およびそれを受けて構築された「従属理論」。〔第二に〕マルクス主義的概念である「アジア的生産様式」をめぐって共産主義の学者のあいだで起こった論争。〔第三に〕「封建制から資本主義への移行」をめぐって西欧の歴史家のあいだで起こった論争。〔そして第四に〕「全体史」をめぐる論争と、フランスにおける（のちには世界の少なくない地域における）アナール派史学の勝利である。これらの論争はいずれも、この時期にはじめて議論になったというわけではなかったが、それぞれこの時期に論争が顕著になり、その結果として、一九四五年までに展開してきた社会科学に対する大きな挑戦となったのである。

■従属理論

中核／周辺概念は、第三世界の学者によるきわめて重要な貢献である。一九二〇年代に、いくらか似たようなことを示唆したドイツの地理学者たちもいたのはたしかだし、一九三〇年代のルーマニアに、似たようなことを示唆した社会学者たちがいたこともたしかではあるが（もっとも一九三〇年代のルーマニアの社会構造は第三世界に近かったが）、この中核／周辺というテーマを社会科学者の研究上の重要な焦点にしたのは、一九五〇年代、ラウール・プレビッシュと、彼のもと、ＥＣＬＡで働いていたラテンアメリカ出身の「急進分子」たちがはじめてであった。その基本的なアイデアはきわめてシンプルである。すなわち、国際貿易は対等な立場にあるもの同士の交易ではなく、他の諸国より経済的に強い諸国（中核諸国）は、経済的に弱い諸国（周辺諸国）から剰余価値を流入させるような交易条件のもとで、貿易を行うことができるというのが、彼らの主張である。のちには、この過程を「不等価交換」と名づける者も現れた。〔中核と周辺とのあいだの〕不平等の問題に対して、この分析から導かれた処方箋は、周辺諸国の国家が行動を起こし、中期的将来に交易条件の平等化が達せられるような仕組みを制度化するというものであった。

むろん、このような単純な発想では片付かない具体的な問題は数限りなくあり、したがって、そういった諸々の諸問題をめぐって活発な論争が繰り広げられた。論争は、こういった発想を支持する論者と、特に十九世紀にデイヴィッド・リカードが提起したような、もっと伝統的な国際貿易観——すべての主体が各々の「比較優位」に特化することが、すべての主体にとって利益の最大化となる——に立つ論者とのあいだにもあったが、中核／周辺モデル自体の妥当性についてはー致した立場に立つ論者のあいだにもあった。すなわち、中核／周辺モデルの実際の作用のしかたはいかなるものであるか、不等価交換から真に利益を得るのは誰なのか、いかなる対抗策が不等価交換に対して有効であるか、そしてそのような対抗策を講ずる上で、経済的規制よりも、政治的行動が必要とされる度合いはどの程度であるかといった論点をめぐって、論争がくりひろげられた。

いま右に述べた最後の論点〔政治的行動の必要性〕こそが、いわゆる「従属論」の理論家たちが特に強調して展開した中核／周辺分析の主題にほかならない。たしかに、多くの従属論者たちは、真に不平等を是正するための行動には、その前提として政治的革命が必要であると主張した。ラテンアメリカで展開された従属理論は、表面的には、西洋諸国（特にアメリカ合衆国）が行っていた（また、そうせよと説いていた）経済政策に対する批判を第一義としていた。たとえば、アンドレ・グンダー・フランクは、中核地域の大企業および諸大国、そして世界＝経済に「自由貿易」を広めようとする国際機関がとってきた政策の帰結の表現するフレーズとして、「低開発の発展 development of underdevelopment」という言葉を生み出した。そこに言う低開発とは、当該の社会がもともとおかれていた状態（その社会がその状態にあることの責任がその社会自身に帰せられるべき状態）ではなく、史的資本主義によってもたらされたものにほかならない。

しかし従属理論は、それと同時に（あるいはそれ以上に）ラテンアメリカ諸国の共産党に対する批判でもあった。それらラテンアメリカ諸国の共産党は、発展段階説を奉じていた。すなわち、ラテンアメリカ諸国は、依然として封建的ないしは「半封建的」段階にあり、したがっていまだ（「プロレタリア革命」に先行すべき）「ブルジョワ革命」を経ていないという立場に立っていた。この立場から彼らは、ラテンアメリカの左翼は、まず、いわゆる進歩的ブルジョワと協力してブルジョワ革命を実現し、しかるのちに、各々の国において、社会主義の実現へと進まねばならないと説いたのである。これに対して、従属論者たち――その多くはキューバ革命の影響を受けていた――は、共産党の公式見解は、アメリカ合衆国の公式見解（「まずリベラルなブルジョワ国家と中産階級を構築せよ」）と本質的に変わらないと主張した。従属論者は、ラテンアメリカ諸国はすでに資本主義システムの不可分の一部分となっており、したがって必要なのは、いますぐ社会主義革命を起こすことであると論じて、共産党の路線に対して、理論的に対抗したのである。

■「アジア的生産様式」論争

このようにラテンアメリカに従属理論が展開していたころ、ソ連および東欧の共産主義諸国、そしてフランスやイタリアの共産党の内部においても、ある論争がおこっていた。「アジア的生産様式」をめぐる論争である。かつてマルクスが、人類史に展開してきた経済構造の諸段階について、きわめて簡潔ながら、そのあらましを論じた際、彼はそこに自らが記述する単線的な発展段階の構図には収まりがたいと気づきつつも、あるひとつのカテゴリーを付け加えた。マルクスは、それを「アジア的生産様式」と呼び、大規模で、官僚制的、かつ専制的な帝国（その歴史的実例として、すくなくとも中国やインドの例が挙げられる）を記述するカテゴリーとして、その言葉を用いた。このカテゴリーは、まさしく東洋学者たち（マルクスも同時代にあって彼らの著述に接していた）のいう「高等文明」にほかならない。

一九三〇年代、スターリンは、この概念は好ましくないと判断した。スターリンは、この概念がロシアの歴史的実態の表現としてばかりでなく、彼の支配する体制の表現としても用いられうると考えたのであろう。彼は、公的議論から、端的にこの概念を排除するというやり方で、マルクス解釈の「正統」を改訂しようとした。しかし、この概念を落としたことで、ソ連の（およびその他の共産党の）学者たちは、多くの困難を抱え込むことになった。彼らは、ロシアおよびアジア各国の歴史における諸契機を、無理やり「奴隷制」や「封建制」といった「正統」なカテゴリーにあうように強弁する議論を構築せざるをえなかった。ヨシフ・スターリンと論争しようという者はいなかった。

一九五三年にスターリンが死んだとき、多くの学者たちは、その機会をとらえて、再度問題を開き、マルクスのもともとの発想のなかに、この問題に取り組むための手がかりがあるのではないかと論じた。しかしそれは、発展段階の不可避性を再問題化することになり、したがって分析枠組みおよび政策方針としての開発主義を再問題化することになった。結果としてそれらの学者は、共産主義世界の外部の非マルクス主義的な社会科学者たちとの論争に駆り立てられていった。その論争は、基本的に、学問の世界における一九五六年のフルシチョフ演説のようなものであった。当時ソ連共産党書記長であったフルシチョフは、第二十回党大会において、スターリンへの「個人崇拝」を非難し、それまで絶対視されてきた政策に過誤があったことを認めたのである。このフルシチョフ演説と同様に、アジア的生産様式をめぐる論争もまた、いわゆる「正統派マルクス主義」が厳格に継承してきた諸概念にひびを入れ、それらを再考に付したのである。これにより、十九世紀的な諸々の分析カテゴリーに対して、ひいてはマルクスによって定式化された分析カテゴリーにさえも、新たな解釈の可能性がもたらされた。

■移行論争

これと同時に、近代資本主義の起源をめぐっては、西側の経済史家のあいだで論争が続いていた。この論争に参加していた論者の大半は、マルクス主義者を自らもって任じていたが、党からのしばりは受けていなかった。論争の最初は、一九四六年に刊行されたモーリス・ドッブの『資本主義発展の研究』であった。ドッブは、イギリスのマルクス主義経済史家であった。アメリカのマルクス主義経済学者であったポール・スウィージーは、このドッブによる「封建制から資本主義への移行」(ドッブもスウィージーもこういう表現をとった)の説明に挑戦する論文を書いた。それから、多くの他の論者が論争に加わった。

ドッブの側に立った論者にとって、論点は内生的説明か外生的説明かというところにあった。ドッブは、封建制から資本主義への移行の根源は、諸国家(特にイングランド)に内的な要素にあると考えた。ドッブおよびその支持者たちは、スウィージーを批判し、スウィージーの議論は、外的な要因(特に貿易の流れ)に移行の原因を求めて、生産構造の変化が果たす本質的な役割を無視しており、したがって階級関係を無視するものだと主張した。これに対してスウィージーらは、実際のところイングランドは、もっと大きなヨーロッパ＝地中海地域の一部だと考えるべきではないかと論じ、イングランドで起こったことの原因は、そのヨーロッパ＝地中海地域全体の変容に求められるのではないかとした。スウィージーは、アンリ・ピレンヌ(ベルギーの非マルクス主義歴史家であり、アナール派史学の父祖にあたる彼は、イスラム教勢力の勃興が西欧の交易ルートの断絶と経済停滞をもたらしたとする議論〔いわゆる「ピレンヌ・テーゼ」で有名である〕の著作から引いた実証データを用いていた。ドッブの支持者たちは、スウィージーが交易の重要性（いわゆる外的変数）を強調しすぎており、生産関係が果たす決定的な役割（いわゆる内的変数）を無視していると主張した。

この論争が重要であると考えられることには、いくつかの理由がある。まず、この論争には、〔従属論者たちの主張と同様に〕政治的な含意があると考えられていた。封建制から資本主義への移行のメカニズムをめぐって結論が出れば、将来あるはずの資本主義から社会主義への移行についても何がしか示唆がえられる可能性があるからである（実際、論争の参加者のなかには、明示的にその点を指摘したものもいた）。第二の理由は、経済学者として訓練されてきた多くの論者が、この論争を通じて、歴史的なデータへの関心を強めていったことである。その結果、彼らのなかには、〔後述する〕フランスのアナール派の論者たちの主張に接近する者も出てきた。第三に、この論争は本質的に、〔そういう言葉こそ用いられなかったが〕分析単位をめぐる論争であった。スウィージーの側は、社会的行動の分析を、〔ヨーロッパ＝地中海地域といったような〕なんらかのより大きな分業の単位ではなく、〔時間をさかのぼって〔過去の空間に〕投影された〕一国的な単位で行うことの有意味性に疑義を唱えていた。第四に、アジア的生産様式とまったく同様、この論争もまた、すでに論争に開かれた学問的な議論というよりは、イデオロギーとなって凝り固まってしまっていた〔「正統」な〕マルクス主義（一国的に閉じた生産関係のみの分析）を打破する結果を招いた。

■アナール派史学

この論争の関係者は、そのほとんどが英語圏の学者たちであった。対照的に、アナール派はフランスに始まり、ながらく学界においてフランスの文化的影響が大きい地域――イタリア、イベリア半島、ラテンアメリカ、トルコ、東欧の一部――でしか反響をよばなかった。アナール派は、一九二〇年代に、リュシアン・フェーヴルとマルク・ブロックをリーダーとして、当時のフランス史学界を支配していた、極端な個性記述的および経験主義的傾向（さらに、ほとんど排他的なまでの政治史偏重の傾向）に対する抗議として現れてきた学派である。アナール派は、いくつかの対抗ドクトリンを主張していた。〔まず〕歴史記述は「全体的《トータル》」でなければならないということ。これはすなわち、歴史記述は、すべての社会的領域における歴史的展開が統合された像に目を向けなければならないということである。さらに、このような統合された全体としての歴史的発展の経済的・社会的基礎は、その表層の政治の流れよりも重要であり、そのような基礎を体系的に研究することは、必ずしも文書館においてのみ可能なわけではないということ。そして歴史的現象を、長期的スパンで一般化して捉えることは、実際に可能であるばかりではなく、望ましいことでもあるということ、である。

〔二つの世界大戦の〕戦間期において、アナール派の影響力は、ごく小さいものであった。ブームは、一九四五年以降になって、突然起こった。第二世代のリーダーであるフェルナン・ブローデルの指揮のもと、まずフランスで、ついで世界各国で、歴史学界を支配するようになった。そうして、はじめて英語圏にも浸透しはじめたのである。制度的には、アナール派は、パリの新しい大学制度を統括する位置にあった。その制度においては、歴史学は、伝統的に法則定立的な傾向を持つ社会科学の諸学科からの知見を摂取し、それを統合する義務を負っており、逆に社会科学の諸学科は、より「歴史的」に研究を進めなければならない、とされていた。ブローデル時代は、社会科学の各個別科学《ディシプリン》が互いに孤立してきた伝統に対する、知的および制度的な攻撃の時代であった。

ブローデルは、社会的時間について語る枠組みを提起し、それによってその後の研究の方向性を示した。彼は、「事件に支配された」歴史、すなわち「挿話的歴史」〔ブローデルがフランス語で histoire événementielle と呼んでいるものを、ウォーラーステインは episodic history と英訳している――訳注〕を批判した。「挿話的歴史」とは、伝統的な、個性記述的で、経験主義的で、政治史中心の歴史のことである。ブローデルは、それを〔歴史の〕「塵」だと言った。「塵」だというのには二重の意味がある。ひとつは、それが一過性の現象をしか語っていないということであるが、いまひとつは、それが目に入ると、背後にある現実の構造が見えなくなるという意味である。だが、同時にブローデルは、時間を越えた永遠不変の真理の探究をも批判した。多くの社会科学者が行う純粋に法則定立的な研究なるものは、神話に過ぎないと考えていたからである。これらの二つの極端のあいだに、ブローデルは、〔個性記述的歴史学と法則定立的社会科学の〕「二つの文化」が無視してきた社会的時間がふたつあると主張した。すなわち、そのひとつは構造的時間（史的システムの基礎をなす、長期的に持続するが永遠不変ではない基本的な構造）であり、いまひとつはその構造の内部における循環的過程（世界＝経済の拡大と収縮のような中期的な趨勢）である。ブローデルはまた、分析単位の問題も強調した。彼は、その最初の大著において、彼が研究していた十六世紀の地中海は、一個の世界＝経済（world-economy/économie-monde）を構成していると主張し、この世界＝経済の歴史を研究対象に据えたのである。

■一九六八年の世界革命と世界システム分析の誕生

以上四つの論争はすべて、本質的に一九五〇年代～一九六〇年代における論争であり、だいたいにおいて、それら論争間で相互に参照されることなく（多くの場合、互いの論争の存在さえ知らずに）個別に起こったものである。しかしながら、全体としてみると、これらの論争は、既存の知の構造に対する大きな批判の現われとなっている。この知的騒乱に続いて、一九六八年の革命という文化的衝撃が起こった。そしてこの衝撃によって、バラバラであった批判がひとつのかたちとなったのである。もちろん、一九六八年の世界革命〔を構成する世界各地の状況〕は、それぞれ直接に重要な政治的争点をめぐって起こったものである。たとえば、アメリカ合衆国のヘゲモニーとその世界戦略（それはヴェトナム戦争を引き起こしていた）、相対的に能動性を欠くソ連の態度（一九六八年の革命勢力は、それをアメリカ合衆国との「結託」と見なした）、現状に対する批判勢力としての伝統的な旧左翼の無能といったことが、一九六八年の世界革命の主要な問題意識であった。このこと自体については、あとで論じよう。

しかしながら、一九六八年の革命勢力は、世界各地の大学組織に最も強力な拠点を有しており、〔直接の政治的争点だけではなく〕知の構造に関する多くの争点をも提起しはじめたのである。まず彼らは、大学の研究者が、世界の現状を固定することに資するような研究を行うことで（たとえば、戦争に関連する研究を行う物理学者や暴動の鎮圧に役立つデータを提供するような研究を行う社会科学者など）、研究者が直接的な政治的関与を持つことをめぐる疑義が提起された。つづいて彼らは、これまで無視されてきた研究分野の存在をめぐって問題を提起した。これは、社会科学においては、多くの被抑圧集団――女性、「マイノリティ」集団、先住民、オルタナティヴな性的志向および実践を持つひとびと――の歴史に対する無視を意味している。しかし究極的に彼らが提起した問題は、知の構造の背後にある認識論の問題であった。

ことここにいたって――時は一九七〇年代のはじめであるが――ひとびとは、ひとつのパースペクティヴとしての世界システム分析を明示的に語り始めた。世界システム分析は、分析単位に関する問題意識、社会的時間に関する問題意識、そして社会科学の個別科学《ディシプリン》間に打ち立てられてきた障壁に関する問題意識を一貫性のあるかたちで統合しようとする試みであった。

■分析単位の転換

世界システム分析が第一に意味するところは、既存の標準的な分析の単位であった国民国家という分析単位から「世界システム」という分析単位への転換である。概して言えば、それまでの歴史家は一国史の分析をおこなっており、経済学者は一国経済の分析を、政治学者は一国の政治構造の分析を、社会学者は一国社会の分析を、それぞれ行ってきた。世界システム分析は、それに対して懐疑的な態度で臨み、いったいそれらの研究対象〔つまり一国的に定義された対象〕は実在するものなのか、そして実在するにせよしないにせよ、それらの対象を分析の中心に据えることは最も有効な方法なのかという問いを発した。そして世界システム分析は、国民国家に代替して設定されるべき研究対象として「史的システム」を提起した。そこでは、史的システムは、史上これまでに三つの種類しか存在しなかったと論じられた。すなわちミニシステム、および世界=経済と世界=帝国という二種類の世界システムである。

世界システム world-system、およびその二つのサブカテゴリーである世界=経済 world-economy と世界=帝国 world-empire についているハイフンに留意していただきたい。このハイフンには、世界システム分析が、世界全体における諸システム、諸経済、諸帝国を語っているのではなく、それ自体が世界であるような（しかし、必ずしも地球全体を覆うものではなく、実際ふつうはそうではない）システム、経済、帝国について語っているということを強調する意図がある。これは、最初に理解すべき鍵となる概念である。つまり「世界システム」においては、多数の政治的・文化的単位を横断する時間的／空間的広がりを分析の対象とするということである。その広がりは、システムとしての一定の規則に従う活動や制度を通じて統合されたひとつの広がりをあらわしている。

もちろん、実際には、この概念は、まず主として「近代世界システム」――それは「世界＝経済」の形態をとるとされた――に適用された。この概念は、ブローデルが、地中海について書いた著作のなかで用いた言葉遣いから採って、それにＥＣＬＡの中核／周辺分析を組み合わせたものである。そうして、近代の世界＝経済は資本主義的な世界＝経済であると論じられた。この近代の世界＝経済は、史上最初の世界＝経済ではないが、世界＝経済として長期にわたって持続・繁栄した最初の世界＝経済であり、その持続性は、完全に資本主義的な世界＝経済となることによってはじめて得られたものであった。この資本主義の広がりが、ひとつの国家ではなく、世界＝経済として捉えられるものだとすると、ドッブが言うところの封建制から資本主義への移行をめぐる内的説明なるものには、あまり意味がない。というのも、ドッブの議論では、移行の過程は、同一の世界システムの内部において、国ごとに何度も起こるものということになってしまうからである。

このような分析単位の定式化の発想には、過去にさかのぼる系譜がある。ハンガリー（のちイギリス）の経済史家であるカール・ポランニーは、経済的統合の三つの形態のあいだの区別を主張した。彼は、その三つの形態を、「互酬」(一種の直接的な贈与と返礼の関係)、「再分配」(財が社会的階梯の底辺から頂点に集められ、それからその一部が底辺へ向かって戻される)、「市場」(公的な場で貨幣の形態で交換が起こる)と呼んだ。ミニシステム、世界=帝国、世界=経済という史的システムの三つの類型カテゴリーは、ポランニーによる経済の三つの統合形態を、別のかたちで表現するものともみられた。すなわち、ミニシステムは互酬、世界=帝国は再分配、世界=経済は市場によって統合されているということである。

〔ECLAの〕プレビッシュが提起したカテゴリーもまた世界システム分析には採り入れられている。資本主義的な世界=経済は、中核的生産過程と周辺的生産過程とのあいだの垂直的分業を特徴としている。この垂直的分業は、中核的生産過程にかかわる諸主体に有利なかたちで、不等価交換を引き起こす。中核的生産過程は、特定の諸国に集積する傾向があるので、「中核的」および「周辺的」という形容が国家や地域にかかるのではなく生産過程にかかるのだということを忘れない限りにおいてならば、「中核地域」ないしは「周辺地域」(さらには、「中核諸国」ないしは「周辺諸国」)といった簡略化された言い方もできる。世界システム分析においては、中核と周辺というのは、関係的な概念であり、中核それ自体、周辺それ自体がそれぞれ実在しているわけではない。つまり、「中核的」という言葉も、「周辺的」という言葉も、それぞれ片方だけでは、本質的な意味内容を持たないということである。

ならば、特定の生産過程が中核的であったり、周辺的であったりするのは、何によるのであろうか。〔世界システム分析において〕それは、その特定の過程が、相対的に独占されているか、相対的に自由な市場に委ねられているかの度合いによると見られるようになってきた。相対的に独占された過程は、自由な市場に委ねられている過程に比べて、はるかに大きな利潤を生む。そうであるがゆえに、中核的生産過程が集積している諸国は富裕になるのである。また、独占された産品が、多数の生産者が市場で競争する産品に対して、非対称的な力をもつとすると、中核的産品と周辺的産品の交換の最終的な帰結は、中核的生産過程が多数集積している諸国への剰余価値（ここでは個々の生産現場から生ずる実質利潤の大部分を意味する）の流入となる。

■ブローデルからの二つの影響

ブローデルの影響は、次の二点において決定的であった。第一に、ブローデルは、資本主義と文明に関する彼の後期の著作において、自由市場の領域と独占の領域とのあいだに鋭い区別を主張した。彼は、〔自由市場とは区別された〕独占こそが資本主義であると論じた。彼によれば、資本主義と自由市場とは、まったく別のものであり、資本主義は「反 - 市場」なのである。この考え方は、市場と資本主義とを同一視する（マルクスを含む）古典派経済学の考え方に対する直接的な（単に用語の問題としてだけではなく、実質的にも）攻撃となっている。第二に、ブローデルが主張した社会的時間の多元性と、そのなかで特に強調された構造的な時間（彼は「長期持続《ロング・デュレ》」と呼んだ）は、世界システム分析の中心を占めるものとなった。世界システム分析にとって、長期持続《ロング・デュレ》は、ひとつの史的システムの持続にほかならない。そのようなシステムの機能に関する一般化は、時間を超越した永遠不変の真理の主張だと受け取られる危険を免れている。なぜなら、そのようなシステムは〔あくまで長期持続《ロング・デュレ》の範囲内の存在であり〕永遠不変ではない以上、そこには、始まりがあり、〔長期持続《ロング・デュレ》を通じて〕「発展」していく過程があり、そして別のシステムへの移行へとつながっていく終末があるはずだからである。

一方で、このような見方は、広い空間的レンジとともに長い時間的スパンで現象を観察しなければならないという意味で、社会科学が歴史的でなければならないという主張を強力に支持するものであるが、同時にまた、それは、「移行」に関する問題を、(再度)そっくりひらくことになった。ドッブとスウィージーは、封建制から資本主義への移行について、まったく異なる説明をそれぞれ主張したが、どのように説明されるにせよ、封建制から資本主義への移行を必然的な現象とする点では、同じ感覚を共有していた。この確信は、古典的な自由主義思想と古典的なマルクス主義思想に通有して影響していた啓蒙主義的な進歩思想の反映である。しかし世界システム分析は、この進歩の必然性に対して、懐疑的な態度をとりはじめ、さらには、資本主義的な世界＝経済の構築自体をも進歩と見なしうべきかいなか、疑問を呈したのである。このような懐疑的姿勢によって、世界システム分析は、「アジア的生産様式」のラベルを貼られていたさまざまなシステムの現実を、人類史の構図に取り入れることが可能となった。もはや、それらのさまざまなシステムが単線的な歴史の発展段階のどのポイントにあるのかということに頭を悩ませる必要はなくなったからである。さらに、封建制から資本主義への移行が、そもそもなぜ起こったのかを（つまり、現実的な別の可能性として、移行が起こらなかった可能性もあったかのように）問うことも可能となった。移行の必然性は前提ではなく、端的に、移行の直接の諸原因に目を向けることができるようになったのである。

■単一の学としての史的社会科学

世界システム分析の第三の要素は、社会科学の伝統的な境界に対する挑戦である。世界システム分析は、長期持続《ロング・デュレ》にわたるトータルな社会システムの分析を行うものである。したがって、世界システム論においては、それまで歴史家、経済学者、政治学者、社会学者がそれぞれに排他的な関心対象だとみなしてきた現象を分析の対象とすることを妨げるものはなにもないし、しかもその分析は、単一の分析枠組みにおいて行われる。つまり、世界システム分析は、既存の歴史学や諸社会科学の個別科学《ディシプリン》の知的正統性を認めていないわけであり、したがって世界システム分析は、〔各個自立の複数の個別科学《ディシプリン》によって構成されるという意味で〕多学科協働的《マルチディシプリナリー》なのではなく、〔既存の歴史学および社会科学の諸個別科学《ディシプリン》を越えて、それ自体が単一の個別科学《ディシプリン》として存在するという意味で〕統一学科的《ユニディシプリナリー》なのである。

■世界システム分析に対する四つの批判

世界システム論による、以上の三つの批判――分析単位として国家ではなく世界システムを採用すること、長期持続《ロング・デュレ》を強調すること、統一学科的《ユニディシプリナリー》なアプローチをとること――は、既存の多くの立場にとって、冒涜的ともいうべき攻撃を意味していた。逆襲を浴びることは、予想にかたくないことであった。実際、時をおかず、また非常に激しく、四つの陣営から反論が浴びせられた。すなわち、法則定立的な実証主義者、正統派のマルクス主義者、「国家の自律性」学派、文化の固有性を重視する立場の四つである。それぞれの陣営からの批判の中心は、自分たちの立場の基本的な前提が世界システム分析には受け入れられていないというものであった。それはその通りだが、知的破壊力に欠ける批判といわざるをえない。

■法則定立的実証主義

法則定立的実証主義者は、世界システム分析は本質的に語り《ナラティヴ》にすぎず、その理論は、厳密な検証を経ていない諸仮説に立脚していると論じた。さらに彼らはしばしば、世界システム分析の諸命題の多くは反証可能性がなく、したがって本来的に無効であるとも主張した。この批判は、一面では、研究の数量化が十分に（あるいはまったく）行われていないという批判であり、また別の一面では、複雑な状況を、明確に定義された単純な変数に還元することが十分に（あるいはまったく）行われていないという批判でもある。さらに別の一面では、価値負荷のかかった前提が学問的研究に入り込んでしまっているということを示唆する批判でもある。

いうまでもなく、これらの批判は、実質的に、世界システム分析から法則定立的実証主義に向けた批判の裏返しである。世界システム分析は、社会的状況の実態を理解するためには、複雑な状況を、より単純な変数に還元するのではなく、むしろその「より単純な変数」なるものをすべて文脈化し、複雑化することに努力を傾けるべきだと主張している。世界システム分析は、数量化そのものには反対していない（数量化に意味がある場合には、数量化は行われる）。しかし世界システム分析は、（古いジョークにあるように）夜の道端で鍵をなくした酔っ払いが、そこのほうが明るいからといって、来た道ではなく、街灯の下だけを探すようなこと（数量化しやすいデータだけに注目して研究を進めてしまうこと）はするべきではないと考えているのである。〔とはいえ原則的に〕研究者というものは、自らが取り組む知的問題の内容にしたがって最も適切なデータを探すものであって、実証的・数量的なデータが手に入るからという理由で、問題のほうを選んだりはしない。この論争は、フランス人がいうところの「聾者の問答」になりかねない。結局のところこの問題は、正しい方法論をめぐる抽象的問題ではなく、世界システム分析と法則定立的実証主義のいずれが、より説得的に史的現実を説明しており、したがって長期的で大規模な社会変動により多くの光を当てられるかという問題に逢着する。

■正統派マルクス主義

法則定立的実証主義者は、ときとして、窮屈で面白みに欠ける知的制約に固執しているという印象を与えるとすると、いわゆる正統派のマルクス主義者も負けてはいない。正統派マルクス主義は、十九世紀的な社会科学の想像力（それは古典的な自由主義にも通有である）に溺れている。すなわち、資本主義は封建制からの必然的な進歩であり、工場制は資本主義的生産過程の本質であり、社会的過程は単線的であり、経済的下部構造は、政治的・文化的上部構造（それは下部構造ほどの本質性を有していない）を支配しているといったぐあいである。正統派のマルクス主義経済史家であるロバート・ブレンナーによる世界システム分析批判は、この立場の好例となっている。

世界システム分析に対するマルクス主義の立場からの批判は、中核／周辺間の垂直的分業を論ずるにおいて、世界システム分析は流通主義的であり、剰余価値の生産主義的基盤、および社会変化の中心的な説明変数であるところのブルジョワジー／プロレタリア間の階級闘争を無視しているというものである。世界システム分析は、非賃金労働を、時代遅れで、いずれ消え行く運命にあるものとして扱っていないという非難を受けているわけである。ここでもまた、批判は、彼らに対する世界システム分析からの批判の裏返しである。世界システム分析は、賃労働は資本主義システムのなかに多数存在する労働管理の形態のうちのひとつにすぎず、しかも決して資本の立場からして、最も利潤の得られるものではないと主張してきた。また、階級闘争およびその他の形態の社会闘争は、総体として捉えられた世界システムの文脈におかれなければ、理解も評価もされえないとも主張してきた。さらに、資本主義的な世界=経済における国家は、それぞれ特定の生産様式を持つものとして捉えられるような自律性ないしは孤立性を持っていないとも主張してきた。

■国家の自律性

「国家の自律性」学派からの批判は、正統派マルクス主義と逆方向からの批判のような格好になっている。すなわち、正統派マルクス主義者は、世界システム分析が生産様式の決定的な中心性を無視していると論ずるのに対して、この立場に立つ論者は、世界システム分析が、政治の領域を、経済的下部構造から派生した（ないしは経済的下部構造に決定された）現実の範囲に押し込めていると批判するのである。社会学者のシーダ・スコチポルや政治学者のアリスティード・ゾルバーグらの批判は、ドイツの歴史家であるオットー・ヒンツェの古典的著作からの影響を受けて、この手の主張を行うものである。この立場に立つ論者たちは、国家のレベルおよび国家間関係のレベルで起こっている現象は、その〔国家や国家間関係が展開する〕領域を資本主義的な世界=経済の一部として捉えるだけでは説明できないと主張する。それら国家と国家間関係の領域における行動を統御する動因は自律的であり、市場における行動以外の圧力に反応するものだというわけである。

■文化の固有性

最後に、カルチュラル・スタディーズと結びついた、さまざまな「ポスト」系の研究の勃興についてであるが、彼らによる世界システム分析への攻撃にもまた、「国家の自律性」学派の論者が用いるのと同様の議論が用いられてきた。彼らによれば、世界システム分析は、上部構造（この場合は文化の領域であるが）を経済的下部構造から派生するものと捉えており、文化的領域の中心的・自律的現実性を無視しているということになる（文化社会学者のスタンリー・アロノヴィッツによる批判を参照されたい）。また彼らは、世界システム分析を、法則定立的実証主義と正統派マルクス主義の双方の欠陥を有するものとして――世界システム分析のほうでは、自らをこれら両学派に対する批判だと考えているのであるが――非難する。世界システム分析は、それらと同じ「大きな物語」の一変種にすぎないというわけである。世界システム分析は「全体史」を志向していると主張しているにもかかわらず、彼らは世界システム分析を経済主義だと――つまり経済の領域が、経済以外の人間の活動領域に対して優越していると――批判する。世界システム分析は他に先駆けてヨーロッパ中心主義を強力に攻撃してきたにもかかわらず、彼らは、世界システム分析が異なる諸文化のアイデンティティの還元されるべからざる自律性を受け入れておらず、それゆえヨーロッパ中心主義的であると非難する。要するに、彼らによれば、世界システム分析は「文化」の中心性を無視しているというわけである。

もちろん、世界システム分析は、たしかに大きな物語である。世界システム分析の立場は、あらゆる形態の知の活動は必然的に大きな物語を伴うが、そのなかには、相対的に現実をよく反映しているものとそうでないものとがあるというものである。世界システム分析が、全体史と統一学科性《ユニディシプリナリティ》を主張するとき、いわば経済的下部構造に替えて、文化的下部構造を据えることを拒否しているのである。すでに論じてきたとおり、世界システム分析はむしろ、経済的分析様式、政治的分析様式、社会文化的分析様式のあいだの境界線をなくすことを志向している。なかんずく言えば、世界システム分析は、「角を矯めて牛を殺す」を避けることを旨としている。科学主義に反対することと、科学に反対することとは違う。時間を超越した構造という概念に反対することは、(限られた時間持続する)構造の存在の否定を意味するものではない。現在の諸個別科学《ディシプリン》の組織構成を克服すべき障害であると考えることは、研究者が共同で達するべき知(それがいかに暫定的で問題発見的なものにすぎないものであっても)というものの存在の否定を意味するものではない。普遍主義を偽装した個別主義に反対することは、あらゆる見方が平等に有効であるとか、多元主義的な普遍主義の探求が不毛であるとかいったことを意味するものではない。

■世界システム分析と歴史の主体

以上四つの批判に共通するものとして、世界システム分析には、歴史をつむぐ中心的主体が不在であるという感覚を挙げることができる。法則定立的実証主義にとって、そのような主体は合理的人間 homo rationalis としての個人である。正統派マルクス主義にとっては、そのような主体は産業プロレタリアートである。「国家の自律性」学派にとって、それは政治的人間である。文化的個別主義にとっては、(それぞれ他のひとりひとりすべてと異なる) われわれひとりひとりが、他のひとりひとりすべてに対して、固有の自律的な言説の行使者である。世界システム分析にとっては、これらさまざまな主体は、同じく列挙できるさまざまな構造と同様、ひとつの過程の産物である。それらは、根源的な原子的要素ではなく、システム内部の相互作用の一部である。諸主体は、その相互作用から生じ、その上に立って行動する。諸主体の行動は自由であるが、その自由は、その主体の来歴、およびその主体を一部として含む社会という名の牢獄に制約されている。この牢獄を分析することは、諸主体を可能な最大限にまで解放することである。われわれが、自分たちの生きるこの社会という牢獄を分析するその程度に応じて、われわれは、可能な範囲で、その制約から解放されることになるのである。

最後に強調しておかなければならないことは、世界システム分析にとって、時間と空間——むしろ時空 TimeSpace という複合語で語るべきだが——は、端的にそこにあり、ただそこで社会的現実が生起する枠組みとなる、不変で永続の実体ではないということである。時空は、たえず進化しつつ構築される現実であって、その構築自体が、われわれの分析の対象である社会的現実の不可欠の一部なのである。われわれが生きている史的システムは、たしかにシステムではあるが、同時に史的でもある。それは、時間の流れのなかで同一性を保ち続けながら、なお刻一刻と変化していく。これは逆説ではあるが、矛盾ではない。この逆説——この逆説を迂回することはゆるされない——に取り組む能力こそは、史的社会科学の第一の責務である。これは空疎な謎かけではなく、避くべからざる挑戦なのである。

2 資本主義的世界＝経済としての近代世界システム

……生産、剰余価値、両極化

■世界＝経済概念について

われわれが現在生きている世界、すなわち近代世界システムは、十六世紀にその起源を有している。その当時、この世界システムは、地球のごく一部——主としてヨーロッパの諸部分と両アメリカの諸部分——を覆っているにすぎなかった。時とともにこの世界システムは拡大し、全地球を覆うようになった。近代世界システムは、いまも、そしてこれまでもずっと世界＝経済であった。また近代世界システムは、いまも、そしてこれまでもずっと資本主義的な世界＝経済であった。われわれは、まずこの二つの言葉——世界=経済と資本主義——が何をあらわしているのかを説明するところから始めるべきであろう。そうすれば、近代世界システムの歴史の輪郭——その起源、その地理、その時間的発展、その現在の構造的危機——を理解することが、より容易になるだろう。

世界=経済（ブローデルのいう経済=世界 économie-monde）という言葉が意味するところは、そこにひとつの分業があり、したがって資本と労働のみならず、基本的ないしは必須不可欠の諸財の交換が内部で相当に行われているような大規模な地理的領域である。世界=経済のひとつの規定的特徴は、それが単一の政治構造によって境界づけられていないということである。むしろ世界=経済の内部には、多数の政治的単位が存在し、それらは、近代世界システムにおいては、国家間《インターステイト》システムにおいてゆるやかに結び合わされている。そして世界=経済には、多数の宗教、多数の言語、さまざまな日常生活の習慣などを有する多数の文化や人間集団が含まれている。しかしこれは、それらのあいだに共通の文化的パターンの展開がないということではなく（このことについては、「ジオカルチュア」の問題として本書のあとのほうで論ずる）、世界=経済には、政治的および文化的な一様性は、潜在的にも、実際にも見出されえないものだという意味である。システムの構造的統合の最大の紐帯は、その内部に構築された分業である。

■システムとしての資本主義

資本主義は、利潤獲得を目的として市場での販売のために生産を行う諸個人ないしは諸企業の存在だけで定義されうるものではない。そのような個人や企業は、世界中いたるところに、何千年も前から存在してきた。賃金との交換で労働を行う個人の存在も、定義として十分ではない。賃労働もまた、何千年も前から存在していた。無限の資本蓄積を優先するようなシステムが現れてはじめて、資本主義のシステムの存在を言うことができる。この定義を用いると、近代世界システムだけが、資本主義的なシステムであるということになる。無限の蓄積というのは、かなり単純な概念である。それは、諸個人や諸企業が、より多くの資本を蓄積するために、資本の蓄積を行い、その過程が持続的で終わりのないものとなっているということである。われわれが、「システムがそのような無限の蓄積を優先するというとき」、それが意味しているのは、無限の蓄積以外の動機で行動する主体には不利に働き、最終的にはそのような主体が社会の舞台から排除されてしまう一方、適切な〔無限の蓄積を志向する〕動機に即して行動する主体には有利に働いて、うまくいけば、そのような主体には富がもたらされるようななんらかの構造的なメカニズムがあるということである。

■世界＝経済とシステムとしての資本主義

世界＝経済とシステムとしての資本主義はたがいに相伴う存在である。世界＝経済には、その全体を覆う政治的構造や単一の等質的な文化といったシステムの統合の紐帯が欠けているため、分業の有効性だけがシステムの統合の根拠となる。そしてこの分業の有効性は、資本主義のシステムがもたらす持続的な富の拡大と相関関係にある。近代以前にも、世界=経済が構築されることはあったが、それらはいずれも、自ら解体してしまうか、武力によって世界=帝国に変容させられてしまうかのいずれかであった。歴史的に言って、長期にわたって存続した唯一の世界=経済が、近代世界システムなのである。そして、それを可能にしたのは、まさにシステムとしての資本主義が根付いて、近代世界システムの基底的特徴として定着したからこそなのである。

逆に、システムとしての資本主義は、世界=経済以外の枠組みのなかでは存在しえない。システムとしての資本主義は、経済的な生産者と政治権力の保持者とのあいだに特殊な関係を要請するものだからである。もし、世界=帝国においてそうであるように、後者が強すぎれば、政治権力の利害が、経済的生産者の利害に優先されてしまい、無限の資本蓄積の優先性は失われてしまう。資本家は、大きな市場を必要とする（したがってミニシステムは彼らには狭すぎる）が、他方で複数の国家の存在も必要としている。なぜならば、国家が複数存在することで、資本家は、国家との協力から利益を得ると同時に、自分たちの利害と親和性のある利害を持つ国家の側に立つことで、自分たちの利害に敵対する国家の力を迂回することができるからである。全体としての分業体系のなかに複数の国家が存在することなくしては、この可能性は確保されえない。

■近代世界システムに埋めこまれた諸制度

資本主義的な世界=経済は、多くの制度の集合体であり、それらの結合のあり方が、そのシステムとしての過程を決定する。またそれらの諸制度すべては、互いにからみあった存在である。そこで、基本となる制度は、市場（複数形（markets）で言うべきだが）、市場で競争する企業、国家間システムを成す複数の国家、〔家計を構成する〕世帯《ハウスホールド》、階級、身分集団（これはウェーバーの用語だが、最近では「アイデンティティ」という名で呼びなおされる場合もある）といったものである。これらはすべて、資本主義的な世界=経済の枠組みのなかで作り出されてきたものだ。もちろん、そのような諸制度には、資本主義的な世界=経済に先行するもろもろの史的システムにあった諸制度と共通する点がいろいろとあり、また実際、似たような（あるいは同じ）名前で呼ばれてもいる。しかし、異なる史的システムのなかに置かれている諸制度を記述する際に同じ（あるいは類似した）名前が用いられることは、分析を明晰化するよりも、混乱させる場合のほうが実に多い。近代世界システムの一連の諸制度は、その文脈において、近代世界システムに固有のものだと考えたほうがよい。

■市場について

以上を述べた上で、まず市場から語ろう。通常、市場はシステムとしての資本主義の本質的な特徴だと考えられているからである。市場は、個人ないしは企業が財を売買する具体的な個別の場に存在する組織であると同時に、そのような交換が起こる空間を横断したところに存在する仮想的制度でもある。この仮想的な市場の規模や範囲は、所与の時点における売り手および買い手にとって現実的にひらかれている選択肢によって決定される。原則として、資本主義的な世界＝経済においては、この仮想的な市場は世界＝経済全体として存在する。しかし、あとにも述べるように、もろもろの境界においてしばしば干渉が起こり、より狭く、より「保護された」市場というものが創り出される。また言うまでもなく、資本やさまざまな種類の労働力だけではなく、あらゆる種類の商品についても、個別に、仮想的な市場は存在する。だが、時代を経るにしたがって、そのような仮想的な市場の自由な作用を妨げるものとして存在する、それらさまざまな障壁にもかかわらず、あらゆる生産要素をまとめた単一の仮想的な世界市場の存在を語りうるようになってきた。この完全な仮想的市場は、あらゆる生産者と購買者をひきつける磁石というように考えてもよいだろう。そして、その磁力は、あらゆる主体——国家、企業、世帯《ハウスホールド》、階級、身分集団（アイデンティティ）——の意思決定においてつねに作用する政治的要因となる。この完全な仮想的市場は、それがあらゆる意思決定に影響するという点で一個の現実ではあるが、しかし決して完全かつ自由に（つまり干渉を受けることなしに）は機能しない。完全に自由な市場は、イデオロギー、神話、ないしは圧迫要因としては機能するが、決して日常的現実そのものとはならない。

■虚構としての完全な自由市場

完全な自由市場が日常的現実ではないということの根拠のひとつは、もしかりにそれが日常的現実として実現したとしたら、そこでは無限の資本蓄積が不可能になるからである。これは一見、逆説のように思われるかもしれない。というのも、資本主義が市場なしには機能しえないことはたしかにそのとおりであるし、また資本家たちがつねに自由な市場への支持を表明していることもたしかにそのとおりだからである。しかし、実際のところ、資本家が必要としているのは、完全に自由な市場ではなく、部分的にのみ自由な市場である。理由は明快だ。経済学の教科書が普通に定義するような――つまり、諸要素は一切の規制なく流通し、非常に多くの買い手と非常に多くの売り手がおり、完全情報（すべての売り手とすべての買い手があらゆる生産にかかる費用の正確な状態を知っている）が成立しているような――あらゆる生産要素が完全に自由に流通する世界市場がほんとうに存在しているところを想像していただきたい。そのような完璧な市場においては、買い手は売り手に対して、つねにその利潤を絶対最小限（とりあえず最小単位額と考えておこう）に下げるように交渉することができる。そして、そのような低水準の利潤では、資本主義というゲームは生産者にとって意味のないものとなってしまい、結果として、そのようなシステムは基本的な社会的基盤を喪失してしまうことになる。

■常態としての独占

売り手は選びうる際にはつねに独占を選好する。なぜなら、独占を得られれば、彼らは、生産費用と売価とのあいだに相対的に大きな利ざやを生み出し、そうすることで高い利潤率を実現することができるからである。もちろん、完全な独占というものは、きわめて実現が困難であり、実際まれにしか起こらないが、独占に準ずるような状況をつくりだすことはそれほど困難ではない。そのために、なににもまして必要なものは、相対的に強力な（独占に準ずる状況を強制しうるだけの力を持った）国家機構からの支援である。その実際の実現の仕方には、多くの方法がある。もっとも基礎的な方法のひとつは、特許のシステムである。特許のシステムは、「発明」に対して所定の年数の権利の留保を与える。基本的に、これが「新しい」産品が、消費者にとってもっとも高価の産品で、生産者にとってもっとも収益のあがる産品となる原因である。もちろん、特許の侵害はしばしば起こることであるし、またいずれにせよ、最終的には失効する。しかし、概していえば、特許が一定の期間、独占に準ずる状況を保護しているのはたしかである。とはいえ、特許に保護された生産は、せいぜい独占に準ずる状況である以上にはならないことがふつうである。というのも、市場には、特許の保護から外れる類似の産品が現れる可能性があるからである。だからこそ、いわゆる主導産品《リーディング・プロダクト》（すなわち、新しく、かつ世界商品市場全体において重要なシェアを占める産品）は、完全な独占ではなく、むしろ寡占されることが普通なのである。しかしながら、望ましい水準の高利潤率を実現するうえでは――また実際にはさまざまな企業が価格競争を最小化しようとしばしば共謀している以上なおさら——〔完全な独占など実現されずとも〕寡占で十分なのである。

特許は、国家が独占に準ずる状況をつくりだす唯一の手段ではない。輸出入にかかる国家の規制（いわゆる保護主義的措置）もまたその手段となる。国家による補助金や税免除もしかりである。弱体な国家による保護主義への対抗措置を阻止するために強力な国家が行使する力もまたそうである。さらに、特定の産品に対して超過的な価格の支払いも辞さない大規模な購買者としての国家の役割もしかりである。そして、生産者になんらかの負担を負わせるような規制をすることも、それが大規模な生産者には相対的に吸収しやすく、小規模な生産者にとっては足かせとなって、それら小規模な生産者を市場から排除する圧力となるため、寡占の度合いを高めることになる。国家による仮想的な市場への干渉の様相には、きわめて広い幅があり、結果として、国家は価格と利潤とを決定する基本的な要因を構成するものとなっている。そのような干渉がなければ、システムとしての資本主義は成長することができず、したがって持続することもできない。

■独占の自己流動化メカニズム

しかしながらまた、資本主義的な世界=経済のなかには、ふたつの反独占的メカニズムが組み込まれてもいる。まず、ある生産者が独占から得る利益は、他の生産者にとっての損失であり、つまりそこには勝者と敗者がおり、敗者は、当然、勝者の保持している〔独占の〕優位を取り除こうと、政治的に争おうとする。その際にとりうる方法には、独占的な生産者が立地している国家の内部で自由貿易の教義に訴え、特定の独占利益の排除を志向している政治的指導者に対して支持を提供するというやり方と、他国に働きかけて、世界市場の独占に対する対抗を促し、その国家権力によって、競合する諸生産者を支えさせるというやり方とがありうる。そして実際、ふたつのやり方がともに行われている。したがって、時間の経過とともに、独占に準ずる状況は、新規生産者の市場への参入によってかならず掘り崩されてしまうことになる。

　このように、独占に準ずる状況は、自己流動化する傾向を内蔵しているが、しかしその状況を支配する者がかなりの資本蓄積を確保するに十分な程度（たとえば三〇年程度）には持続する。そして独占に準ずる状況が消滅すれば、大規模な資本の蓄積者は、単純にその資本を、あらたな主導産品《リーディング・プロダクト》、ないしはあらたな主導産業にまるごと、移転させるだけである。結果として生ずるのが、主導産品《リーディング・プロダクト》の周期である。主導産品《リーディング・プロダクト》は短命——短すぎてはいけないが——である。しかしその役割は、たえず他の主導産品《リーディング・プロダクト》に引き継がれる。こうしてゲームは続く。すでに全盛を過ぎたかつての主導産業は、次第に「競争的」に、つまり収益性が低くなる。このパターンは、われわれの眼の前でつねに起こっていることである。

■近代世界システムにおける企業

企業は、市場における主要な主体である。企業は、通常、自らと同じ仮想的な市場で活動している他の企業と競争関係にある。また企業は、自己の生産への投入物を購入する相手企業、および自己の生産の産出物を販売する相手企業との間にも摩擦関係がある。資本家間の激しい対抗関係は、ことの本質である。そして、もっとも強力で、もっとも即応性の高いものだけが生き残る。破産や、より強い企業への吸収は、資本主義的企業にとって日常茶飯事である。このことは忘れるべきではない。すべての資本主義的企業家が資本蓄積に成功するわけではないのである。むしろ逆である。もしすべての資本主義的企業家が成功したとしたなら、個々の企業が蓄積する資本はほとんどなくなってしまうだろう。つまり、諸企業が繰り返す「失敗」は、単に競争において不適格な弱者を淘汰するだけではなく、無限の資本蓄積の絶対必要条件なのである。不断の資本集中の過程の動因はここにある。

たしかに、企業の成長には、水平方向にも（同一の産品に対して）、垂直方向にも（生産の連鎖における前後の段階に対して）、あるいはいわば他辺に投射する方向にも（直接の関係のない他の産品に対して）、それにともなう反作用がある。企業の規模の拡大は、いわゆる「規模の経済」のメカニズムを通じて費用を縮減する。しかし、企業規模の拡大は、企業内部の管理・調整の費用を増大させ、経営管理を不効率化させるリスクが増大する。この矛盾の帰結として、諸企業の規模は、拡大しては縮小するという過程を繰り返してきたのである。しかし、それは必ずしも単純な上昇と下降のサイクルではなかった。むしろ、世界規模の〔世紀単位の〕長期的な趨勢としてみれば、その史的過程は、二歩進むごとに一歩だけ戻るといったぐあいに、いわば後ろ向きには歯止め《ラチェット》がかかったようなかたちで、企業の規模は持続的に拡大してきている。また、企業の規模には、直接的な政治的含意もある。企業の規模が大きくなれば、それだけその政治的影響力は増す。しかし同時に、政治的攻撃――競合する他の企業から、従業員から、そして消費者から――に、さらされやすくもなる。しかし、ここでも、長い目でみれば、後ろ向きに歯止めがかかっており、企業の規模の拡大は、時代が下るにつれて、企業の政治的な影響力の増大をもたらしてきた。

■中核/周辺関係

資本主義的な世界=経済の垂直的分業は、生産を中核的な産品と周辺的な産品とに分割する。中核/周辺というのは、関係的な概念である。「中核/周辺」という概念が意味しているのは、生産過程における利潤率の度合いである。利潤率は独占の度合いに直接に関係しているわけであるから、「中核的生産過程」という表現の本質的内容は、独占に準ずる状況に支配されているような生産過程ということであり、「周辺的生産過程」は、真に競争的な生産過程ということである。交換が行われる際、競争的に生産される産品は弱い立場に置かれ、独占に準ずる状況で生産される産品は強い立場を占める。結果として、周辺的な産品の生産者から中核的な産品の生産者への絶え間ない剰余価値の移動が起こる。これは、不等価交換と呼ばれてきた。

たしかに、不等価交換は、政治的に弱い地域から政治的に強い地域への資本蓄積の移転の唯一の形態ではない。たとえば収奪というかたちもあり、〔近代世界システムの〕初期の世界=経済に新しい地域が包摂される際には、広い範囲でしばしば行われた（一例として、アメリカ大陸における征服者《コンキスタドレス》と金を想起されたい）。しかし、収奪は自らその基盤を掘り崩す行いであり、金の卵を産むガチョウを殺すのと同じである。とはいえ、そのような帰結は中期的にしかあらわれず、短期的には利益が得られるために、近代世界システムにおいては、現在でも依然として――報道があるたび、「スキャンダル」としてしばしば騒がれるが――多くの収奪の事例がある。エンロン社は、破産に先立って、莫大な額の資産を一握りの幹部の手に移転する手続きをとっていた。これは事実上の収奪である。それまで国有企業であったものが「民営化」される際にも、それがマフィアまがいの実業家の手に渡った挙句に、当の実業家はすぐに国外に去り、あとには食い物にされたその企業の残骸だけが残されるといったこともよくあるが、これも収奪である。なるほど、収奪はまさにその行いによって、たしかに自らの基盤を掘り崩す〔したがって持続的ではない〕。しかし、その行いは、そうして自己の基盤を掘り崩してしまう以前に、世界の生産システムに大きな損害を与え、さらには資本主義的な世界=経済の健全性をも損ねてしまうのである。

■中核／周辺関係と国家

独占に準ずる状況は、強力な国家の後ろ盾に依存するので、そのような状況は、だいたいの場合、そういった〔強力な〕国家のなかに――法的、物理的、ないしは所有の観点から――置かれる。したがって、中核／周辺関係には、地理的な帰結がともなうことになる。つまり、中核的な生産過程は少数の国家に集まって、それらの諸国における生産活動の大半を構成し、周辺的な生産過程は多数の国家に散在して、それらの諸国における生産活動の大半を構成するということである。かくして、実際には諸々の生産過程のあいだの関係について語っているのだということを忘れない限りであれば、略式の表現として「中核国家」と「周辺国家」という表現をとることができる。また諸国家のなかには、中核的産品と周辺的産品の生産過程がほぼ相半ばして立地しているようなものもある。それらは半周辺国家と呼ぶことができる。のちに述べるが、半周辺国家には、特別の政治的性質がある。しかしながら、半周辺的生産過程という概念には意味がない。

すでに述べてきたように、独占に準ずる状況というものは自己消滅するものであるということは、今日の中核的過程は明日の周辺的過程となるということである。近代世界システムの経済の歴史は、諸産品が、まず半周辺諸国に、ついで周辺諸国に移転ないしは格下げされる過程に満ちている。かりに、一八〇〇年ごろ、中核的生産過程の頂点にあったのが織物業であったとして、その織物業は、二〇〇〇年には、最も利潤率の低い周辺的な生産過程の典型となってしまっていた。一八〇〇年には、織物は、主としてきわめて少数の諸国（特にイングランド、ほかに北西ヨーロッパのいくつかの国々）でしか生産されていなかったが、二〇〇〇年には、織物――特に安価な繊維製品――は、世界システムのほとんどあらゆる地域で生産されている。同様のシフトは、他の多くの産品で反復されている。鉄鋼を、自動車を、さらに言えばコンピュータを想起していただきたい。だが、こういったダイナミズムは、システムの構造そのものにはなんの影響も持たない。二〇〇〇年には、また別の中核的産品（たとえば航空機製造や遺伝子工学）があり、それらの立地は少数の諸国に集中している。要するに中核的生産過程はつねにあたらしく現れるのであり、独占の度合いが低下した（すなわち相対的に競争的になった）生産過程は、それによって置き換えられ、もともと立地していた少数の諸国の外へ出て行くということが繰り返されてきたのである。

諸々の生産過程に対する個々の国家の役割は、その国家に立地している中核的過程と周辺的過程の配分によっておおきく異なる。中核的生産過程が集中して立地している強力な国家は、それら中核的生産過程について、独占に準ずる状況を保護する役割に重きを置く傾向がある。周辺的な生産過程が集中する非常に弱体な国家は、通常、垂直的分業に対して行使しうる影響力をあまり持ちえず、実質的には、だいたいにおいて、割り当てられた持ち分を受け入れることを余儀なくされている。

■半周辺国家

中核的生産過程と周辺的生産過程とが相対的に混在している半周辺国家は、もっとも困難な状況に置かれている。半周辺国家の中心的関心は、中核諸国からの圧力のもと、周辺諸国に対しては逆に圧力をかけつつ、なんとかして周辺的地位への転落を回避し、かつ中核的地位をめざして、そのなしうることをなすことにある。だが、それはいずれも容易なことではなく、またいずれをなすにも、世界市場に対して、国家によるかなりの干渉が必要となる。かくて、半周辺諸国は、もっとも積極的に、そしてもっともあからさまなかたちで、いわゆる保護主義政策を推進する国家となる。半周辺国家は、保護主義政策を通じて、より強力な外部の企業との競争から、自国の生産過程を「保護」しつつ、自国の企業の効率を高め、世界市場における競争力を向上させようとする。また半周辺諸国は、それまで主導産品《リーディング・プロダクト》であった産業の移転を熱烈に受け入れようとする（最近では、「経済開発」とは、そのことを指すようになっている）。このような努力は、中核諸国との競争ではなく、同じく熱烈に産業の移転受け入れを目指している他の半周辺諸国との競争である。したがって、目指す産業の移転が、すべての半周辺国家に同時に、また同程度にいきわたることはありえない。二十一世紀初頭の時点で、半周辺国家に分類されるべき顕著な例としては、韓国、ブラジル、そしてインドが挙げられる。いずれも、周辺地域に輸出を行う強力な企業（たとえば、製鉄、自動車、製薬）を有すると同時に、中核地域に対しては、より「先進的」な産品を恒常的に輸入する立場におかれている。

■コンドラチェフ循環――A局面とB局面

主導産業の正常な展開――すなわち、独占に準ずる状況がゆっくりと溶解していく過程――は、世界=経済の循環的な律動の原因である。大きな主導産業は、世界=経済の拡大にとって大きな刺激となり、大きな資本蓄積を帰結する。しかし同時にそれは、世界=経済における雇用の拡大をともない、賃金水準を引き上げ、一般に相対的な豊かさの感覚をもたらす。それまで独占に準ずる状況にあった市場に、次第に多くの企業が参入するにつれ、「過剰生産」(所与の時点における実質の有効需要を超過する生産)が発生し、その結果、(需要が逼迫するため)価格競争が激しくなり、利潤率は低下する。そうするうちに、在庫が積み上がり、最終的に、追加の生産の速度は鈍ってくることになる。

そうなると、世界=経済の循環は周期の裏側に入ることになる。すなわち世界=経済の停滞や後退が語られる。失業率は世界的に上昇し、生産者はコストを削減して、世界市場におけるシェアを維持しようとする。そのようなメカニズムのひとつが、それまでの歴史において相対的に低賃金であった地域、すなわち半周辺諸国への生産過程の移転である。これは、中核地域にとどまっている生産過程の賃金水準に対する圧力となり、中核地域でも賃金の低下傾向が生ずる。すると、当初、過剰生産が原因であった有効需要の不足は、消費者の稼得の減少にその原因を転じてくる。そのような状況においても、必ずしもすべての生産者が損失をこうむるわけではない。たしかに、それら諸々の生産過程において、寡占の程度が弱まり、実質的な競争が強まるのは明らかである。そして諸生産者は互いに激しく争い、そこには国家の諸機関からの支援が介在するのが普通である。だが、諸国家および諸生産者のなかには、ひとつの中核国家から別の中核国家への「失業の輸出」に成功するものが現れる。システムとしてみればそこには矛盾があるが、特定の中核国家、および特に特定の半周辺国家にとっては順調に見える場合もあるということである。

ここに述べてきた過程――主導産業が独占に準ずる状況にあるときには世界=経済は拡大し、独占の程度が低下すると世界=経済は縮小するという過程――は、いわばA局面（拡大局面）とB局面（停滞局面）とが交互に訪れる周期曲線として描くことができる。A局面にB局面が続いて構成される一周期は、コンドラチェフ循環と呼ばれることもある。コンドラチェフとは、二十世紀初頭に、この現象を明晰に描き出した経済学者の名である。現在にいたるまで、コンドラチェフ循環は、一周期ごとにおおよそ五、六十年の長さを刻んできた。循環が一周期を刻むのにかかる時間の正確な長さは、B局面を回避すべく諸国家がとる政治的方策、特に新しいA局面を刺激する新しい主導産業の基礎にたって、B局面からの回復を達成するための方策の如何によって変わる。

■長期的趨勢と漸近線

コンドラチェフ循環の周期がひとめぐり終えても、〔世界システムの〕状況は、まったくもとの状況に戻るわけではない。なぜならば、B局面において、B局面から脱してA局面に還るべくなされることが、世界システムの諸変数を、ある重要な点で変えてしまうからである。世界=経済の拡大の不十分性という直近の（短期的な）問題――これは無限の資本蓄積の可能性の維持において本質的な要素である――を解決する変化は、中期的な平衡を回復しはするが、〔世界システムの〕長期的な構造のレベルで問題を発生させる。つまりそこには「長期的趨勢」とでも呼ぶべき過程がある。この長期的趨勢は、横軸（X軸）に時間をとり、縦軸（Y軸）になんらかの集合のなかで特定の性質を有するものの割合で測られる現象をとって示されるグラフ上の曲線として捉えられるはずである。そしてもし、時間の経過とともに、その特定の性質を有するものの割合が、全体として単調増加しているとすれば、それは、定義上〔縦軸は〔絶対値ではなく〕割合であるから〕、ある点を越えては持続しえないということになる。いわば漸近線、ないしは一〇〇パーセントのラインに達してしまうのである。どのような集団であれ、その一〇〇パーセントを越える割合に対して当てはまるような性質などというものはありえない。要するに、中期的な問題を解決しようとして、グラフの曲線を上向きに進んで行くと、最終的には、漸近線に達してしまうという長期的な問題に突き当たってしまうのである。

資本主義的な世界=経済において、このダイナミズムがどのように働くかについて、一例を挙げて述べよう。すでに指摘したとおり、コンドラチェフ循環の問題のひとつは、ある点に達すると、主要な生産過程において利潤率が低下し、その生産過程はコストを削減するために移転し始めるということであった。その間、中核地域では失業率が上昇し、それがグローバルな有効需要に影響を及ぼす。個々の企業はコストを削減するが、全体としては、企業が十分な消費者を見出すことはますます困難になっていく。世界の有効需要を十分な水準に回復させるひとつの方法は、中核地域の普通の労働者に対する賃金水準を引き上げることである。これは実際、〔近代世界システムの歴史において〕B局面の末期にしばしば生じたことである。この方法によって、新しい主導産品《リーディング・プロダクト》にとって十分な消費者を生み出すに足る有効需要は創出されるが、当然のことながら、賃金水準の上昇は、企業家にとっては利潤の減少を意味する。世界規模では、これは、世界の他の地域に、より低水準の賃金で働く労働力のプールを拡大することで埋め合わせられうる。それは、具体的には、〔これまで賃金労働に従事していなかった〕新しい人間を賃金労働のプールに引き込む――〔世界的には〕相対的に低賃金であっても、そこに引き込まれた人間にとっては、実質所得の上昇となる――ことで実現される。しかし、やはり当然ながら、「新しい」人間を賃金労働のプールに引き込むたびに、賃金労働のプールの外部に残る人間の数は減る。そしていずれ、実質的にもうこれ以上、そのような「新しい」人間がいなくなって、プールが枯渇するときが来る。すなわち、漸近線に至ったということである。この問題については、本書の最終章において、二十一世紀の構造的危機について論ずる際に、再度立ち返って述べよう。

■家計世帯《ハウスホールド》概念について

わかりきったことだが、資本主義のシステムには、生産過程に労働を供給する労働者の存在が必要である。そしてそのような労働者は、しばしば「プロレタリア」、すなわち（土地もいかなる形態の資産ももたないがゆえに）他の生存手段を持たない賃金労働者と呼ばれる。これは、あまり正確な言い方とはいえない。まずひとつに、労働者を孤立した個人として捉えることは非現実的である。ほとんどすべての労働者は、通常、両性および異なる年齢階層の人間をひとつのまとまりとする家計世帯《ハウスホールド》のなかで、他の諸個人と結び付けられている。この家計世帯《ハウスホールド》をなす組織の多く（大半）は、いわゆる「家族」と言ってさしつかえないが、家族的な結びつきは、必ずしも家計世帯《ハウスホールド》の唯一の紐帯の様式ではない。家計世帯《ハウスホールド》は、住居をともにする成員から成ることが多いが、通常考えられているほど多いわけではない。

典型的な家計世帯《ハウスホールド》は、その成員がひとつの集団として生存していくために、一定の長期（ざっと三〇年程度）にわたって、その多様な所得源をプールしあう三名から十名程度の人間から成る。家計世帯《ハウスホールド》がその内部において平等主義的な組織であることは普通ではないが、まったく不変の組織というわけでもない（出生、死亡、成員の家計世帯《ハウスホールド》からの離脱や家計世帯《ハウスホールド》への加入があり、さらにまた、いずれにせよ、成員は年齢を重ねる過程で自分の経済的役割も変化させていくものでもある）。家計世帯《ハウスホールド》は、なんらかのかたちで、集団のために所得を提供し、その所得に立脚する消費を共有する義務があるという点で、他の人間集団の組織と区別される単位である。家計世帯《ハウスホールド》は、いわゆる氏族や部族、あるいは他のかなり大きく、広範な広がりを持った集団とはまったく異なる。それらの集団では、相互の安全やアイデンティティの義務はしばしば共有されているが、所得の経常的な共有はないからである。あるいはたとえ、そのような大規模な集団で所得のプールを行うということがあったとしても、それは資本主義的なシステムのなかでは負の作用をもたらすことになる。

■賃金所得

最初に考えておかなくてはならないのは、「所得」という言葉が、なにを内容として含んでいるかということである。実際のところ、近代世界システムにおいては、大きな括りとして所得には五つの種類がある。そしてほとんどすべての家計世帯《ハウスホールド》は、割合こそ違え（またその違いはきわめて重大な意味をもっているのだが）、その五つすべての種類の所得を得ようとしている。五つの所得の種類のうち、まず明らかなのは賃金所得である。すなわち、ある家計世帯《ハウスホールド》の成員が、その家計世帯《ハウスホールド》の外部のなんらかの生産過程において成す労働に対して、その家計世帯《ハウスホールド》外部の人間から支払われる（通常は貨幣の形態をとる）所得である。賃金所得は、臨時雇いの場合もあれば、常雇いの場合もある。また労働の時間に応じて支払われる場合もあれば、実際になされた仕事に応じて支払われる場合（出来高払い）もある。賃金所得は、雇用者にとっては、「柔軟《フレキシブル》」性が高いという利点がある（すなわち、継続して仕事をさせるかどうかは、雇用者側の必要によって決められる）。たしかに、労働組合やその他の種類の労働者の団体行動、そして国家の規制などによって、雇用者にとっての柔軟《フレキシブル》性は、多くの点で制限されることがしばしばである。とはいえしかし、雇用者が特定の労働者に生涯的な生計支援を提供する義務を負うことはほとんどない。逆に、このシステムは、雇用者がより多くの労働者を必要とする場合には、容易に労働力が入手されえない可能性があり（特に経済の拡大期にはそうである）、その点では、雇用者側に不利な仕組みでもある。つまり、賃金労働というシステムにおいては、雇用者は、必要がない期間については労働者に賃金を支払う必要はないわけではあるが、必要なときにその労働者に働いてもらえる保証を得るために、〔労働者と〕取引を行っているわけである。

■自給自足的活動

第二に、家計世帯《ハウスホールド》における、もうひとつ明らかな所得の種類は、自給自足的活動である。われわれはこのタイプの労働を通常狭く定義しすぎている。すなわち、「自給自足」という言葉は、農村地域において、市場を通さずに自家消費される食品の栽培や必要品の作製の営みという意味でしか用いられていない。たしかにそのような営みも、自給自足的な生産の形態のひとつではある。また言うまでもなく、近代世界システムにおいては、その種の労働は急速に衰退しており、だからこそ、しばしば「自給自足的生産は消滅しつつある」と言われる。しかしながら、このような狭い定義を用いると、近代世界において、自給自足的活動が、さまざまなかたちで、むしろ実際には増大していることを無視することになる。たとえば、自分で食事の用意なり、その後片付けなりをすれば、それは自給自足的生産である。自分の所有する家に家具を買ってきて、それを自分で組み立てれば、それも自給自足的生産である。また、専門職に従事する人がコンピュータを使って、電子メールを送れば――昔なら、（給料を払って雇われた）秘書がタイプしていたであろう――その人も自給自足的生産に従事している。今日、自給自足的生産は、資本主義的な世界=経済で経済的に最も豊かな地域の家計世帯《ハウスホールド》の所得において、大きな部分を占めているのである。

■小商品生産

家計世帯《ハウスホールド》の所得の第三の種類は、大括りに「小商品生産」とでも呼ぶべきものである。小商品とは、家計世帯《ハウスホールド》の範囲内で生産されるが、より広い市場において販売され、現金収入となるような製品のことである。この種の生産が、世界=経済において相対的に貧しい地域においてきわめて広範に行われつづけているのは明らかだが、その他の地域でもまったく見られないものではない。豊かな地域で、しばしば「フリーランス」と呼ばれるものは、これに該当している。小商品生産には、自ら製作した財（もちろん知的財も含む）の販売だけではなく、小販売も含まれる。少年が街頭でタバコやマッチを一本ずつにわけ、通常のひと包みを買うだけのお金を持たない消費者に売るというような場合、この少年がしているのは――生産活動の内容は、ただパッケージを開梱して街頭に運んでくるだけではあるが――小商品生産である。

■地代

第四の種類の所得は、大括りに「地代」と呼ばれるものである。地代は、ある程度の大きさのある資本投資（たとえば、都市で賃貸用の部屋や貸間を提供するような場合）からも、立地の優位（たとえば、橋を私有していて通行料をとるような場合）からも、また資本の所有（たとえば、債券につく利札や預金につく利子を得るような場合）からも引き出しうる。地代の特徴は、所得が所有に基づくものであって、いかなる種類の労働によるものでもないというところにある。

■移転給付

最後に、第五の種類の所得であるが、これは近代世界において移転給付と呼ばれているものである。移転給付とは、ある個人に対して、定められた義務として別の個人から支払われる所得と定義することができる。移転給付は、たとえば、出産、結婚、死亡といった機会に、ある世代から別の世代に与えられる贈与ないしは貸付が行われるときのように、家計世帯《ハウスホールド》に近い立場にある諸個人から来る場合がある。そのような家計世帯《ハウスホールド》間の移転給付は、互酬性の原則にしたがって行われうる(その場合、理論的には、生涯通算での所得の追加にはならないが、流動性の必要を円滑化する働きがある)。また、移転給付は、国家の努力を通じて生ずる場合もある(この場合は、単に自分の金が、別の時に返ってくるということになる)し、保険(この場合は、最終的にプラスになることもあれば、マイナスになることもある)を通じて、ないしは(経済的な)階級間での再分配を通じて生ずることもある。

■ジェンダー・年齢と家計世帯《ハウスホールド》

考えてみれば、家計世帯《ハウスホールド》において行われている所得のプールは、誰にとってもおなじみのことがらである。アメリカの中流家庭をひとつ描いてみよう。そこでは、お父さんが仕事を(場合によっては副業も）持ち、お母さんは自宅で調理して弁当屋《ケータリング》を営んでおり、十代の息子は新聞配達をして、十二歳になる娘は子守《ベビーシッター》をしている。くわえて、お祖母さんは寡婦年金を受給しており、たまには孫の代わりに子守《ベビーシッター》を引き受け、ガレージの上の部屋は貸間に出しているかもしれない。あるいは、メキシコの労働者階級をひとつ描いてみよう。そこでは、お父さんは、アメリカ合衆国に不法移民して、家に仕送りをしており、お母さんは小さな自家農園を耕している。十代の娘は、金持ちのメキシコ人の家で家政婦として働いており（支払いは現金および現物）、まだ十歳そこそこの息子は、放課後に（あるいは学校に行かずに）町の市場で、こまごましたものを立ち売りしている。〔この二つの例以外に〕まだまだいくらでも、このような組み合わせを考え出すことはできよう。

現場の実際として、五つの所得の種類のうち、どれかひとつでもまったく欠けている家計世帯《ハウスホールド》というものは、ほとんど存在しない。しかし、すぐに気がつくことであるが、家計世帯《ハウスホールド》内でだれがどのように所得を供出するかということは、性別ないしは年齢のカテゴリーとの相関関係におかれうる。つまり、家計世帯《ハウスホールド》への貢献の多くは、ジェンダーおよび年齢によって規定されているということである。賃金労働は、長い間、主として十四ないし十八歳から六十ないし六十五歳までの男性の領分であると考えられてきた。自給自足と小商品生産は、その大半が、成人女性、子供、高齢者の領域であると定められてきた。国家からの移転給付所得は、子供の養育に関する一定の給付を除くと、概して賃金稼得と結び付けられてきた。過去百年間、こういったジェンダーによって定義される所得のタイプの特定化を克服することを目指して、多くの政治的活動が行われた。

■プロレタリア的家計世帯《ハウスホールド》と半《セミ》プロレタリア的家計世帯《ハウスホールド》

すでに指摘したとおり、個々の家計世帯《ハウスホールド》におけるさまざまな所得の形態のあいだの相対的な重要性には、幅広くいろいろなパターンがある。ここでは、大きく二つのパターンに大別して述べよう。すなわち、生涯所得において賃金所得が過半を占める家計世帯《ハウスホールド》とそうではない家計世帯《ハウスホールド》との二つである。前者を「プロレタリア的家計世帯《ハウスホールド》」と呼び（その家計世帯《ハウスホールド》は賃金所得におおきく依存しており、プロレタリアという語はまさにそういう状態を想起させるからである）、後者を「半《セミ》プロレタリア的家計世帯《ハウスホールド》」と呼ぶ（その家計世帯《ハウスホールド》の大半の成員に、少なくともなんらかの賃金所得があることはまちがいないからである）ことにしよう。このように大別して考えると、雇用者にとっては、半《セミ》プロレタリア的家計世帯《ハウスホールド》から賃金労働者を雇用するほうが有利であることがわかる。賃金労働が家計世帯《ハウスホールド》の所得の柱となっている場合はつねに、その賃金の稼得者に対して支払われる額の最小限というものが存在する。その額は、少なくとも、その家計世帯《ハウスホールド》の再生産費用に見合った額でなければならない。これは、言わば「絶対最低賃金」とみなしうるものである。しかしながら、賃金稼得者が、半《セミ》プロレタリア的な家計世帯《ハウスホールド》に置かれている場合には、その賃金稼得者に支払われるべき賃金は、この「絶対最低賃金」以下であることが（かならずしもその家計世帯《ハウスホールド》の生存を脅かすことなく）可能である。両者の相違は、賃金所得以外の所得源——すなわち通常はその家計世帯《ハウスホールド》の他の成員がもたらす所得——に起因している。この半《セミ》プロレタリア的家計世帯《ハウスホールド》のケースで起こっていることはどういうことかと言えば、その家計世帯《ハウスホールド》における賃金稼得者以外の成員がもたらす所得から、実質的に、その賃金稼得者の雇用者に向けて剰余価値が移転しているということである。雇用者は、絶対最低賃金より少ない賃金しか支払わないことによって、その賃金労働者自身がもたらす剰余価値に上乗せして、その賃金労働者が属する家計世帯《ハウスホールド》からも剰余価値を受け取るのである。

■プロレタリア化の趨勢

つまり一般に、資本主義的なシステムにおいて、雇用者は、半《セミ》プロレタリア的家計世帯《ハウスホールド》に属する賃金労働者を雇用することを選好するということになる。しかしながら、そこには、逆向きの圧力が二つ働いている。ひとつは、実質的に、賃金労働者自身が「プロレタリア化」を目指すという圧力である。それは彼らにとって、賃金が良くなるということを意味しているからである。もうひとつの圧力は、雇用者の側にある矛盾した圧力である。個々の雇用者にとっては、賃金は低く抑えられていなければならないが、ひとつの集団としてみた場合の雇用者は、長期的に見た場合、自分たちの生産物が購買される市場を維持するため、その必要に反して、世界=経済全体に十分な大きさの有効需要を確保する必要がある。したがって、時間の経過とともに、これら二つの互いにまったく異なる圧力の帰結として、プロレタリア化する家計世帯《ハウスホールド》の数は、ゆっくりと増加する。とはいえ、このような長期的傾向の描写は、「システムとしての資本主義は、労働者としてのプロレタリアートの存在を第一の必要条件とする」という伝統的な社会科学の描写とはまったく逆の話になっている。だが、もしその伝統的な見方が正しいなら、資本主義の誕生からすでに四、五世紀も経た今日、〔世界＝経済全体の労働に占める〕プロレタリア的労働者の割合は、もっと大きくなっているはずなのに、なぜそうではないのかということを説明することは困難である。プロレタリア化は、資本主義にとっての必要条件と捉えられるべきものではなく、むしろ闘争の場として——着実だがゆっくりとしたプロレタリアの増加が、〔資本主義的な世界＝経済の構造的限界を示す〕漸近線へと向かう長期的趨勢を構成すると——捉えたほうが有用であろう。

■階級帰属の単位としての家計世帯《ハウスホールド》

明らかに、資本主義のシステムには、その経済システムのなかで異なった位置を占め、それに付随して異なる所得水準に属し、したがって異なる利害を有する諸々の人間集団が存在している。つまりそこには階級がある。たとえば、賃金の上昇を求めることが労働者の利益であることは明らかである。また賃金の上昇に抵抗することが雇用者の利益であることも、少なくとも一般論としては、同様に明らかである。しかし、たったいま見てきたように、賃金労働者は、家計世帯《ハウスホールド》に組み込まれた存在である。労働者をある階級に属するものとみなし、その労働者が組み込まれている家計世帯《ハウスホールド》の他の成員を別の階級に属するものとみなすのは無意味である。明らかに、諸々の階級に位置づけられるべきなのは、個人ではなく、家計世帯《ハウスホールド》なのである。階級移動を目指す個人が、その目標を実現するために、自分の置かれている家計世帯《ハウスホールド》から離脱し、別の家計世帯《ハウスホールド》に入らなければならないというのは、しばしば起こることである。それは容易なことではないが、決して不可能ではない。

■身分集団／アイデンティティ帰属の単位としての家計世帯《ハウスホールド》

しかしながら、家計世帯《ハウスホールド》が属する集団は階級だけではない。家計世帯《ハウスホールド》は、身分集団ないしはアイデンティティの構成単位でもある。（「身分集団」という言い方は、他者からの認知のされ方という一種の客観的規準を強調する言い方であり、「アイデンティティ」という言い方は、自己認識という一種の主観的規準を強調する言い方である。しかし、どういう言い方をしようが、それが近代世界システムの制度的現実のひとつであることにかわりはない。）われわれは、なんらかの身分集団／アイデンティティのなかへ生まれ落ちてくるわけであるから——あるいは少なくとも、そういうふうに生まれてくると通常思われているわけであるから——身分集団／アイデンティティというのは、生得的に貼られるラベルである。そのような集団に、自分の意思をもって参加するというのは、不可能とはいわぬまでも、概してかなり困難である。こういった身分集団／アイデンティティは、誰しもがなにかしら属しているさまざまな「人間集団 peoples」——民族、人種、エスニック集団、宗教共同体など——のほか、ジェンダーや性的選好のカテゴリーとしても存在する。そういった諸々のカテゴリーの大半は、しばしば、前近代からの時代錯誤的な遺物であると言われる。しかしそういった前提に立つのは、まったくの誤りである。身分集団／アイデンティティの成員であることは、おおいに近代的であることの一部である。実際、身分集団／アイデンティティは死滅しつつあるどころか、資本主義のシステムの論理が展開し、ますます強力にわれわれを呑みこんでいくにつれて、ますますその重要性を増しているのである。

わたしたちは先に、階級帰属の単位は家計世帯《ハウスホールド》であり、その成員は同じ階級への帰属を共有すると論じたが、だとすると、同じことは身分集団／アイデンティティについても言えるだろうか。たしかに家計世帯《ハウスホールド》内には、その成員に共通のアイデンティティを維持させ、単一の身分集団／アイデンティティに属さしめようとする大きな圧力がある。この圧力が最初に感じられるのは、結婚のときである。家計世帯《ハウスホールド》の成員は、その伴侶として、同じ身分集団／アイデンティティを持つ相手を探すことを要求されるか、少なくとも、そういう圧力を受ける。しかし、近代世界システムにおける諸個人の絶え間ない移動に、重視すべきは能力主義的な規準であって身分集団／アイデンティティは無視すべきであるという規範的圧力がくわわって、家計世帯《ハウスホールド》の枠組みの内部において、本来のアイデンティティが、かなり混ざりあったものになってきているのも明らかである。しかしながら、個々の家計世帯《ハウスホールド》において起こってきているのは、単一のアイデンティティへの進化である。すなわち、まさに本来的なアイデンティティが混ざりあったところに生ずる身分集団／アイデンティティが新しく具体化されてきているのである。そのような身分集団／アイデンティティの紐帯の構成には危ういところもあるが、そうすることで、身分集団／アイデンティティという枠組みのなかで、再度、家計世帯《ハウスホールド》としての一体性は回復される。同性愛者間の結婚の合法化が求められている背後には、家計世帯《ハウスホールド》のアイデンティティの一体性の回復の必要が圧力として感じられていることが、ひとつの要素として存在している。

■家計世帯《ハウスホールド》の等質化傾向とその社会的機能

家計世帯《ハウスホールド》にとって、単一の階級および身分集団／アイデンティティを維持することが――あるいは、少なくとも維持されているかのごとくに振舞うことが――かくも重要であるのはなぜなのであろうか。もちろん、家計世帯《ハウスホールド》が等質的であれば、所得プールの単位としての家計世帯《ハウスホールド》の一体性を維持し、家計世帯《ハウスホールド》内での消費の分配や意思決定における不平等に起因して、家計世帯《ハウスホールド》に遠心的な傾向が生じたとしても、それを克服する助けにはなる。しかしながら、家計世帯《ハウスホールド》の一体性の本質を、内的な集団防衛のメカニズムだと捉えるのは誤りである。集団としての家計世帯《ハウスホールド》に等質化の傾向があることは、世界システム全体にとっても重要な利点があるからである。

家計世帯《ハウスホールド》は、世界システムにおいて、諸主体の社会化の第一の場として機能している。家計世帯《ハウスホールド》は、われわれに、とりわけ若い世代に、われわれが服すべき社会の諸規則についての知識と、そういった諸規則を尊重する態度とを伝えようとする。もちろん、その機能は、学校や軍隊といった国家の諸機関、および宗教的制度やメディアによっても果たされる。しかし、それらのいずれも、実際の影響力の緊密さの点では、家計世帯《ハウスホールド》には及ばない。だが、そうだとしても、家計世帯《ハウスホールド》によるその成員の社会化の様式は、どのように決定されているのであろうか。おおまかにいえば、国家の諸機関や宗教的制度、メディアなどの諸制度が、家計世帯《ハウスホールド》による諸問題の認知の前提となる枠組みを提供する一方、それらの諸制度がそのような枠組みを効果的に提供しうるか否かは、家計世帯《ハウスホールド》の相対的な等質性にかかっている。つまり、家計世帯《ハウスホールド》は、史的社会システムにおいて、ある決められた役割を負っていると同時に、自らが負うその役割を認識する場でもあるのである。自らが属す身分集団／アイデンティティ――国籍、人種、宗教、エスニシティ、性的規範――がはっきりとしている家計世帯《ハウスホールド》は、その成員の社会化の過程について明確な認識を持っている。また、それほど確かなアイデンティティを持たなくても、なにかしらの等質的なアイデンティティを――たとえそれが新奇なものであったとしても――作り出そうとしている家計世帯《ハウスホールド》も、ほぼ同じようにやってはいける。アイデンティティの恒常的な分裂をはっきりと認めてしまっている家計世帯《ハウスホールド》では、社会化の機能は、ほとんど遂行不可能なものとなり、場合によっては集団としての持続も困難になる。

言うまでもなく、社会システムに内在する諸権力は、社会化の過程を通じて、まさにそのシステムがつくりだしているヒエラルキーの現実を受け入れられるようになることを、つねに望んでいる。さらに諸権力はまた、社会化を通じて、いまあるシステムをそういうものとして受け入れさせる神話、修辞、理論といったものが内面化されることをも望んでいる。こういった権力の欲望は、ある程度は達せられるが、完全に実現することはない。家計世帯《ハウスホールド》によるその成員の社会化は、反乱、退出、逸脱といった帰結に至ることもあるからである。たしかに、システム全体が相対的に均衡状態にあるかぎりでならば、ある程度までは、そのような反システム的な社会化も、不安や不満の捌け口を提供するというかたちで、システム〔の安定〕にとって有益である場合もある。その場合、負の社会化は、システムの機能に対して、せいぜい限られたインパクトしか持ちえないということになるが、史的システムが構造的危機に至ると、そのような反システム的な社会化は、システムに対して、深甚な不安定化をもたらす可能性が出てくる。

■身分集団／アイデンティティの複数性と家計世帯《ハウスホールド》

ここまでは、ひとつに階級、またひとつに身分集団をとりあげ、家計世帯《ハウスホールド》を集合的に表現する際にありうるふたつの様式として、話をすすめてきた。しかし実際には、身分集団には多くの種類があるのは明らかであり（つまり単一の規準で同定されるものではなく）、しかもそれらのあいだには、必ずしも完全に矛盾を排除しえない場合がある。くわえて、歴史的に時間が経過するにつれ、身分集団の種類は増加――減少ではなく――してきている。〔たとえば〕二十世紀末には、前世紀までには家計世帯《ハウスホールド》を構築する基礎たりえなかった性的選好のような規準にもとづくアイデンティティの主張もしばしば行われはじめている。このような身分集団／アイデンティティの複数性に、われわれみながかかわっているため、そこに、「諸アイデンティティ間に優先順位といったものはあるのか」という問題が浮上する。アイデンティティ間に衝突が生じた場合、いずれが優先されるべきなのか。実際、なにが優先されているのか。家計世帯《ハウスホールド》がある特定のアイデンティティにもとづいて（つまりその他のアイデンティティに優先して）等質化するといったことはありうるのか。〔最後の問いに対しては〕答えは、あきらかにイエスである。だが、問題はその帰結である。

■イデオロギー闘争の場としての家計世帯《ハウスホールド》

〔そのことを考えるには、〕家計世帯《ハウスホールド》の外部からくる圧力に目を向ける必要がある。身分集団の大半は、諸家計世帯《ハウスホールド》にまたがるなんらかの制度を、外からみても分かるかたちで有している。そしてそれらの制度は、家計世帯《ハウスホールド》に対して、単にその規範や集団としての戦略に従わせる圧力となるだけではなく、個々の家計世帯《ハウスホールド》に〔他の制度に対して〕その制度を優先するよう、直接の圧力をかける。そのような諸家計世帯《ハウスホールド》にまたがる制度のなかで、最も効果的に、個々の家計世帯《ハウスホールド》に影響力をふるっているのは国家である。国家には、きわめて直接的な圧力行使の手段（法、実質的な便益の再分配、メディアを動員する能力）がそなわっているからである。しかし、国家がそれほど強くないところでは、宗教組織、エスニシティに基づく組織などが、家計世帯《ハウスホールド》に対して優先を求めるもっとも強い声をもつのが常である。身分集団／アイデンティティの自己規定が反システム的であるときでさえ、それらの身分集団／アイデンティティは、家計世帯《ハウスホールド》に対して優先して忠誠を尽くすよう求め、他の反システム的な身分集団／アイデンティティと相争うこともある。家計世帯《ハウスホールド》のアイデンティティをめぐるこの複雑な争いこそが、近代世界システムにおける政治的闘争の波乱に満ちた過程の基底にあるものである。

世界=経済、企業、国家、家計世帯《ハウスホールド》、そして家計世帯《ハウスホールド》をまたいで階級や身分集団の成員をむすびつける諸制度のあいだのこの複雑な関係は、二つの正反対の――しかし互いに共生的な――イデオロギー的主張のあいだに置かれている。すなわち一方に普遍主義と、もう一方に人種主義および性差別主義である。

■普遍主義のイデオロギー

普遍主義は、近代世界システムの顕著な特徴だと見なされている主張である。それは、多くの点でも近代世界システムが自らをもって誇りとするものである。普遍主義とは、一般に、万人に平等に適用される一般的規則の優位を意味しており、したがって、大半の領域において、個別主義的な選好を拒絶するものである。普遍主義の枠組みのなかで許容されるとみなされる規則は、狭い意味で世界システムの正常な機能に直接適用されると示されうるものに限られる。

普遍主義の現れ方は幾通りもある。企業や学校のレベルに普遍主義を翻訳するなら、たとえば、諸個人は、その有するところの訓練と能力に応じて、諸々の地位を割り当てるべきであるといったようなもの（いわゆる「能力主義」の実践）がそれにあたる。家計世帯《ハウスホールド》のレベルに翻訳するなら、結婚は「愛」に基づく契約であるべきであって、財産やエスニシティ、その他一般の個別主義的理由に基づくものであるべきではないということを、特に含意している。国家のレベルに翻訳するなら、普通選挙や法の下の平等といった規則が、それにあたる。こういったお題目は、公的な言説において定期的に繰り返されているので、われわれみなにとって、おなじみのものである。それら諸々のお題目は、われわれが社会化する過程の中心を占めている。もちろん、ご承知のとおり、それら諸々のお題目のうちで、どれが特に強調されるかは、世界システムのなかのどのような場においての話かによってまちまちである（このことの理由についても後に述べよう）。また、実際にそれらのお題目が、決して完全には遵守されていないということも、ご承知のとおりである。しかし、それらは、近代を伝道する公式の言葉となっている。

普遍主義は、正の規範である。つまり、大半のひとびとは普遍主義の価値を信じているし、ほとんどすべてのひとがそれを善いものだと主張している。人種主義や性差別主義は、ちょうどその対極をなしている。それらも規範であるが、しかしそれは負の規範である。つまり、大半のひとびとはその価値を信ずることを否定し、ほとんどすべてのひとはそれを悪いものだと主張する。しかし、それにもかかわらず、やはりそれは規範である。さらに言えば、人種主義や性差別主義といった負の規範は、善いものとされている普遍主義の規範と比べて、少なくとも同程度に——実際のところ、大半の場合、はるかに高い程度で——遵守されている。そんなことは、例外的な話だと思われるかもしれないが、そうではない。

■人種主義と性差別主義のイデオロギー

人種主義および性差別主義の意味を考えてみよう。実際のところ、これらの語は、二十世紀の後半になってやっと広範に用いられるようになったものである。しかし実践としては、人種主義や性差別主義は、もっと広範な現象として存在するものであり、それに対する適切な名称はない。だが、反普遍主義ないしは所与の身分集団／アイデンティティに属する人間全員に対する顕在的な制度的差別と捉えることはできるかもしれない。そして個々のアイデンティティには、社会的位階《ヒエラルキー》というものがある。それは、二つのカテゴリーから成る大雑把な位階《ヒエラルキー》の場合もありうるし、ピラミッド状に多数の階層からなる複雑な位階《ヒエラルキー》の場合もありうる。しかしかならず、位階《ヒエラルキー》の頂点にはなんらかのひとつの集団が位置し、位階《ヒエラルキー》の底辺にはひとつないし複数の集団が位置するということである。そういった位階《ヒエラルキー》は、世界規模でも、もっと地域的な規模でも存在し、いずれの場合も、人々の生き方、そして資本主義的な世界=経済の作用に、莫大な影響を及ぼす。

近代世界システムにおいて、世界規模で存在する位階《ヒエラルキー》については、われわれみながよく知るところである。すなわち、女性に対する男性の優位、黒人（ないしは非白人）に対する白人の優位、未成年（ないしは高齢者）に対する成人の優位、教育を受けていないものに対する教育を受けたものの優位、ゲイやレズビアンに対する異性愛者の優位、労働者に対するブルジョワおよび専門職の優位、農村居住者に対する都市居住者の優位などである。エスニシティに基づく位階《ヒエラルキー》は、これらよりも地域的であるが、どこの国にも存在しており、支配的なエスニシティとそうではないその他のエスニシティがある。宗教に基づく位階《ヒエラルキー》も世界中にある。どこであれ特定の地域内であれば、誰もがその位階《ヒエラルキー》の内容を承知している。ナショナリズムは、しばしば、これらさまざまな位階《ヒエラルキー》的対立項の一方の側に連結を構築して、ひとつの合成カテゴリーの形態をとる。つまり、たとえば、特定のエスニシティと宗教に属する成人白人異性愛男性だけが、「真の」国民であると見なされるような規範が創られることがあるということである。

■世界システムの「幹部層」と普遍主義

このように述べることで、われわれの関心にのぼる問題がいくつかある。普遍主義を公言しつつ、同時に反普遍主義的な実践を行うということは、どのように理解されうるのか。反普遍主義に、これほどの多様性があるのは、いったいどういうわけなのか。この互いに矛盾する二律背反は、近代世界システムの不可欠の一部なのか。実際、普遍主義と反普遍主義はいずれも、日々、作用しているが、それぞれ、別の領域において作用している。普遍主義は、いわば世界システムの幹部層――権力と富の点で世界システムの頂点にあるひとびとでも、世界の労働者の大多数を占めるひとびと、世界中のあらゆる労働の領域における普通のひとびとでもなく、さまざまな機関において指導的ないしは監督的役割を果たしている中間的な層のひとびと――に、強く作用する原則となる傾向がある。普遍主義は、技術職、専門職、研究職に就くような人物に最もよく訴求する規範なのである。この中間的な集団は、その集団がおかれている国の世界システムにおける位置とその国の政治状況によって規模が異なる。その国の経済的地位が強力であるほど、そのような中間層の規模は大きい。しかしながら、世界システムの特定の地域において、普遍主義が、そのような幹部層にさえ訴求力を持たなくなるときは、そこには社会の機能不全が観察されることが多く、ある程度の普遍主義的規準の回復をもとめる政治的圧力が（当該の国の内部からも外部からも）生じてくる。

■普遍主義がもたらす包摂と排除

このことには、相異なる二つの理由がある。まず一方で、普遍主義は、相対的な競争力を保証するものであり、したがって世界＝経済を効率化して、結果として資本蓄積の能力を高めると信じられている。ゆえに、通常、生産過程を管理している立場の者は、そのような普遍主義的規準を推進する。もちろん、普遍主義的規準が、なんらかの個別主義的規準の適用のうえにしか適用されないようなときには、憤りを引き起こすことになる。公務員への登用が、特定の宗教ないしはエスニシティに属するひとびとにしか開かれていなければ、たとえそのカテゴリーの内部における人選が普遍主義的であったとしても、全体としては普遍主義的とはいえない。またもし、諸個人にとって前提として必要となる訓練を受ける機会が個別主義的規準によっているにもかかわらず、そのことを無視して、人選の際にはじめて普遍主義的規準が適用されるような場合も、やはり憤りを引き起こすことになる。しかしながら、人選が真に普遍主義的であったとしても、人選を行えば、そこから漏れる人間が必ず出る以上、やはり憤りを引き起こす可能性はあり、諸々の役職について、資格試験や等級区別を排した登用を求める「ポピュリスト」的圧力が生ずることもある。このようなさまざまな状況において、普遍主義的規準は、能力主義的な役割分担を正統化する、大きな社会心理的機能を果たしている。幹部層に登用されたひとびとは、そういった普遍主義的規準の存在によって、自分が獲得した優越的地位が正当なものであるという感覚を持つことができ、自分にその地位をひらいてくれた「普遍主義的規準」なるものが、実際にはさまざまな点で完全には普遍主義的ではないということを忘れ、また幹部層に優先的に与えられる物質的利益に対して、その他のすべてのひとびとが訴える不満をも無視することができる。普遍主義の規範は、システムから利益を得ているひとびとにとっておおきな安心を与えてくれるのである。普遍主義的規範のおかげで、彼らは、自分が、そういった利益を受けるに値するものだと感じることができるのである。

■反普遍主義がもたらす包摂と排除

他方、人種主義、性差別主義、およびその他の反普遍主義的規範も、近代世界システムにおける仕事、権力、特権の配分にあたって、同様に重要な役割を果たしている。これらの規範の含意は、社会的領域からの排除にあると思われているが、実際には、それらはむしろ社会への包摂の様式である。ただし、その包摂の対象は、相対的に下位の位階《ヒエラルキー》の属するひとびとである。これらの規範は、相対的に下位の位階《ヒエラルキー》に属するひとびとを正当化し、そういったひとびとの立場を強く主張し、さらには逆に、そういった立場にあるひとびとにとって、その立場にあることがむしろ居心地のよいものであるかのように感じさせる目的をもって存在している。反普遍主義的規範は、社会の変化に左右されない、自然的で、永遠不変の真理の法典化として提示される。その規範は、単なる文化的真理ではなく、黙示的、ないしは明示的にさえ、種としての人間の機能の必然に根ざした生物学的真理として提示される。

それら反普遍主義的規範は、国家の、職場の、社会的領域の規範となり、同時にまたそれらは、家計世帯《ハウスホールド》が、その成員を社会化するうえで、活用せざるをえない規範ともなる（その努力は、全体としては、かなりうまくいってきた）。反普遍主義的規範は、世界システムの二極分解を正当化する。時間の経過とともに世界システムの二極分解が拡大してきたために、人種主義、性差別主義、およびその他の形態の反普遍主義は――世界システムの機能にとっては、そのような反普遍主義の諸形態に反対する政治的闘争が中心的重要性を高めてきたにもかかわらず――ますます重要性を増すようになった。

煎じ詰めて言えば、近代世界システムは、普遍主義と反普遍主義の両方が、同時に存在し、拡大し、実践されることを、システムの構造としての中心的・基本的特徴としてきた。この二律背反的規範は一対のものとして、中核／周辺間の垂直的分業と同様に、システムにとって根本的な重要性を持つものなのである。

3 国家システムの勃興
……主権的国民国家、植民地、国家間システム

■主権概念の起源

近代国家は、主権的国家である。主権は、近代世界システムにおいて発案された概念である。その第一の意味は、完全に自律的な国家権力ということである。しかし、実際のところ、近代国家は、諸国家が構成するより大きな文脈――世界システム分析では「国家間システム」と呼ぶが――のなかに存在している。したがって、まずわれわれは、この近代国家が有するとされている自律性の程度と内容とを検討してみなければならない。十五世紀末――つまりちょうど近代世界システムの始まりの瞬間に――イングランド、フランス、スペインに、「新しい王政」が出現した

というのは、歴史家の通説である。国家間システムについては、その原型は、通常、イタリア半島に展開していたルネサンス外交にあると言われており、そして一六四八年のウェストファリア講和条約で制度化されたと普通考えられている。ウェストファリア講和条約は、ヨーロッパの大半の国家が調印し、国家の相対的な自律性への制限と保証とを設定する国家間関係の一定のルールを法典化した。それらのルールは、のちに国際法という体裁のもと、その内容が練り上げられ、また範囲を拡大していった。

「新しい王政」は、中央集権化を志向する政体であった。すなわちそこでは、君主の全般的権威に対する地方権力の実質的な服属の確保が目指された。そして、その手段として、文武の官僚組織を強化（というより実際にはむしろゼロから創出）した。もっとも決定的であったのは、徴税の実務を行う充分な人員を確保して、相当の課税権力を手中に収めたことであり、これによって「新しい王政」は強力なものとなった。

■「絶対」君主は絶対か？

十七世紀には、これらの「新しい王政」の支配者たちは、自らを「絶対」君主と称した。この呼び方には、彼らが、なにものにも制約されざる権力の保持者であるかのような響きがある。だが実際のところ、その「絶対」君主には、制約されざる権力どころか、それほどたいした権力もありはしなかった。つまり「絶対君主」とは単に、制約されざる権力をもつ権利があるという主張にすぎなかったのである。「絶対」という語は、ラテン語のアブソリュトゥス absolutus に由来しており、それは君主が全能であるという意味ではなく、君主が法に服さない（つまり法の適用を免除 absolve されている）という意味であり、したがっていかなる人間も君主がみずから最善であると思うことをすることを正統に妨げることができないということを意味するものである。これは恣意的な権力を容認するものではあるが、君主に実効的な権力があるという意味はない。そして、すでに述べたとおり、実際には君主の権力は、相対的に実効性が低かったのである。たしかに、諸国家は、何世紀にもわたって、このような実効的な権力の不足を克服しようと努め、一定の成功を収めはした。結果として、近代世界システムの最初から始まる長期的趨勢のひとつには（のちに述べるように、少なくとも一九七〇年代頃までは）、ゆっくりとはしているが着実な国家の実効的権力の増大を挙げることができる。かりに、ふつう絶対君主の典型のように言われるフランスのルイ十四世（在位一六六一～一七一五年）と、たとえば二〇〇〇年におけるスウェーデンの首相のもつ実効的権力（決定を現実に実行する能力）を比較するとしたら、二〇〇〇年のスウェーデン首相のほうが、一七一五年のフランスのルイ十四世よりも多くの実効的権力を持っているということになるだろう。

■官僚制

君主が、その実効的権力を増大させるために用いた主要な道具は、官僚制の構築であった。当初においては、官僚への俸給となる税収源がなかったので、売官という解決策が採られた。この手段によって、君主には官僚制と歳入源の両方が手に入ることとなり、したがって、いくらかの権力を——のちの絶対君主がそうしたように、直接的に官僚を任官できた場合ほどではなかった——増大させることができた。最小限の官僚組織が手に入るや、統治者は、それを用いて、あらゆる種類の政治的職務——徴税、司法、立法、強制執行機関（警察および軍隊）——を国家の管理下に置こうとした。同時に、あらゆる分野において、在地的実力者の自律的権威を排除、ないしはすくなくとも制限しようとした。さらに、君主の意向に対する尊重を確保するための情報網を創り出そうともした。フランスでは、知事——中央国家を代表して国の各地に派遣される監督官——の制度が考案され、この制度はほとんどすべての近代国家において、さまざまなかたちで模倣された。

■国家間システム——国境画定と相互承認

主権はまた、単に国内的な権威の主張ではなく、対外的な——つまり他国に対する——権威の主張でもある。それは第一に、国境画定——すなわち所与の国家がその内部に主権を及ぼし、したがって他国はいかなる（行政的にも、立法的にも、司法的にも、軍事的にも）権威も主張する権利もないような範囲の設定の画定——の主張である。たしかに、他国による「内政干渉」を拒絶する、こういった国家の主張は、きちんと遵守されてきたというよりは、むしろ侵害されたときに持ち出されるというのが常であったが、とはいえ、単なる主張であっても、干渉の度合いを抑制するうえで役には立ってきたのである。また国境も不変のものではなかった。国家間の国境問題は持続的に繰り返されてきた。とはいえやはり、所与のどの時点においても、主権が行使される範囲の境界については、事実上の現実というものが、ほぼつねに存在してきた。

主権には、さらにもうひとつ、本質的な特徴がある。それはひとつの主張であり、他国によって承認されなければ、ほとんど意味がないものだということである。他国は、その主張を尊重しないかもしれないが、それが公式に承認されることのほうが、多くの点で、もっと重要である。主権というものは、ほかのなににもまして、正統性の問題なのであり、そして近代世界システムにおいて、主権の正統性は、相互的な承認を要件とするのである。主権は、いわば想像上の取引のようなものであり、潜在的に（ないしは実際に）対立する二者が、事実上そこにある権力の現実を尊重して、もっともコストのかからない戦略として、そのような承認を交換し合うのである。

相互的承認は、国家間システムの根幹である。主権的存在であることを宣言しているにもかかわらず、他の大半の諸国からの承認を得られない政体はしばしばあった。しかし、そのような承認なくしては、たとえその政体が所与の領域に事実上の支配を確保していたとしても、その宣言は相対的に無価値であり、そのような政体は危険な状態におかれる。しかしながら、所与のいかなる時点においても、大半の諸国は他のすべての諸国に承認されている。それにもかかわらず、いずれの国からも、あるいは一、二カ国（実質的な保護国）からしか承認されない国家（と主張されているところの政体〕が少数存在することも普通のことであった。最も困難な状況というのは、ある国家が、かなりの数の他の諸国家に承認されていながら、同時にかなりの数の別の諸国家には承認されていない場合である。このような状況は、分離独立や革命による体制転換が起こったあとに生じうる。そのような承認の分裂の過程は、国家間システムにディレンマと緊張をもたらすが、諸国家は最終的には、なんらかの方向で、それを解決しようとする。

■国家承認の実践――三つの実例と一つの仮想例

このような〔国家承認をめぐって〕可能性として考えられるさまざまな状況のうち、二十一世紀の最初の十年間の世界システムにおいては、三つの例を簡単に挙げることができる。〔第一は〕アメリカ合衆国とキューバである。両国は政治的に互いに敵対しているが、両国とも、また両国以外の他国も、相互の主権について争うことはしていない。第二の例は、中国である。一九四九年の中華人民共和国の宣言によって、一方に中国本土における事実上の支配を獲得した新しい政府と、他方に、事実上台湾に退却しつつも、依然として中華民国全体に主権的権威を有すると主張する前政府とが並存し、中国全体の主権的権威として、世界のある部分は一方の政府を承認し、別の部分はもう一方の政府を承認するという中間的状況が生ずることになった。この状況は、一九七〇年代、アメリカ合衆国が国連安全保障理事会における中国の議席について、中華人民共和国の信任状を承認し、中華民国〔事実上台湾しか支配していない〕の信任状を取り下げたときに、ほぼ解決した。この手続きは、アメリカ合衆国が（そしてそれにつづいて他の多くの国が）――かつての中国政府による事実上の台湾支配に影響をあたえないかたちで――「ひとつの中国」の単一の政府としての中華人民共和国の正統性を承認したのとほぼ同じ時期にとられた。その後、中国全体の正統な政府として中華民国のほうを承認しつづける国も、ごく少数（その大半は小国である）は残ったが、圧倒的多数は、中華人民共和国の側に立つことになった。第三の状況は、北キプロス・トルコ共和国のケースである。同国は、自国が主権国家であり、キプロス島の北半における事実上の支配を保持していると主張した。しかし、その主張は、トルコ一国によってしか承認されていない。ゆえに、同国には、国際的な正統性はなく、他の諸国は、北キプロス・トルコ共和国によって占領されている地域に対するキプロス共和国の理論的な主権を依然として認めている。トルコからの強力な（究極的には武力をともなう）支援がなければ、北キプロス・トルコ共和国は、すぐにも消滅してしまうだろう。これら三つの例から、相互的な承認というものが決定的な役割を果たしていることがわかる。

ひとつ、仮定的ではあるが、あってもおかしくなかった状況のことも確認しておこう。もしケベック党（Parti Québécois）が、一九七六年にケベック州ではじめて政権をとった際に、同党がすぐにケベックが主権国家であると宣言していたら（結局のところ、それが同党の第一の綱領なのであるから）、そしてもしカナダ政府が、これに猛烈に――政治的に、場合によっては軍事的に――反対したら、さらにフランスがケベックを承認し、イギリスが承認を拒み、アメリカ合衆国が中立を守ろうとしたら、いったいどのようなことが起こっていただろうか。ケベックは主権国家となっていただろうか。

■内戦について

〔主権承認の〕相互性は、対内的にも――ただし言葉遣いの上では、通常、われわれがそのことについて述べる際には別の言い方になるが――作用する。国内の各地方の権威は、中央の国家の主権的権威を「承認」していなければならない。また、ある意味では、中央の権威も、地方の権威の正統性を承認し、そのうえでその領分を規定しなければならない。多くの国では、この相互承認は、憲法、ないしは中央と地方のあいだの権力の分立について定めた特定の法規に正式に記されている。この合意は、破られる可能性がないものではないし、また実際しばしば破られる。その破られ方の深刻な場合が、いわゆる内戦である。内戦は、中央政府の勝利に終わる場合もあるが、地方の権威（ないしは複数の権威）が勝利を収める場合もあり、その場合には、既存の国境内における権力の分立を定めるルールの書き換えが起こるかもしれないし、分離独立を経て、ひとつないしは複数の新しい主権国家が誕生するかもしれない。そして、その場合にはさらに、新しくできた国家が国家間の次元で承認を得られるかという問題が出てくる。ユーゴスラビアの解体は、このような状況の好例である。同国の解体は、そのあとに、国境および独立に関して、多かれ少なかれ未解決の問題を複数残しており、すでに十年を経てなお、事実上の国境について、依然として争いが存在している。

■資本主義的世界=経済のなかの主権国家

このように、主権とは、大きな政治的帰結をともなう法的主張である。こういった大きな帰結をともなうがゆえにこそ、主権に関する問題は、国内的にも国際的にも、政治的闘争の中心にくるのである。資本主義的な世界=経済で活動している企業家の視点からみると、主権国家は、直接の彼らの利害にかかわる、少なくとも以下の七つの主要な領域において、権威を主張する存在である。（1）国家は、商品、資本、および労働が国境を越えてよいか、よいならばどのような条件によってかについてのルールを設定する。（2）国家は、その国内における所有権に関するルールをつくる。（3）国家は、雇用および被雇用者に対する補償に関するルールを設定する。（4）国家は、企業が内部化しなければならない費用の内容を決定する。（5）国家は、独占が認められる経済活動の種類と程度とを決定する。（6）国家は課税を行う。（7）自国内に本拠を置く企業が影響をこうむりうる場合には、国家は、その対外的な力を用いて、他国の決定に影響を及ぼしうる。これだけ長々と列挙したリストを見るだけでも、企業にとって、国家の政策が決定的な重要性を持っていることが、おわかりいただけよう。

企業に対する国家の関係は、資本主義的な世界=経済の機能を理解する鍵となる。大半の資本家が信奉する公式のイデオロギーは、自由放任主義《レッセ・フェール》、すなわち「政府は、市場における企業家の活動に干渉すべきではない」という教義である。企業家は、一般的なルールとしては、このイデオロギーを声高に主張するが、それが実際に（すくなくとも完全には）実施されることは望んでいないということは、理解しておくべき重要なことである。少なくとも彼らの通常の振る舞いは、彼らがそれを健全な教義だと信じているかのようなものではないことはたしかである。

■国境の管理

まず国境から話を始めよう。理論上、主権国家は、何が、どういう条件でなら、国境を越えて移動してよいかを決定する権利を有している。国家が強力であればあるほど、国家の官僚機構の規模は大きくなり、したがって、国境を越える取引きに関する決定を施行する能力も大きくなる。国境を越える取引きには、主として三つの種類がある。財の移動、資本の移動、そして人の移動である。売り手は、自分の売ろうとしている財が、干渉や課税をうけずに国境を越えられることを望んでいる。他方、その財が入り込む先の国境内にで活動しており、その財が国境を越えて入ってくると競合することになる売り手は、自国の国家が、数量割当や関税を課すことで干渉するなり、自分たちの生産物に補助金を出すなりしてくれることを望む。国家がどのような決定を下すにせよ、それは、いずれかの企業家の益するところとなる。中立的な立場というものは存在しない。同じことは、資本移動に関しても言える。

国境を越える人の移動は、これまで常にもっとも厳格に管理されてきたものであり、それが労働力〔の需給〕に関係するという点で、言うまでもなく、企業の利害にも関係する。一般的に、一国から他国への労働者の移動は、短期的な需給関係のモデルをそのまま当てはめれば、受け入れ国の企業の市場での立場を強くし、受け入れ国の在住者の市場での立場を弱くする。しかしこれは、問題の大きな中心を占めうる二つの要素を捨象する議論である。その二つの要素とは、所与の移民受け入れ国の内的な社会構造へのインパクトと移民流入の長期的な経済的インパクト（移民流入は、たとえ短期的なインパクトとしてはきわめてマイナスであっても、少なくとも一部の人間にとっては、長期的なインパクトとしては大きなプラスとなることがありうる）である。ここでもやはり、中立的な立場というものは存在しない。

■所有権の保護

所有権は、いうまでもなく、資本主義のシステムの中心的な構成要素である。自分が蓄積した資本を、自分のものとしておくことができなければ、無限の資本蓄積はありえようがない。所有権は、国家が金銭を没収したり、親族が金銭の取り分を要求したり、他人が金銭を盗んだりするのを制限する法の全体である。くわえて、資本主義的なシステムは、取引きにおける誠意に最低限の相互信頼を置くことを基礎として機能しており、したがって、詐欺の防止は、おおきな社会的要請となっている。こういったことは当たり前すぎて、わざわざ言うまでもないことのように思われるが、こういった所有権の保護において鍵となる役割を果たしているのもまた、言うまでもなく、国家であり、ただ国家のみが、こういった事柄に規則を設定する正統な権利を有している。もちろん、所有権の保護と称する行為が争いの対象となるような場合も数多くある。見解の相違が紛争に至れば、それには裁定が――結局は、国家の司法機関によってだが――下されなければならない。しかし、いずれにせよ、国家が保証するなんらかの保護がなければ、資本主義のシステムは、まったく機能しえない。

■労使関係の調整

企業家は、あたかも労働の現場こそが、彼らにとって、国家による規制をもっとも控えてもらいたいと切望している場であるかのように、ずっと振舞ってきたし、今日でもしばしば、そのように振舞っている。彼ら企業家は、自分たちが雇用している者たちとの関係――報酬の水準、労働の条件、週当たりの労働時間、安全の保証、雇用および解雇の仕方――を規定する、あらゆることがらに対して、神経をとがらせている。対して、労働者は、彼らの考えるところの合理的な労働条件・労働環境を獲得する助けとして、まさしくこれらの諸問題への国家の介入をずっと要求してきた。あきらかに、そのような国家からの干渉は、労働者の雇用者に対する争いにおいて、短期的には、労働者の立場を強くする傾向にあり、したがって、労働者は普通、国家からの干渉を是認してきた。しかし、国家からの干渉は、長期的には、企業家にとっても有益である場合があると考える企業家も多く存在してきた。労働の現場への国家からの干渉は、その帰結のうちに、長期的な労働供給を確保し、有効需要を創出し、社会秩序の混乱を最小限に抑えるといったことを、みな含みうるからである。要するに、一定程度の干渉は、雇用者にとっても——すくなくとも、規模が大きく、相対的に長期的なパースペクティヴに基づいて活動している雇用者にとっては——きわめて歓迎すべきものである場合もあるのである。

■企業が内部化しなければならない費用の内容の決定——廃棄物処理、資源管理、流通インフラ

企業に対する国家の重要な役割として、相対的に忘れられがちなのは、生産にかかる費用のうち、どれだけの割合を、実際にその企業に支払わせるかの決定である。経済学では、「費用の外部化」ということがしばしば言われる。これは、生産にかかる費用の一定の部分を企業のバランスシートから、不定形的な外部の実体（要するに社会）に移してしまうことである。この費用の外部化の可能性は、資本主義的活動の基本的前提に反するように思われるかもしれない。ふつうの前提から言えば、企業は利潤のために生産を行い、その利潤は、売り上げ額と生産費用との差分によって構成される。つまり利潤とは、効率的な生産に対する報酬である。そこには暗黙の了解として——そしてまた利潤に対する道徳的な正当化として——生産者は、生産にかかるすべての費用を支払っているということが前提とされている。

しかしながら、実際はそれとはちがう。利潤は、単に効率を向上させたことに対する報酬のみならず、国家からの支援を、より多く手に入れたことに対する報酬でもあるのだ。みずからの生

産にともなう費用をすべて支払っている生産者などというものは、ほとんど存在しない。外部化の意味が大きい費用は通常、以下の三つ、すなわち有害物にかかる費用、資源費消にかかる費用、そして輸送にかかる費用である。ほとんどあらゆる種類の生産は、なんらかの有害物、つまり環境に対するなんらかの後遺的損害——廃棄物および化学物質の排出のような〔直接的な〕場合にせよ、長期的に見て生態系に対して変容が生じるといったような場合にせよ——をともなう。生産者にとって、廃棄物を処理するのに、もっとも金銭的な負担がかからない方法は、それを（みずからの生産施設の敷地外に）ただ垂れ流すことである。また生産者にとって生態系の変容に対処するのに、もっとも金銭的な負担のかからない方法は、それが起こっていないふりをすることである。いずれの方法によっても、直接の生産費用は削減される。しかし、これは要するに、遅かれ早かれ（かなり遅れてであることが普通だが）、だれかしらによって、その負の帰結に対するツケが——きちんとした廃棄物の処理や生態系の回復といったかたちで——払われなければならないという意味で、それらの費用が外部化されている〔にすぎないのであって、決して費用自体がなくなったわけではない〕。そしてこの〔外部化を引き受けさせられている〕「だれかしら」というのは、当の生産者以外のすべての者、つまり国家の制度を通じて構成されている納税者一般なのである。

費用の外部化の第二の様式は、資源費消を無視することである。究極的に言えば、あらゆる生産過程は、なんらかの第一次的資源——有機物であれ、無機物であれ——を使用するものであり、それは市場で販売される「最終」生産物への加工過程の一部を構成している。第一次的資源は、使えば消耗する。そのなかには、きわめて急速に枯渇するものもあれば、きわめてゆっくりと消耗していくものもある。大半のものは、そう極端に速いペースや遅いペースで消耗するのではなく、どこかしら、その中間のペースで費消されていく。ここでも、費消された資源を再生するための費用が生産費用に内部化されることは、ほとんどない。すると結果的に、世界は、そのような資源の使用を放棄するか、なんらかのかたちでそれに代わるものを探すか、ということを余儀なくされる。部分的には、それは技術革新によって行われ、その場合は、費消された資源の再生にかかる経済的費用は小さなものと（あるいは無視できるものと）考えることもできなくはない。しかし、多くの場合、それは不可能であり、やはりここでも国家が踏み込んで、資源の保全ないしは再生の過程に取り組まなければならない。そしてそのための費用は、いうまでもなく、「その資源を使用した」生産から利益を得た者以外のだれかが負担することになるのである。適切に再生されてこなかった資源の好例は、世界の木材供給である。アイルランドの森林は、十七世紀に伐採されつくしてしまった。近代世界システムの歴史を通じて、われわれは、ありとあらゆる森林を伐採しつくしつづけ、その再生を行っていない。今日、全世界で最後の大規模熱帯雨林とされるブラジルのアマゾンについて、その保護が行われなかった場合の帰結が議論されている。

　最後に、輸送にかかる費用である。一般に、企業が自社に送られる諸財および自社から送られる諸財の輸送にかかる費用を支払っているのはたしかであるが、同時に、その費用がすべて支払われていることはほとんどない。というのも、輸送に必要な基盤設備——橋、運河、鉄道網、空港――の建設は、きわめて大きな費用を占めるものであるが、その費用は通常、その大部分が、そういった基盤設備を利用する当の企業によってではなく、社会全体によって負担されているからである。このことは、費用があまりにも巨額であるのに対して、そこから得られる個々の企業の利益があまりにも小さく、したがって国家からの大規模な費用の注入がなければ、そのような基盤設備は実現されえないというふうに正当化されている。それはそうなのかもしれないが(誇張がないとはいえなさそうだが)、いずれにせよ、これもまた、無限の資本蓄積の過程に国家が決定的な役割をもってかかわっていることの証拠であることにかわりはない。

■独占の管理

資本蓄積にとって、独占状況(ないしは独占に準ずる状況)を創り出すことがいかに中心的な重要性をもっているかということは、ここまでですでに論じてきた。そして、どのようなものであれ、独占に準ずる状況を可能にするような決定は――その具体的な仕組みはいろいろとありえようが――かならず、それが有利にはたらく者と不利にはたらく者とを生む。つまり、ここでもやはり、資本蓄積の条件をととのえてやろうとすれば、国家にとって中立的な立場というものは存在しない。資本蓄積は、つねに誰か特定の個人、企業、組織による資本蓄積であり、資本家間の競争は、資本主義のシステムにおいては不可避だからである。

■課税

企業に対する国家の「干渉」についての議論においては、国家による課税がもっともよく話の焦点になる。それは当然である。国家は税収がなければ存在しえない。そして、すでに見てきたように、国家組織の確立においてもっとも決定的な要素は、権威の獲得ではなく、有効な徴税能力の獲得であった。世上言われるところでは、課税されることを好むものはいない。しかし、実際には、その逆こそが（そう公言するものはほとんどないが）真実である。だれもが――企業も労働者も同様に――国家が課税を通じて得た金銭によって提供してくれるものを欲しがっているからである。基本的に、ひとびとにとっての税金の問題は二つである。ひとつは、国家がその税を、誠実な納税者（わたしたちはみな自分のことをそう思っている）のためにではなく、誰か別のひとびと（政治家や官僚から、自社に競合する他の企業、税による施しをうけるに値しない貧者、さらには外国人にいたるまで）を援けるために使っているのではないかという疑念である。この疑念が強いほど、ひとびとは、より低い課税水準を望み、そういった望ましくない税金の使い方がなくなってほしいとねがうことになる。税金に対する第二の不満は、文句なく正しい不満である。すなわち、税金として徴収される金銭は、さもなければ、各人が、自分自身でその使い道を決めることのできたはずのお金である、という不満である。つまり基本的に、各人は、そのお金をどのように使うかを決定する支配権を、なんらかの集団的組織に委ねているわけである。

実際のところ、大半の個人および企業は、各人および各企業がその恩恵にあずかると考えている最低限の便益が供給されるという目的に対しては、課税を忌避するものではない。しかし、それ以上に税を支払うようなことになれば、そんなことを望む者（あるいはそうするつもりの者）はまったくいない。問題はつねに、正統な課税水準と正統ではない課税水準とのあいだの線引きに帰着する。諸個人および諸企業には、それぞれ異なる利害がある以上、それぞれにとっての正統な課税水準の線引きは異なったものになる。そして国家は、課税の額だけではなく、課税の仕方についても、きわめて広いさまざまな可能性から選択を行いうる（また実際行う）ので、諸個人および諸企業は、自分にかかわってくる税が最小化され、自分以外の者にかかわる税が最大化されるようなかたちでの課税の仕方を好むことになる。ならば、税というものがいつの世も確実に存在するものでありながら、近代世界の政治には、税をめぐって固有の闘争があることも、不思議なことではない。国家は中立ではありえないが、諸企業および諸個人が、国家の課税政策から引き出す利益には、甚大な影響を確実に与えるのである。

■他国の政策への圧力行使

最後に、ここまでは、国家の企業に対する関係を、あたかもその国家の領域内で閉じた問題であるかのように論じてきたが、実際にはもちろん、企業は――その財、資本、人員が、過去ないしは現在において、国境をまたいでいるものであるかぎり（実際、それは持続的かつ莫大な規模で起こっている過程にほかならないが）――自国の決定からだけではなく、多くの外国の決定にも影響をうける。自国（その企業の本拠の所在地と言う意味での「自国」）以外の諸国家の政策に対して、無差別的に行動しうる企業などというものはほとんど存在しない。問題は、諸企業がこれらの自国以外の諸国家にどのように対処しえているかである。答えは二つ――直接的対応と間接的対応――ある。直接的な対応は、あたかも、その外国に本拠をおいているかのように振舞い、自国においてであれば用いうるあらゆる手段と主張――賄賂、政治的圧力、利益の交換――を用いることである。これで十分な場合もあるが、「外国」企業は、現地の政治の舞台においては、相当に不利な立場に立たされることがしばしばである。「外国」企業が、「強力」な国家に本拠をおいている場合、その企業は、自国〔の政府〕に頼り、その国家権力を用いて、当該の外国に圧力をかけさせ、その国〔の政府〕に、（その強力な国家の）企業家のニーズや要求に対する同意を与えさせることもできる。いうまでもなく、こういった過程は、国家間システムの常態の中心を占めている。二十世紀の最後の三分の一において、アメリカ合衆国の自動車製造業者、鉄鋼業者、航空機製造業者は、あからさまに、アメリカ合衆国政府に対して、日本および西欧に政策変更を求める（アメリカ合衆国の製造業者の地位と、アメリカ合衆国の航空会社の大洋横断航路への参入権限を向上させる方向で）圧力をかけるよう迫った。

■階級闘争と国家

どの国であれ、人口の大半は、企業ないしはその他の組織に勤務する者の家計世帯《ハウスホールド》に入る。資本主義のシステムは、生産される剰余価値を配分する特定の様式というものを持っており、当然のことながら、この剰余価値の配分は、所与のどの時点にあっても、ゼロサム・ゲームとなる。〔生み出された剰余価値の全体のうち〕資本蓄積に割り当てられる割合が大きくなればなるほど、その剰余価値を生み出す生産単位に労働を提供しているひとびとに対する報酬に割り当てうる割合は小さくなる。ここにおける基本的な現実のひとつは、この剰余価値の配分には一定の限界がある(一方に一〇〇パーセント、他方に〇パーセントというわけにはいかない)が、そのあいだに広がっている配分の割合の組み合わせの可能性はきわめて広い――短期的には疑いなくそうであるし、ある程度までなら、より長期的にもそうである――ということである。

すると、ここからの論理的帰結として、この剰余価値の割り当てをめぐる闘争が持続的に起こるということが言える。これこそが、いわゆる階級闘争である。階級闘争の政治に対してどういう感情をいだいていようとも、〔この意味での階級闘争の概念は〕それなしでは済ますことのできない分析上のカテゴリーであり、なにか違う言い回しをとることはできても、それ自体を無視して分析を行うことはできない。そして、この階級闘争の過程(それがきわめて複雑な現象であり、少なくとも二陣営間の単純な対立などではないことはたしかである)において、国家が、いずれの方向にせよ、〔剰余価値の配分の〕割り当て方の綱引きにおける決定的な役割を担う主体であることは、まったく明らかなことである。それゆえにこそ、いずれの側も政治的に組織化して、行政および立法機関としての国家に圧力をかけようとするのである。資本主義的世界=経済の歴史を通じて、多くの国家の国内政治を長期的な視点で見ると、労働者層が、最低限の実効力のある政治的交渉ができるだけの政治的な組織を持つにいたるまでには、かなりの時間——世紀単位の時間——が、かかっている。

■フランス革命の世界システム的意義——変化の常態性と主権者としての国民《ピープル》

その歴史的な転換点は、うたがいなく、フランス革命である。というのも、すでに触れたとおり、フランス革命は近代世界システムのジオカルチュアに二つの根本的な変化をもたらしたからである。そのひとつは、変化（政治上の変化）が「通常」の——つまり、政治というものの本来のあり方として本質的にそういうものであり、実際上としても望ましい——現象になったことである。これは、啓蒙主義思想の中心を占める進歩の理論の政治的表現である。いまひとつは、フランス革命によって、主権の概念が、君主ないしは議会に存するものという考え方から国民《ピープル》に存するものという考え方へ定位しなおされたということである。そして、ひとたび主権者としての国民という考え方の封印が解かれると、それは決してもとに戻すことができなくなり、世界システム全体に共通の態度となった。

■市民権の概念——包摂から排除へ

主権在民思想の中心的な帰結のひとつは、ひとびと《ピープル》が「市民《シティズン》」として定義されるようになったということである。今日、「市民《シティズン》」の概念はきわめて基本的なものであり、「臣民」から「市民《シティズン》」への移行が、いかにラディカルなものであったかということを理解するのが困難なほどである。市民《シティズン》であるということは、国家の基本的な意思決定に、他のすべての市民《シティズン》と同じ水準において参加する権利をもつということである。市民《シティズン》であるということは、市民《シティズン》よりも上位の法的地位に立つ人間（たとえば貴族）がいないということである。そして、市民《シティズン》であるということは、万人が、合理的で、政治的意思決定の能力のある人間として受け入れられるということである。市民《シティズン》の概念の論理的帰結は、普通選挙権である。よく知られているように、フランス革命以降の一五〇年間の政治の歴史は、各国において次々に、選挙権が拡大していく歴史であった。

今日、ほとんどすべての国は、〔自国において〕すべての市民《シティズン》が平等であること、そしてその主権が普通選挙のシステムを通じて行使されていることを主張している。ただし、われわれは実際る現実がそうではないことを知っている。大半の国では、完全な市民《シティズン》としての権利を行使しているのは、その人口の一部にすぎない。というのも、もし主権が国民《ピープル》にあるのだとしたら、その国民《ピープル》の範疇に入るのは誰なのかということを決めなければならず、そうすると、多くのひとびとはそこから排除されるからである。大半のひとびとにとって「自明」と思われている排除の対象というものがある。たとえば、その国への単なる訪問者（外国人）、判断力をもたない若年者、正常な精神を持たない者などである。しかし、女性はどうであろうか。マイノリティのエスニック集団に属しているひとびとはどうであろうか。無産者はどうであろうか。重罪で収監されているひとはどうであろうか。「国民《ピープル》」という言葉から排除されている存在を数え上げだすと、きわめて長いリストになってしまいかねない。「国民《ピープル》」という概念は、包摂の概念として採り入れられたものでありながら、実際には急速に排除の概念に転じてしまったのである。

結果として、フランス革命以後の二世紀間は、包摂と排除の政治が、国内政治の中心となった。排除されていたひとびとが包摂を求め、すでに包摂されているひとびとは大半の場合、市民《シティズン》の権利を手にする資格を狭く定義して、排除を維持しようとする傾向にあった。このことはつまり、包摂を求めるひとびとにとって、自分たちの主張がとりあげられるためには、議会というルートの外で組織化を行う必要があるということを意味していた。きわめて単純に言えば、このゆえに、彼らは、デモを行い、暴動を起こし、場合によっては革命活動を行わざるをえなかったのである。

■イデオロギーの誕生――保守主義、自由主義、急進主義

このことは、十九世紀のはじめ、権力の側におおきな戦略上の論争をひきおこした。一方には、恐怖の感情から、そういった〔包摂を求める〕運動は弾圧されなければならないとする（さらにいえば、多数者による主権という考え自体も拒絶する）立場があった。彼らは、保守主義を名乗り、変化に抗する保塁としての「伝統的」な諸制度――君主制、教会、名望家、家族――の価値を称揚した。しかし、この立場に反対するもう一方の立場があった。彼らは、この戦略は失敗するさだめにあり、ある程度の変化の不可避性を受け入れることによってのみ、変化の程度と速度とを

制限することができると考えた。この立場のひとびとは自由主義を名乗り、社会的および政治的決定の具体的内容について賢明な判断のできる唯一の存在として、専門家および模範的市民としての教育ある個人の価値を称揚した。彼らは、それ以外のすべてのひとびとについては、教育がすすんで偏りのない選択ができるようになるまで、ゆっくりと、市民としての完全な権利を認めていくべきだと主張した。自由主義の立場にたつひとびとは、進歩を前向きにとらえることによって、「危険な階級」の危険性を下げ、「能力」のあるひとびとが、政治、経済、社会の諸制度において重要な役割を果たすようなかたちで、進歩の定義に枠をはめようとしたのである。いうまでもなく、第三の集団、すなわち急進主義の立場もあった。この立場のひとびとは、反システム的運動の立場と連帯し、実際、多くの場面でそれらの運動を指導した。

フランス革命のあとに現れた、この保守主義、自由主義、急進主義の三つ巴のイデオロギーのなかで、世界システムの舞台を支配することに——すくなくともかなりの長期間にわたって——成功したのは、〔保守主義と急進主義との中間を占める〕中道的な自由主義であった。調節された変化という彼らのプログラムは、あらゆる場所で実際の法制をつくっていき、保守主義と急進主義の双方に対して、その立場を〔それぞれ自由主義寄りに〕調整させ、結果的に、保守主義も急進主義も、実際上はほとんど中道的な自由主義の変種にすぎないようになってしまった。

■国家の真の強さと弱さ

これらの諸運動すべてにかかわる政治は、その運動の場となった国家の強さに左右された。ご承知のとおり、他の国に比べて強力な国家というものはたしかに存在する。しかし、国家が国内的に強力であるというのは、どういうことを意味しているのか。強さというものが、中央の権威の恣意性や苛斂誅求の程度といったものさしで測られるようなものではないことはたしかである（もっとも、そういうものさしを用いた見方をするひとは多いのだが）。国家の権威による専制的な行動は、その国家の強力さよりは、むしろ弱体さのしるしであることのほうが多い。国家の強さというものは、法的決定を実際に実行する能力によって定義することが、もっとも有益である（先に触れた、ルイ十四世と今日のスウェーデンの首相の比較の例を思い出していただきたい）。単純な指標のひとつとしては、課税額のうち、実際に徴収され、徴税当局のもとに納められた税金の割合を用いることができるだろう。いうまでもなく、納税忌避はどこにでもある現象である。しかし、強力な国家が実際に徴収しうるもの（ざっと八割程度）と弱体な国家が実際に徴収しうるもの（比べていうなら二割に近い）との違いは、圧倒的に大きい。弱体な国家の税の徴収能力の低さの原因は官僚機構の弱さであり、また逆に徴税能力の低さのゆえに、官僚機構を強化する財源が奪われてしまうということでもある。

国家が弱体であればあるほど、経済的な生産活動を通じて蓄積しうる富は小さくなる。その結果として、国家機構は――高級官僚から下級役人にいたるまで、横領と賄賂を通じて――それ自体が資本蓄積の中心的な場のひとつに（場合によっては唯一の中心的な場に）なってしまう。強力な国家では、そういうことが起こらないというわけではない（実際起こっている）。しかし、弱体な国家では、それが資本蓄積の方法として優勢になってしまい、その結果、国家が他の責務を実行する能力を弱めてしまうのである。国家機構が資本蓄積の主な様式となってしまうと、定期的に人事異動を行う分別などはまったく薄れてしまい、不正な選抜が広がり（そもそも選抜自体が行われればだが）、権力の譲渡が無法に行われるようになって、必然的に軍の政治的役割が拡大することになる。理論上、国家は、唯一の正統な暴力の行使者であり、暴力の使用を独占していることになっている。警察と軍隊は、そのような暴力の独占の主たる媒体であり、理論上は、国家の権威の単なる道具にすぎない。しかし、この国家による暴力の独占〔の原則〕は、実際上は減殺されており、それは国家が弱体であればあるほどそうである。結果として、〔そのような国における〕政治的指導者にとって、その国の実質的な支配を維持することはきわめて困難になり、体制が国内の治安を保証しえない状況ではつねに、軍が直接に執政権を握ろうとする誘惑が増すのである。ここで注意すべき決定的に重要なことは、こういった現象が、なんらかの失政の帰結ではなく、生産過程の大半が周辺的で、したがって資本蓄積の源泉が弱体であるような地域の国家に固有の病理としてつきまとう弱体さの帰結だと言うことである。世界市場においてきわめて大きな利潤を生む天然資源（たとえば原油）を有する諸国においては、国家に入る歳入の実質は地代であるが、その場合もやはり、産油施設の実質的な支配を通じて、その地代収入の多くが、〔国家機構ではなく〕確実に民間に流れるようになっている。そういった〔産油〕諸国が、しばしば軍政状況に陥るのは偶然ではないのである。

■国家とマフィア

最後に、〔国家の〕弱さが、地方の名望家（土豪や軍閥）――彼らは、一定の地域的軍事力を支配しており、しばしば一定の地域的正統性（エスニシティに基づいていたり、伝統的な一族としてであったり、あるいは貴族的な支配であったり）をともなって、国家によらない地域支配を実施する能力を持つ――の相対的な強さをどれほど意味しているかを強調しておくべきであろう。二十世紀には、民族〔解放〕的な反システム的運動に起源を持つ運動が地方的な領主に転じて、地方的な権威を得るにいたったものがある。そういった土豪勢力は、資本主義的な企業家活動のマフィア的側面を引き出してしまうことが多い。マフィアは、基本的に、生産過程を喰い物にする存在である。個々の企業にとって高い利潤率をもたらさないような独占されていない製品があるとき、そこで大きな資本を蓄積する数少ない方法のひとつは、その製品の生産過程に、独占された回路を――国家による実力の行使を介さずに――つくりだすことである。マフィアは、違法な製品（たとえば麻薬）への関与を問われることが多いが、しばしばまったく合法な形態の生産活動にもかかわっている。そして、いうまでもなく、マフィア的なやりかたでの資本主義的活動は危険であり、本来的に、そのマフィア自身にとっても、生命の危険をともなうものである。かくて、歴史的に、マフィアたちは、いったん資本の蓄積に成功すると、そのカネを洗浄して、合法的な企業家に転身しようとする（すぐ次の世代であることが多い）。しかし、すみずみまでいきわたった国家の支配が破綻していたり、限定的にしか機能していなかったりすれば、当然ながら、つねにまた新しいマフィアが現れてくる。

■国民《ネイション》の創出とナショナリズム

国家がその権威を再強化して、強さを増し、マフィアの役割を低下させようとする方法のひとつは、その住民を「国民《ネイション》」に変容させることである。国民《ネイション》は、それがいずれも社会的創造物であるという意味では、たしかに神話であり、国家は、その神話の構築に中心的な役割を果たす。国民《ネイション》を創出する過程は、歴史、長い年代記、そしてその国民《ネイション》の性格を規定するとされるひとまとまりの諸要素——たとえその国民《ネイション》に含まれているかなりの大きさの集団が、そういった要素を実際には共有していなくとも——といったものの確立（というより、ほとんど発明）をともなう。

わたしたちは、すべての国家がそれを目指して無限に努力すべきものとしての国民国家《ネイション＝ステイト》nation-state という概念のことを念頭においているはずである。「多民族」国家を標榜していて、そんなものは目指していないという国家もあるが、そのような国家でさえ、実際には、汎国家的なアイデンティティを創り出そうとしている。その好例はソ連である。かつてソ連が存在していたとき、ソ連は、多民族国家たることを主張していたが、同時に「ソヴィエト的」人民という考え方を喧伝してもいた。同じことは、カナダやスイスについても言える。ナショナリズムは、身分集団／アイデンティティであり――おそらく、近代世界システムにおいてもっとも枢要な身分集団／アイデンティティである――それは、国家間システムのなかに位置づけられている主権国家の組織に基礎をおいて存在している。ナショナリズムは、国家の諸組織がバラバラになるのをふせぐ最低限の結合剤の役割を果たす。こまかく検討すれば、ナショナリズムは、弱体な国家だけの現象ではないことがわかる。実際のところ、ナショナリズムは――たとえ、公的に唱えられることは、それほど強力ではない国家の場合ほど多くなくても――最も富裕な諸国において、きわめて強力である。ここでもやはり、国家の指導者のがわからのナショナリズム的な目標に向けた公的な努力は、その国家がすでに強力であることの証拠としてではなく、その国家を強化するための努力として分析されるべきである。歴史的に、国家がナショナリズムを創り出す様式は主として三つであった。すなわち、国家による学校システム、軍隊における勤務、そして公的儀式である。三つのいずれもが今日にいたるまで持続的に用いられている。

■国家の対外的な強さとは

すでに強調してきたとおり、国家は、国家間システムの枠組みのなかに存在しており、その相対的な強さは、国内的な権威の行使の実効度だけではなく、世界システムの競争的な環境のなかで自律的に行動しうる程度によっても測られる。理論的にはすべての国家が主権的ではあるが、強力な国家は、弱体な国家の国内事項に対して、その逆の場合よりもはるかに容易に「干渉」することができるし、そのことを認識していないものはいない。

強力な国家は、弱体な国家に対して、強力な国家に立地する企業にとって有益で利益をもたらすような生産要素の流通について、国境を開放するように圧力をかける一方、その点について相互的であることを求める弱体な国家からの要求には抵抗するような関係をとりむすぶ。世界貿易に関する論争においては、アメリカ合衆国とヨーロッパ連合は、世界の他の諸国に向かって、〔米国および欧州からの〕製品やサーヴィスの流入に対して市場を開放するよう要求しつづけている。しかしながら、アメリカ合衆国とヨーロッパ連合は、自国産品と競合するような農業生産物や繊維製品については、逆に〔世界システムの〕周辺地域の諸国からの流入に対して市場を完全に開放することに実に頑強に抵抗している。強力な国家は、弱体な国家に対して、強力な国家にとって受け入れうるような人物が政権に座るように圧力をかけ、さらに強力な国家の政策的必要に合わせるよう、他の弱体な国家に強力な国家が圧力をかけるのに協力させるような関係をとりむすぶ。また強力な国家は、自国と弱体な国家とのあいだの長期的な結びつきを強化するような文化的実践——言語政策、教育政策（大学生の留学先の誘導を含む）、メディア配信など——を受け入れるよう、圧力をかけるような関係をとりむすぶ。そしてまた強力な国家は、国際関係の領域（条約や国際機関）における自らの指導に弱体な国家が従うよう、圧力をかけるような関係をとりむすぶ。さらに、強力な国家は弱体な国家の指導者個々人を買収することがある一方で、弱体な国家は、国家として、資本の適切な流れのお膳立てをおこない、そうすることで、強力な国家からの保護を得ようとする。

■植民地について

最も弱体な国家とは、いうまでもなく、いわゆる植民地である。それは、主権を有さず、他国の支配権下に服している（そして普通は、その他国から離れている）統治単位のことである。近代における植民地の起源は、世界システムの経済的拡大にある。その拡大において、中核地域にある強力な国家は、〔世界システムの外部にある〕新しい地域を、近代世界システムの過程に包摂《インコーポレート》しようとした。場合によっては、その新しい地域には、拡張する世界システムの外部にとどまりつづけられるほどではなくとも、主権国家として定義されるには足る強さをもつ官僚制的組織が存在することもあった。しかし、多くの場合、軍事的に強力な国家（大半は西欧諸国だが、アメリカ合衆国、ロシア、そして日本もそこに加えておく必要がある）は、政治的組織がかなり弱体な地域に拡大していった。そのような地域の世界システムへの包摂《インコーポレーション》を、〔中核諸国にとって〕満足なかたちで確保するため、それらの地域は征服され、そこに植民地体制が置かれた。

植民地は、対内的には、主権国家が果たすのと同種の機能を果たす。植民地当局は、所有権を保証し、国境管理に関する決定を行い、政治的参加の様式をととのえ（ほとんどすべての場合、きわめて限定的な参加をしか認めなかったが）、労働条件の決定を法制化し、またしばしば、植民地において遂行ないしは優遇されるべき生産活動の種類に関する決定も行った。しかし、いうまでもなく、こういった決定をおこなう人員は、圧倒的に、植民地宗主国から送られてきた人間であって、植民地現地出身の人間ではない。植民地宗主国は、こうした権威が自分たちの手に握られ、公職が「本国《メトロポリス》」から送られてきた人間に配分されていることを、以下のような議論の組み合わせで正当化した。すなわち、一方で、現地のひとびとの文化的劣等性と〔近代的な統治職務への〕不適性についての人種主義的主張をおこない、他方で、植民地統治は「文明化」の役割を果たしているのだという自己正当化をおこなったのである。

基本的現実として、植民地国家は、端的に国家間システムにおける最も弱体な種類の国家である。そこには実質的な自律性は最低限しかなく、したがって最大限にまで、他国（いわゆる「本国《メトロポリス》」）からの企業および個人による搾取にさらされていた。もちろん植民地宗主国の目的のひとつは、単に植民地における生産過程の支配を確保することにあるのではなく、世界システムにおいて相対的に強力な他の諸国が、その植民地の資源や市場に入り込んでこられないように（あるいは、そうした機会を最小化するように）しておくことにもあった。したがって、ある点にまで立ち至れば、植民地住民が、民族解放運動――その目的は、世界=経済における自国およびその住民の相対的地位を向上させる道筋の第一歩として独立（すなわち主権国家の地位）を獲得することにあるとされた――のかたちで政治的に動員されるようになることは不可避であった。

■大国間関係について

しかしながら、強力な国家の弱体な国家に対する関係だけに注意していては、強力な国家と強力な国家とのあいだの関係というきわめて重要なものを無視することになってしまいかねない。そのような諸国家は、定義上、対抗しあう関係にある。それらの諸国は、〔自国に本拠を置く〕企業群の対抗関係に責任を負っているからである。しかし、大企業間の競争の場合と同様に、強力な国家間の競争は、ある矛盾のために、抑制されたものとなる。すなわち、各国は、一種のゼロサム・ゲームだと想定されるようなかたちで、互いに敵対しているが、それと同時に、国家間システムおよび近代世界システム全体がしっかりと統合されていることには、共通の利益がある。したがって、諸主体は、同時に逆方向からの圧力——つまり、〔すべての主体がすべての主体に敵対しあう〕アナーキーな国家間システムへ向かう方向の圧力と、凝集性があり、秩序の貫徹した国家間システムに向かう方向の圧力——をうけることになる。予期されうるとおり、その帰結は、通常、二つの方向が示す類型の中間の構造となる。

■半周辺国家の役割

この矛盾的な抗争において、半周辺国家が果たす特殊な役割を無視すべきではない。半周辺国家は、中間的な強さを有しており、最低限すくなくともその中間的地位にとどまるために、さらに相対的な地位の向上をもめざして、多大な努力を払っている。半周辺国家は、国内の領域でも、国家間の領域でも、生産者、資本の蓄積者、そして軍事力としての自国の地位を向上させるべく、きわめて意識的に国家の権力を用いる。そこでおこなわれる選択というものは、究極的には、実に単純である。すなわち、自らが〔世界システムの〕位階秩序のなかでの上昇（あるいは、すくなくともいまある地位の確保）に成功するか、さもなくば転落するかである。

半周辺諸国は、同盟関係および経済的機会を、注意深く、かつ迅速に選択しなければならない。まずもって半周辺国家間に競争があるからである。たとえば、コンドラチェフ循環のB局面において、それまで主導産業であった産業が〔中核地域から〕かなりの程度移転されるような場合、その移転先は半周辺国となるのが普通である。しかし、それは、すべての半周辺にいきわたるわけではなく、おそらくは半周辺諸国のうち一国か二国のみに限られることになる。世界システム全体の生産構造には、このような移転（「開発」と呼ばれるが）が同時に何カ国もに起こりうるような余裕はないのである。ざっと十五カ国ほどのなかからどの一国がそのような産業の移転先となるかを、あらかじめ予測することは容易ではないし、実際、あとから説明することでさえ容易ではない。しかし、すべての国にとって事態がそれほど有利になることはなく、利潤も急速かつ急激に逓減することは見やすいことである。

■世界＝帝国か覇権《ヘゲモニー》か

強力な国家の間の競争と、半周辺国家による地位と国力の向上を目指す努力との帰結として、国家間の対抗関係の過程が生ずる。これはふつう、いわゆる勢力均衡《バランス・オヴ・パワー》――国家間関係において、どの一国も自動的には自らの思い通りには振舞えないような状況――のかたちをとる。これは、強力な国家が、まさに単独で自らの思い通りに振舞えるような権力の獲得を目指さないということではない。ただし、国家がそのような支配的優越性を実現するには、まったく異なる二つの道がある。すなわち、ひとつは、世界=経済を世界=帝国に転換することである。いまひとつは、世界=経済における「覇権《ヘゲモニー》」を獲得することである。この二つの様相を区別し、そのうえで、なぜ近代世界システムを世界=帝国に転換しえた国家がひとつもなく、覇権《ヘゲモニー》を獲得した国家は複数（それぞれ別々の時期に）存在したのかを理解することは重要なことである。

■挫折した三つの世界=帝国化の企み

世界=帝国は、システム全体が単一の政治的権威のもとにあるような構造をもつ世界システムのことである。過去五世紀間には、そのような世界=帝国を創出しようとする本格的な試みがいくつか存在した。その最初の例は、十六世紀のカール五世（その事業は、弱められたかたちで、後継者たちが継続した）である。第二の例は、十九世紀はじめのナポレオンである。第三の例は、二十世紀半ばのヒトラーである。いずれも恐るべき試みであった。しかしいずれも、最終的には挫折し、その目的を完遂することはできなかった。

■近代世界システムにおける三つの覇権《ヘゲモニー》

他方、三つの大国が、相対的に短い期間においてではあるが、覇権《ヘゲモニー》を獲得している。第一の例は、十七世紀半ばの連合州 United Provinces（現在のオランダ）である。第二の例は十九世紀半ばの連合王国〔イギリス〕United Kingdom である。第三の例は二十世紀半ばのアメリカ合衆国 United States である。これら三つの国家が覇権《ヘゲモニー》大国であったと言いうるのは、それらが、国家間システムにおける行動の規準を定め、世界=経済を（生産、流通、金融のすべてにおいて）支配し、最小限の軍事力の行使（ただし保有している軍事力自体はかなりの強さであるが）で自国の政治意志を貫徹して、さらに世界を論ずる際の道具立てとしての文化的言語を定式化することができたからである。

■覇権《ヘゲモニー》が実現する条件

問うべき問題は二つある。第一は、なぜ世界=経済のなかで覇権《ヘゲモニー》を獲得することは可能であったのに対して、世界=経済の世界=帝国への転換は不可能だったのか。第二は、なぜ覇権《ヘゲモニー》は永続しなかったのかである。ここまでの分析を前提とするならば、これらの問いに答えることは、ある意味では、それほど難しいことではない。世界=経済特有の構造——単一の分業、複数の国家組織（ただし単一の国家間システムの文脈に収まっている）、そして言うまでもなく複数の文化（ただし単一のジオカルチュアをともなう）——が、資本主義のシステムの必要に特異に合致していることについては、すでに述べた。これに対して、世界=帝国は、実際のところ資本主義を窒息させてしまう。そこには、無限の資本蓄積を優先する行動に対して、それを抑えつけることのできる政治組織が存在するからである。実際、言うまでもないことだが、それは近代世界システム以前に存在したすべての世界=帝国において、繰り返し起こってきたことである。したがって、システムを世界=帝国に転換しようという意図を有すると見られるような国家はつねに、最終的には世界=経済の資本主義的な企業の大半からの敵対に直面することになるのである。

だが、ならばなぜ国家は覇権《ヘゲモニー》を獲得することはできるのだろうか。覇権《ヘゲモニー》というものは、資本主義的な企業にとって——その企業が覇権《ヘゲモニー》大国と政治的に結びついている場合には特に——きわめて有益なものとなりうる。覇権《ヘゲモニー》は、典型的には、長い期間に及ぶ世界秩序の相対的な破綻期——言わば「三〇年戦争」的な状態——のあとにつづいて現れる。その「三〇年戦争」には、世界システムのすべての主要な経済的中心地が引きずり込まれ、そしてその戦争は、歴史的に、世界=帝国の構築を目指すと思われる勢力に結集する陣営と、覇権《ヘゲモニー》大国を目指すと思われる勢力に結集する陣営との対立に収斂していった。覇権《ヘゲモニー》は、資本主義的な企業家——特に独占的な主導産業の企業家——に好条件となるようなある種の安定をもたらす。また覇権《ヘゲモニー》は、単に秩序を保証するだけではなく、万人にとってよりよい将来というものを保証するように見えるという点で、普通のひとびとにも支持されるのである。

■覇権《ヘゲモニー》の自己解体メカニズム

ではなぜ覇権《ヘゲモニー》は永続しないのか。生産における独占に準ずる状況と同様、絶対権力に準ずる状況としての覇権《ヘゲモニー》もまた自己解体するのである。覇権《ヘゲモニー》大国となるためには、覇権《ヘゲモニー》の役割を果たす基礎となる生産の効率性を向上させることに集中することが、決定的に重要である。ところが、覇権《ヘゲモニー》を維持するためには、その覇権《ヘゲモニー》国家は、〔覇権《ヘゲモニー》としての〕政治的および軍事的役割――いずれも高くつき、消耗が激しい――に資力を分散しなければならない。遅かれ早かれ――通常は早いが――他の国家が、当該の覇権《ヘゲモニー》大国の優位を相当に減殺し、最終的に消滅させてしまうところにまで、その経済的効率性を向上させるようになる。それにともなって覇権《ヘゲモニー》国家の政治的な力も失われてくる。すると、その覇権《ヘゲモニー》国家は、軍事力の行使（単なる脅しではなく、実際の行使）に踏み切らなくてはならなくなる。そしてその軍事力の行使は、単に覇権《ヘゲモニー》の弱体化の最初の徴候であるばかりでなく、さらなる衰退の原因にもなる。「帝国」的な力の行使は、覇権《ヘゲモニー》大国の経済的および政治的な土台を掘り崩していく。それは、強さではなく、弱さの徴候として、最初は対外的に、次第に対内的にも、広く認知されるようになる。衰退期にはいった覇権《ヘゲモニー》大国は、世界の文化的言語を規定するどころか、みずからが好んで用いてきた〔世界秩序の規範を規定する〕言語がいまや時代遅れとなり、もはや容易には受け入れられないものになっている現実にいきあたるのである。

覇権《ヘゲモニー》大国が衰退するにつれ、それにとって代わろうとする他の勢力がつねに現れる。しかし、そのような交代劇には、長い時間がかかり、結局のところ、新たな「三〇年戦争」となる。ゆえに、覇権《ヘゲモニー》は〔近代世界システムにとって〕決定的に重要な意味を持ち、反復され、つねに相対的に短命なのである。資本主義的な世界=経済は、〔複数の〕国家を、国家間システムを、そして覇権《ヘゲモニー》大国の断続的な出現を必要とする。しかし、資本家にとっての優先事項は、それらの〔政治的〕組織のいずれを維持するところにもない（ましてその栄光を支えるところになどまったくない）。彼らの優先事項は、つねに、無限の資本蓄積のままであり、それは、政治的・文化的支配権がたえず浮動する状況において、最もよく達しうる。資本主義的な企業は、そのような浮動的状況のなかで、国家からの支援を得つつ、国家からの支配から逃れるべく、手管をつくすのである。

4 ジオカルチュアの創造
……イデオロギー、社会運動、社会科学

■万人の包摂を建前とするジオカルチュア

すでに述べたとおり、フランス革命は、近代世界システムの文化の歴史における転換点であった。それは、近代世界システムのジオカルチュアの基礎を構成したといってもよい二つの根本的な変化をもたらした。すなわち、政治上の変化の常態性と主権概念の再定式化（主権の「市民《シティズン》」への帰属）である。これもすでに述べたが、この「市民《シティズン》」に属する主権という概念は、包摂を意図するものでありながら、実際には、きわめて多くのひとびとを排除することになった。

十九世紀および二十世紀の近代世界システムの政治史は、包摂されるものと排除されるものと

を分かつ分割線をめぐる論争の歴史となった。ただし、その論争は、万人の包摂を良き社会の定義とすることを建前にするジオカルチュアの枠組みのなかで起こった。この政治的ディレンマは、三つの異なる領域で争われた。すなわち、イデオロギー、反システム的運動、そして社会科学である。これら三つの領域は、バラバラであるように見える。実際、それぞれの領域は他の領域から区別されるべきものだと自己主張した。しかし、現実には、それらは互いに密接に結びついたものであった。以下、順に論じていこう。

■イデオロギーとは

イデオロギーは、単にひとまとまりの観念や理論である以上のものである。またそれは道徳的な立場表明や世界観であるにもとどまらない。イデオロギーとは、社会的領域において、そこから具体的な政治的結論が引き出せるような一貫性のある戦略のことである。この意味では、近代世界システム以前の世界システムにおいては、イデオロギーは必要のないものであった。それどころか、実際のところ、近代世界システムにおいてさえ、変化の常態性という概念――そしてそのような変化に究極的な責任を負うものとしての市民《シティズン》の概念――が、政治の諸制度における基本的な構造的原則として採用されるまでは、必要のないものであった。というのもイデオロギーの存在には、変化にどう対処するか、そしてその際に誰が指導的な役割を果たすのが最善なのかについての長期的な戦略をもつ集団が複数存在してたがいにあい争っているということが前提となるからである。その意味でのイデオロギーは、フランス革命のあとに生まれたものである。

■保守主義

最初に生まれたのは、保守主義のイデオロギーであった。それは、フランス革命とそこで唱えられた原則が社会の災厄だと考えたひとたちのイデオロギーであった。〔フランス革命の勃発から〕ほぼ間髪をいれずに、いくつかの基本的な文献が書かれている。まず一七九〇年にイングランドでエドマンド・バークの著作が、つづいてフランスではジョゼフ・ド・メーストルの一連の著作が出た。バークにしてもド・メーストルにしても、それまでは、穏健な改革派を自認する人物であった。ところが、その目に社会秩序の基本構造の根底に手を入れようとする危険な試みと映った〔フランス革命という〕事態に対する反動として、彼らは保守主義の代表ともいうべきイデオロギーを説く立場にまわったのである。

彼らがとりわけ危険視したのは、「社会秩序というものは無限に可塑的で、無限に改善可能であり、人間が政治的に介入することで変化は加速させうるし、また加速させるべきでもある」とする主張であった。保守主義者は、そういった介入を傲慢、しかもきわめて危険な傲慢だとみなした。彼らの見解は、人間の道徳的能力に対する悲観的な見方に根ざすものであった。彼らには、フランス革命の担い手たちの原理的な楽観主義が、誤謬であり許容しえないものと映ったのである。われわれが生きている社会秩序にどのような欠点があるにせよ、そのような傲慢から創り出される制度に比べれば、そのなかで人間が引き起こす悪はずっと小さいというのが、彼らの感覚であった。一七九三年以降、恐怖時代――そこでは革命家が他の革命家を十分革命的でないとしてギロチンに送った――を経て、保守主義のイデオローグたちは、過程としての革命は、ほとんど不可避的に、そのような恐怖政治にいたるというかたちで彼らの見解を定式化するようになった。

したがって、保守主義とは反革命である。保守主義者は、革命がもたらす急激な変化に反対し、（革命勢力がそう呼ぶところの）「旧体制《アンシャン・レジーム》」の「復古」を望むという意味で「反動的」であった。保守主義者は、いかなる慣習や規則が変わっていくことにも全面的に反対するというわけでは必ずしもなかった。彼らはただ〔そういった変化には〕きわめて慎重であるべきだと論じ、そういった変化を決定するのは、伝統的な社会的制度において責任あるひとびと以外であってはならないと主張したのである。彼らは、万人が市民《シティズン》――平等な権利と義務を有する――たりうるという考え方に、特に強い疑念をもっていた。彼らの考えでは、大半のひとびとには、重要な社会政治的決定に必要な判断力はそなわっておらず、また将来そなわることもないと思われたからである。対して、彼らは位階《ヒエラルキー》的な政治組織および宗教組織に――大規模なものは言うまでもないが、ある意味では、その土地に根ざした組織（最高の良家の一族や「コミュニティ」、その他地元の名士の名のもとにあるものならなんでも）であればなおさら――信頼を置いた。また彼らは家族――すなわち、位階《ヒエラルキー》的で、家父長制的な家族組織――に、信頼を置いた。つまり、位階《ヒエラルキー》への信頼（不可避であると同時に望ましいものとして）が、保守主義の目印である。

保守主義の政治戦略は明快である。先に述べた伝統的諸制度の権威を回復・維持し、それらの諸機関に宿る叡智に委ねること、これである。その結果、政治上の変化がきわめて遅くとも――たとえまったく政治上の変化が起こらなくとも――それはそれでよしである。またもしそれらの諸機関がゆっくりとした進化の過程を進める決定を下したならば、それもまたそれでよしである。保守主義の信念においては、ただ位階《ヒエラルキー》の尊重だけが秩序の保証なのである。それゆえ、保守主義は民主主義を嫌う。彼らにとって、民主主義は、位階《ヒエラルキー》に対する敬意が果てる徴候を示しているからである。さらに彼らは、教育機会の拡大にも懐疑的である。彼らにとって、教育とは、エリート幹部層の訓練のためにとっておかれるべきものだからである。保守主義の信念においては、上流階級と下層階級とのあいだの能力のギャップは、単に〔能力の問題として〕越えがたいというだけではなく、人間としての性質の根本にかかわる部分であり、従って天命によるものと考えられたのである。

■自由主義

狭義のフランス革命は、あまり長続きはしなかった。それは、ナポレオン・ボナパルトの体制に変容してしまった。ナポレオンは、フランス革命の普遍主義的自己確信とそれを伝道しようとする情熱とを、革命の遺産によって正当化されたフランスの帝国的拡張主義に変えてしまった。保守主義のイデオロギーは、一七九四年以降、各地で政治的に勢いをつけ、一八一五年のナポレオンの敗北以降、神聖同盟によって支配されたヨーロッパにおいて、いたるところで政権の座に就く構えであった。旧体制《アンシャン・レジーム》への回帰は、いかなるものであれ、望ましくも可能でもないと考えた者たちは、保守主義に対する対抗イデオロギーを再結集して展開する必要があった。その対抗イデオロギーは、のちに自由主義と呼ばれるようになった。

自由主義者は、恐怖体制を連想させる負の記憶を捨て去り、かつその上で、フランス革命に由来する精神の根底にあると彼らが考えるものを救い出そうとした。われわれの生きる世界は、善き社会にむけて永遠に進歩する世界であるがゆえに、変化は単に常態であるというだけではなく、不可避であると彼らは主張した。彼らは、急すぎる変化は、逆効果となることがありうる（実際そうであった）ことは認めたが、伝統的な位階《ヒエラルキー》は擁護しえないものであり、基本的に正統性のないものだと主張した。フランス革命のスローガンのなかで彼らにとって最も訴えたのは、「才能に開かれた職業」――すなわち、今日では「機会の平等」や「能力主義」といった言い方でなじみのある考え方――であった。自由主義者は、このスローガンを軸に、自分たちのイデオロギーを構築した。自由主義は、位階《ヒエラルキー》に種類の区別を建てようとした。自由主義は、「自然的」な位階《ヒエラルキー》には反対しなかったが、「相続的」な位階《ヒエラルキー》には反対した。自然的な位階《ヒエラルキー》とは、それが存在することが自然であるばかりではなく、大衆にとっても受け入れられうるものであり、したがって正統にして、権威の根拠として合法的であるが、相続的な位階《ヒエラルキー》は社会的流動性を不可能にするものであるというのが、自由主義者たちの主張であった。

「秩序の党」たる保守主義者に対して、自由主義者は、「運動の党」を称した。たえず変化する状況は、それに応じた諸制度のたえざる改良を要請する。ただし、その結果として生ずる社会の変化は、自然な速度で——すなわち、遅すぎず早すぎずのペースで——進むべきである。自由主義者が持ち出してきた問題は、そういった必要な改良を先導する役割は、誰が負うべきなのかということであった。彼らは、伝統的な位階《ヒエラルキー》には——全国規模のものであれ地方的なものであれ、また宗教的なものであれ世俗的なものであれ——まったく信頼を置いていなかった。しかし、彼らは大衆に対してもきわめて懐疑的であった。彼らは、群集を、本質的に教育のない、したがって結果的に非合理的な存在であると考えていた。

以上から、自由主義者たちの結論はこうであった。すなわち、必要な変化がどのようなものであるかを決定する責任を負い、指導する役割を果たすべきである集団はただひとつ、専門家だけである、と。専門家とは、定義上、なんであれその専門の分野について現実を理解しており、したがって必要かつ望ましい改良のあり方を最善のしかたで定式化する能力を持つはずの者である。専門家は、その経てきたところの訓練によって、慎重かつ洞察に富んでいるということが期待できる。専門家は、変化の正負両面を知悉している。教育のある者ならば、誰であれ、なんらかの専門家である以上、その論理的帰結として、市民《シティズン》としての役割を果たすことが許されるのは、教育のある者、つまり専門家だということになる。それ以外のひとびとも、きちんとした教育を受け、理性と教育ある人々の仲間入りを果たしたのち、最終的には、市民《シティズン》としての役割を許される可能性はある。

しかし、いったいその教育とはどういった種類のものなのだろうか。自由主義者たちは、いまや教育は、「伝統的」な知識の形態（今日の言い方で言う「人文学」）から、実用的知識の唯一の理論的基礎、すなわち科学に転換させる必要があると主張した。科学は――神学だけでなく、哲学にもとってかわりつつ――物質的・技術的進歩に道を拓き、そのことによって道徳的進歩にも道を拓く。あらゆる種類の専門家のなかで、科学者こそが、知的活動の極致、至高の善を代表するものであった。政治家は、自らが直接実行しようとする計画を科学的知識に根拠づける場合にのみ、将来の繁栄の導き手として信用に値する。容易に見て取れるように、自由主義は、社会の変化については、かなり穏健なイデオロギーである。実際、自由主義は、つねに中庸を――政治的には「中道的」であることを――主張した。一九五〇年代におけるアメリカの代表的な自由主義者であるアーサー・シュレジンジャー・Jr.は、自らがものした自由主義についての著作に『中心』（The Vital Center）というタイトルを冠した。

■急進主義

十九世紀の前半のイデオロギー状況は、基本的に、保守主義と自由主義との争いであった。実際のところ、それらよりさらに急進的なイデオロギーを奉ずる強力な集団は存在しなかったのである。急進的傾向を持つ者たちは、自由主義の諸運動に随伴する小集団となる場合が多く、さもなくば、反対意見を表明するための小さな場を創りだそうとするのが精一杯であった。そういった者たちは、みずからを民主主義者ないしは急進主義者、場合によっては社会主義者と称した。彼らは、もちろん保守主義のイデオロギーには何の共感もなかったが、自由主義も——たとえ変化が常態であることを受け入れ、市民権《シティズンシップ》の概念を（少なくとも理論上は）支持しているとはいっても——消極的すぎで、実際のところ根本的にはむしろ変化を恐れていると考えたのである。

イデオロギー景観を、二つのイデオロギーの対立（保守主義対自由主義）から三つのイデオロギーの対立（右に保守主義、中道に自由主義、左に急進主義）へと変容させたのは、一八四八年の「世界革命」であった。一八四八年に、いったい何が起こったのであろうか。本質的には二つのことが起こった。まずひとつには、初めての真の近代的な「社会革命」が起こった。きわめて短い期間ではあったが、都市労働者が支持する運動が、フランスで一定の権力を獲得したように見え、この運動は他の諸国に反響をもたらした。この集団の政治的突出は長くは続かなかった。しかし、それは権力と特権とを握るひとびとに恐怖を与えた。同時に、別の革命——一連の諸革命——が起こった。歴史家は、それを「諸国民の春」と呼んでいる。多くの国で、民族蜂起ないしは民族主義蜂起が起こった。それらは、みな同じように失敗に終わったが、やはりみな同じように権力に恐怖を与えた。この二つの組み合わせ〔社会運動と民族運動〕は、以降一世紀以上のあいだ、世界システムに作用しつづけるパターン——政治的動態の鍵を握る反システム的運動の活動——の始まりを画するものとなった。

■一八四八年の世界革命とその帰結

一八四八年の世界革命は、突然燃え上がった炎であったが、すぐに水を浴びせられ、その後何年もの間、激しい弾圧が続いた。しかし、革命は、戦略をめぐる大きな問題、つまりイデオロギーをめぐる問題を提起することになった。保守主義は、一連の事件から明快な教訓を引き出していた。彼らの目に映ったものは、メッテルニヒ公――四十年間にわたってオーストリア＝ハンガリーの首相（実質的な外務相）を務め、ヨーロッパにおけるあらゆる革命運動の息の根を止めるべく立ち上げられた神聖同盟の立役者――および彼と立場を同じくした者たちがとったような盲目的な反動的戦術は、ことごとく逆効果であったということである。メッテルニヒらの戦術は、長期的には、伝統の護持にも秩序の保証にも役立たなかった。むしろ憎悪や憤激、破壊活動組織を刺激し、よって秩序を壊してしまった。保守主義は、一八四八年の世界革命を回避しえた唯一の国が(それに先立つ十年間においてはヨーロッパで最も重要な急進主義的運動を経験したとはいえ)イングランドであることに注目した。そして保守主義者たちの目には、その秘訣が、一八二〇〜五〇年のあいだにロバート・ピール卿が説き、また実践した保守主義の様式にあるように思われた。すなわちピール卿の戦術は、急進的な行動の長期的な訴求力をそぐことを狙って、時宜をえた(しかし限定的な)譲歩を行うことをその中身としていたのである。その後に続く二十年間で、ヨーロッパでは、ピール的戦術が、「啓蒙的保守主義」と呼ばれるようになって定着し、イングランドのみならず、フランスやドイツでも採用されるところとなった。

他方、急進主義の側でも、一八四八年の革命の失敗から戦略的教訓を引き出していた。彼らは、もはや自由主義に随伴する役割に甘んじようとはしなくなった。とはいえ、自発的行動――一八四八年以前の急進主義者たちの活動の源泉は大半が自然発生的なものであった――には、厳しい限界があることも露呈していた。自然発生的な暴力は、炎に投げ込まれた紙切れのような効果しかなかった。ぱっと燃え上がるが、すぐに消えうせてしまうのである。そういった暴力は持続的な活動の源泉にはならない。一八四八年以前の急進主義者のなかには、それ以外の方法、すなわちユートピア的な共同体を形成して、外部の社会的領域とのかかわりから撤退する戦略を説くものもあった。しかし、そういった考えは、大半のひとびとにはほとんど魅力がなく、それが史的システム全体に与えたインパクトは、自然発生的な反乱よりもさらに小さいものでしかなかった。急進主義者たちは、もっと効果的な代替戦略を求め、組織化をそのひとつの答えとして見出した。すなわち、社会を根本から変革するための政治的基礎を準備するための体系的で長期的な組織の形成である。

最後に、自由主義者たちもまた、一八四八年の革命から教訓を引き出していた。彼らは、「合理的で時宜を得た社会の変化を実現するには専門家に頼ることがよいのだ」と説いてまわるだけでは、不十分であるということを悟るようになった。すなわち諸案件が実際に専門家の手に委ねられるためには、彼らもまた政治の舞台で積極的に行動を起こさねばならないということである。

そして、それは彼らにとって、これまで争ってきた保守主義とだけではなく、あらたに現れてきた急進主義とも相争うことになるということを意味していた。自由主義が、政治的党派分布の中心を代表せんとするならば、「中道的」な要求によって構成されるプログラムを掲げ、あらゆる変化に抵抗する保守主義と極端に急速な変化を追求する急進主義のどこかしら中間にみずからを位置づける戦術をくりひろげて、その政治的立場を確保しなければならない。

■自由主義のプログラム

一八四八年から第一次世界大戦までの時期は、近代世界システムの中核地域諸国にとって、自由主義のプログラムが明確なかたちをとって描かれていく時期であった。それら中核諸国は、「自由主義国家」――市民権《シティズンシップ》の概念を基礎として、恣意的な権威の抑止を保証する幅広い仕組みをそなえ、公的活動に一定の公開性がある国家――の確立を目指した。自由主義者たちが展開したプログラムには、主に三つの要素があった。すなわち、〔第一に〕選挙権の漸進的拡大、およびそれに付随して（ないしはその必須の条件として）教育機会の拡大。〔第二に〕労働の場における危害や困苦から市民を保護する国家の役割の増大。これには、保健機関（およびそれら機関へのアクセス）の拡大、所得の生涯的不安定要素の緩和〔失業や退職後の所得の保障など〕がともなう。〔第三に〕国家の市民《シティズン》の「国民《ネイション》」への創造。よくよく見れば、これら三つの要素が「自由・平等・博愛」のスローガンを公共政策に翻訳したものだということがおわかりいただけよう。

この自由主義のプログラムには、注目すべきことが二つある。ひとつは、少なくとも汎ヨーロッパ世界においては、第一次世界大戦までに、その大部分が実施されたということである。いまひとつは、自由主義の諸政党は、このプログラムの実施について、つねに最大の努力をはらう立場にあったわけではなかったということである。いささか奇妙なことではあるが、自由主義のプログラムは、かなりの程度、非自由主義的勢力によって実行に移されたのである。これは、一八四八年の革命のあとに生じた三つのイデオロギーの戦略の見直しの帰結である。すなわち、自由主義者は、いくぶんその立場を後退させ、みずからが掲げるそのプログラムの実行に臆病になってしまったのである。彼らが恐れたのは、一八四八年の騒乱の再来であった。他方、保守主義者たちは、自由主義のプログラムが穏当で、本質的に賢明なものとだという判断を下し、その法制化を始めた――ディズレイリは、選挙権の拡大に取り組み、ナポレオン三世は労働組合を合法化し、ビスマルクは福祉国家を発案した。そして急進主義者たちは――一方で将来の政権参加を目指し、みずからの組織的基礎の構築に努めつつ――それら限定的な改良に不承不承ながら甘んずるように（さらには、積極的に賛成するようにさえ）なった。

■ナショナリズムについて――自由主義のジオカルチュアの要

このように、三つのイデオロギー集団それぞれがその戦術をシフトさせたために、その複合的帰結として、事実上、自由主義のプログラムが〔自由主義のみならず、保守主義と急進主義にも〕共通する特徴として、時代のジオカルチュアを構成するようになり、ために保守主義と急進主義は、自由主義と表面的にしか変わらない、本質的には同じものが別の現れ方をとっただけのものに転じてしまった。三つのイデオロギー的立場が、とりわけ着実な収斂を見せたのは、自由主義のプログラムの第三の柱の「博愛」においてであった。国民《ネイション》はいかにして創られたのか。それは、市民権《シティズンシップ》がそこから他者を排除するしかたをなぞっている。国民《ネイション》は、ナショナリズムを説くことで創られる。十九世紀においてナショナリズムは、三つの主たる制度を通じて説かれていた。すなわち、学校（初等教育）、軍隊、国民的祝典である。

初等教育の学校は、自由主義者たちの希望の的であり、急進主義者にも喝采をもって迎えられ、保守主義者も同意していた。学校こそは、労働者や農民を市民《シティズン》に変え、国民の義務を果たすのに必要な最低限の能力――「読み、書き、そろばん」――を身につけさせる場であった。学校は公民道徳（civic virtue）も教え、個別主義や家族組織からくる偏見を乗り越えさせようとした。そして、なによりも、学校は国語を教えた。十九世紀の初め、ヨーロッパにおいて、単一の国語を有する国は事実上ほとんどなかった。しかし十九世紀末には、大半の国が単一の国語を有するようになった。

ナショナリズムは、敵に対する憎悪によって確実なものとなる。〔世界システムの〕中核における大半の諸国は、ともかくなにかしらの根拠を挙げて、近隣の他国に対する憎悪を浸透させようとした。しかし、こういった憎悪には、もうひとつ別の、しかも究極的にはもっと重要な形態があった。すなわち、汎ヨーロッパ世界の非ヨーロッパ世界に対する憎悪、人種主義として制度化された憎悪である。この形態の憎悪は、「文明」（複数形 civilizations ではなく、単数形 civilization で記される「文明」）という概念の普及において広がっていった。汎ヨーロッパ世界は、世界システムを経済的および政治的に支配し、われわれヨーロッパこそが、その起源たる古典古代――汎ヨーロッパ世界の側でそう決めつけているにすぎないが――から受け継がれてきた文明化の過程の精髄にして極致を体現していると定めたのである。十九世紀における文明と技術の状態を所与として、汎ヨーロッパ世界は、政治的のみならず文化的にも、世界中に自己を押し付けていく義務があると宣したのである。キップリングの言う「白人の責務」、アメリカ合衆国の「明白な運命《マニフェスト・デスティニー》」、フランスの「文明化の使命」など、みなその例にほかならない。

十九世紀は、直接的な帝国主義が、あらたにくわえられたこのような色調を帯びて再生する世紀となった。帝国的征服は、もはや単に国家による行動ではなくなった。教会の権威に促された国家の行動でさえない。それは国民《ネイション》の情熱となり、市民《シティズン》の義務となったのである。自由主義のプログラムは、この最後の部分が、保守主義者によって大々的にとりあげられた。彼らは、これこそが、階級間の亀裂を埋め、それによって、国内の秩序を保証する確実な方法たるべきものだと考えたのである。ほとんどすべてのヨーロッパの社会主義政党が、「第一次世界大戦の始まった」一九一四年に、自国を支持して戦争に協力したとき、かつての「危険な階級」に対するナショナリズムの効果についての保守主義者たちの確信の正しさが明らかとなったのである。

■反システム的運動の逆説

十九世紀および二十世紀の大半の期間にわたって、自由主義は、近代世界システムのジオカルチュアを定義することに成功した。それを制度的に可能にしたのは、自由主義国家の法的な基礎の発展であったが、同時に、反システム的運動が力をつけ、その重要性が着実に増したからでもある。普通に考えれば、反システム的運動の存在理由は、システムの維持ではなく、解体にあると想定される以上、このことは、逆説的であるように思われるかもしれない。だが、反システム的運動の活動は、全体としては、システムを、かなりの程度再強化する役に立ったのである。この一見逆説的に見える事態を解剖することは、資本主義的な世界=経済——その規模と富とが持続的に拡大すると同時に、その富の恩恵の二極分解も持続的に拡大するような世界=経済——が、いかにしてそのシステムとしての存続を保ってきたかを理解するうえで決定的な重要なことである。

■最初の反システム的運動としての労働者運動

諸国家の内部においては、市民《シティズン》としての包摂を得ようとしている集団による努力が反システム的運動（社会の組織だてに根本的な変革をもたらそうとする組織）の中心的な焦点となった。ある意味では、彼らは、自由主義者たちとは異なるかたちで、「自由・平等・博愛」のスローガンを実現しようとしていたとも言える。市民《シティズン》から排除されていた集団のなかで最も初期にまともな組織の形成を果たしたのは、都市の産業労働者階級、すなわちいわゆるプロレタリアートであった。この集団は、いくつかの拠点となる都市に集中的に存在しており、互いに意思疎通を図ることが容易であった。彼らが組織化を始めたとき、その労働の条件と報酬の水準は、あきらかに貧しいものであった。にもかかわらず、剰余価値を生み出す生産活動の大半において、決定的な役割を果たしていたのは彼らであった。

十九世紀の半ばまでには、労働の場における組織化（労働組合）および公共圏における組織化（労働者政党や社会主義政党）が――まず最も強力な産業的生産の中心（つまり北米と西欧）において、次いでその他の地域に――現れはじめた。十九世紀の大半の期間、そして二十世紀にはいってもかなりのあいだ、国家機構は――企業がそうであると同様に――これらの組織に敵対的であった。これはつまり、階級闘争の主張は対等の土俵で戦わされるものではなかったということであり、実際「社会運動」は、相対的に小さな譲歩をひとつずつ獲得するのに、困難で苦しい闘いをつづけなければならなかった。

■「労働者」から排除されたもの――「マイノリティ」運動

さらに、このように抑制された政治的闘争のパターンには、本書で先に論じた家計世帯《ハウスホールド》と身分集団／アイデンティティの問題に立ち返って論ずべき要素が存在している。社会運動は、自らの闘争を、労働者対資本家の闘争として定義した。しかし、「労働者」とは誰のことなのか。実際的には、それは、所与の国における支配的なエスニシティ集団の成人男性として定義されがちであった。そのようなひとたちの大半は、なんらかの教育を受けた熟練・半熟練労働者であり、十九世紀の世界の産業労働力の大部分は、そういったひとびとによって構成されていた。このカテゴリーから「排除」されたひとびととは、社会主義／労働者組織において占めるべき立場がなかったために、おのおのの身分集団のカテゴリー（一方には女性、他方には人種的、宗教的、言語的、およびエスニシティ的集団）で組織化するよりほかなかった。それらの諸集団は、労働運動や社会主義運動とまったく同様に反システム的であることが多かったが、それらの諸集団による自己の不満の直接の捉え方は、それとはかなり異なるものであった。

しかしながら、そのような路線で組織化を進めていくうち、それらの諸集団は、階級に立脚した労働者の組織と競合するようになり、しばしば対立にいたることさえ生ずるようになった。およそ一八三〇年から一九七〇年にかけて、これら二つの種類の反システム的運動の関係の歴史は——共感や協調をともなう場面が（それもせいぜい偶有的なものだが）なくはなかったとはいえ——厳しい緊張関係の歴史、敵対の歴史でさえあった。さらに言えば、この時代を通じて、諸々の身分集団／アイデンティティ組織は、ただ労働者／社会主義組織との協調が困難であっただけではなく、他の身分集団／アイデンティティ組織とのあいだにおいても同様に協調が困難であったのである。

これら身分集団／アイデンティティ組織が、その長期的な目標をどう定めたにせよ（多くは、長期的目標について言うべきことを持たなかった）、その中期的な目標はすべて、排除された集団たる自分たちに市民権の拡張を求めるという主張を中心とするものであった。自由主義国家における完全な市民の枠組みのなかに、自分たちを包摂せよという、それらの諸運動からの提案は、ことごとく消極的な対応に直面し、実際のところ積極的な敵対的対応にさらされることのほうが多かった。彼らは、戦略上の根本問題として、二つのことを考えなければならなかった。ひとつは、中期的な目標として、もっとも効果的なのは何かということ。もうひとつは、それぞれの種類の反システム的運動にとって、他の種類の反システム的運動とどのような同盟関係を結ぶべきなのかということである。いずれの問題も、その解決は、困難で時間を要するものである。

排除されていた諸々の集団には、政治的組織化にあたって、当然にして直接的な諸種の困難があった。彼らの組織化は、多くの点でしばしば法的に制約されていた。潜在的な組織の構成員は、個人としては、日々の人間関係で振るわれる権力に対する弱者であることがほとんどであった。また集団として見て（大半の場合個人として見ても）、彼らには、たいした額の金銭は自由にはならなかった。さまざまな国家の主要機関は、彼らの努力に対して敵対的であり、そのため、それらの諸集団は簡単に弾圧された。要するに、組織化の道のりは遠く、その歩みは遅々としたものだったのであり、彼らは、この期間〔一八三〇〜一九七〇年にかけての期間〕の大半において、組織の維持に汲々としてきたのである。

■反システム的運動の二つの戦略

被抑圧集団の自己変革と抑圧する側にある制度の変革のいずれがより重要なのかということが、ひとつの基本的な論争の論点となった。これは、「文化的戦略と政治的戦略とのあいだの差異」という言い方で呼ばれることもある。たとえば、ナショナリスト集団にとって、民族言語の復活と、自集団から議員を出すこととでは、いずれがより重要なのか。労働者運動にとって、あらゆる国家の正統性を拒絶すること（アナキズム）と、既存の国家の改造とでは、どちらのほうがより重要なのか。戦略をめぐる運動内部の論争は激しく、妥協を知らず、きわめて分裂を誘いやすく、そこに参加する者の感情をつよく揺さぶった。

たしかに、二つの立場が強調する点は、必ずしも相互に背反するものではない。しかし、多くの者は、そのいずれをとるかによって、自分たちがまったく異なる戦略的方向に導かれてしまうものという感覚を持っていた。文化的戦略――そう呼んでよいならだが――の側からはつねに、政治的変化というものは究極的には表面的で、懐柔的でしかなく、急進主義的ないしは反システム的目標の根幹を堕落させてしまうという主張がなされた。くわえて社会心理学的な立論――「システムは、普通のひとびとの無意識的な精神態度を組織化することによって、そういったひとびとを捕らえておくのであるから、そのような精神態度の社会的構築を解体することが、社会の変革の不可欠の前提条件である」といったような――もあった。政治的戦略の側からは、文化的戦略を主張する者は、彼らが実現しようとしているような本格的な文化的変革を、そこにある権力が黙ってさせるにまかせると思い込んでいる点で現実に対して無知であり、妄想の犠牲になっていると主張された。政治的戦略を主張する者はつねに、権力の現実を強調し、被抑圧者の精神態度の変革ではなく、権力関係の転換こそが、本当の意味でのあらゆる変革の前提なのだと主張した。

■二段階戦略への収斂

歴史的には、友好的論争もあれば、非友好的な論争もあった三〇〜五〇年ほどの期間を経て、政治的戦略を採る立場が、あらゆる反システム的運動の内部闘争に勝利した。そこにあった権力は、いずれの戦略の運動に対しても、その活動に対してやむことなく弾圧を加え、ために、諸々の形態の文化的戦略は、反システム的運動にとって実行可能なものとは思われなくなったのである。次第に「戦闘的」な者が増え、また戦闘的分子は、しだいに「よく組織されて」いった。この組み合わせは、政治的戦略を採った集団によってのみ実質的に実現可能なことであった。二十世紀の初めまでには、政治的戦略がこの戦略上の論争に勝ちあがっただけではなく、反システム的運動に——各種の運動ごとに個別にではあるが、みな並行するかたちで——ある合意が生まれたといってよかろう。すなわち、反システム的運動は、二段階式の行動計画——第一段階において国家における権力を奪取し、第二段階において世界／国家／社会を変革する——を追求するということである。

いうまでもなく、この二段階戦略には、かなりの曖昧さが残っていた。主たる問題は、国家において権力を奪取するというのは、何を意味しているのかということ、そしてそれがどういう意味であるにせよ、どうすればそれが実行しうるのかということである。(世界/国家/社会をどのように変革するのかという問題は、それほど頻繁には論じられなかった。現在の問題というよりは、将来の問題と見られていたからであろう。) たとえば、国家における権力は、選挙権の拡大で達せられるものなのか。まず選挙に参加し、さらに政府に参加することによって達せられるものなのか。それは、他のひとびとと権力を共有することを必要とするのか。あるいは他のひとびとから権力を奪うことを必要とするのか。それは、国家組織自体の変革を必要とするのか。それとも単に既存の国家を支配することを必要とするだけなのか。これらの問題に対する完全な答えは決して与えられなかった。そして大半の組織の存続にとっては、それぞれに異なる(しばしば矛盾する) 答えを掲げる内部の諸党派に、それぞれその信ずるがままにさせておくことが最善の策であった。

■議会主義と革命主義

いったんは二段階戦略が組織的行動の中心に据えられるようになったとはいえ、内部論争がやんだわけではなかった。というのも、それにつづく問題が現れたからである。すなわち、「国家機構を奪取する方法は?」という問題である。この問題をめぐる古典的論争は、第二インターナショナルと第三インターナショナルとのあいだの論争である。その論争は、先に社会民主党の枠組みの中で始まっていたものであった。いくらか誤解含みなことに、この論争は、しばしば、改良主義と革命的行動とのあいだの論争であったと整理されている。エドゥアルト・ベルンシュタインが、ドイツ社会民主党に対して、「修正主義」を主張したとき、いったい彼は何を主張していたのか。その主張の核心には、不可避的に一連の前提がともなっている。すなわち、人口の大半は「労働者」（ベルンシュタインは、産業労働者およびその家族という意味でこの語を用いている）であるということ。（男性の）普通選挙権は、それらの労働者すべてを完全な市民《シティズン》とするということ。労働者は自らの利益に従って投票を行う、つまり社会民主党を支持するだろうということ。したがって、ひとたび男性普通選挙権が実施されれば、労働者の支持によって社会民主党は政権をとることになるだろうということ。そして政権につけば、社会民主党は、ドイツを社会主義社会に転換するのに必要な法制を議会で通すだろうということ。これら一連の前提は、いち いち論理的であるように思われる。だが実際には、いずれも真ならざる前提であった。

革命主義的立場は、これとは違っていた。レーニンによって与えられた古典的な定式化にあるように、多くの国では、プロレタリアは人口の過半数を占めていなかった。多くの国では、自由選挙の過程は存在していなかったし、存在する場合でも、プロレタリアートが自ら政権をとろうと投票したところで、ブルジョワジーは、その結果を本当には尊重しなかったであろう。ブルジョワジーは、端的に、そのような政権が生まれることを認めないだろう。革命主義の立場にたつ者たちは、〔「修正主義」が想定していた一連の前提に対して〕一連の反対前提を主張した。都市のプロレタリアートこそが、進歩を担う唯一の歴史的主体である。その都市のプロレタリアートでさえ——その他の人口（たとえば農村労働者）は言うに及ばず——つねに、その自己利益に自覚的であるとはかぎらない。労働者政党の戦闘的分子は、平均的なプロレタリアよりも明確に、都市のプロレタリアートの利益を定義することができ、労働者を自己の利益の理解へと導いてやることができる。これらの戦闘的分子は、秘密組織を形成して蜂起し——都市のプロレタリアートはその蜂起に支持を与える——それによって権力を奪取することができる。しかるのち、彼らは「プロレタリアート独裁」を敷き、その国を社会主義社会に転換することができる。これら一連の前提は、いちいち論理的であるように思われる。だが実際には、いずれも真ならざる前提であった。

■連帯の困難

十九世紀末から二十世紀の大半を通じての反システム的運動の最大の問題のひとつは、それらの諸運動が共通の基盤を見出しえなかったことにある。各種の反システム的運動の支配的態度は、その運動の支持者が表明している不満こそが、本質的な問題なのであり、他の種類の運動が唱える不満は、二次的で、本質的な問題から目をそらすものであるといった態度であった。どの種類の運動も、自分たちの唱える不満こそが真っ先に優先して取り組まれるべきだと主張した。どの種類の運動も、自分たちが唱える不満がきちんと取り組まれれば、他の不満もそれにともなって結果的に解決されうるような状況が作り出されるのだと主張した。

■労働者／社会主義運動と女性運動

このことがまず見て取れるのは、労働者／社会主義運動と女性運動とのあいだの困難な関係においてである。労働組合の女性運動に対する態度は、基本的に、「女性の雇用はより安価な労働力を獲得するために雇用者がもちいる仕掛けであり、したがって労働者階級の利益を脅かすものである」というものであった。十九世紀を通じて、および二十世紀に入ってもかなりの期間にわたって、大半の都市労働者は、結婚したら女性は主婦となり労働市場には入らないという社会モデルを当然視してきた。女性が労働市場に参入する代わりに、労働組合は、いわゆる「家族賃金」、つまり男性産業労働者が、自分自身とその妻、そしてその未成年の子供たちを養えるだけの賃金を獲得すべく闘争を行った。

社会主義政党は、女性組織の役割について、さらに真意の知れぬ（なにかしら真意があったとしてだが）考えしか持っていなかった。社会主義政党の一部局として、教育的任務のために党員の妻および女子を組織化する目的で設立された女性集団をのぞいて、女性組織は――その指導者がブルジョワ女性階層出身であることが非常に多く、したがってその目的は労働者階級の利益に対してせいぜいのところ二次的なものでしかないと考えられたために――ブルジョワ的組織だとみなされた。女性参政権については、社会主義政党も、理論上はこれを支持したが、実際上はきわめて懐疑的であった。彼らは、労働者階級の女性は、社会主義政党に敵対的な宗教組織の影響を強く受けているがゆえに、労働者階級の男性ほど、社会主義政党を支持しないと考えていたのである。

女性組織もやり返した。女性組織は、労働者運動および社会主義運動を、彼女たちの闘争の対象である家父長制的な態度や政策の延命に手を貸すものだとみなした。選挙権運動組織の中産階級女性は、自分たちは労働者階級の男性よりも教育があり、〔自由主義の論理にしたがえば〕当然にまず自分たちこそ〔労働者階級に先んじて〕完全な市民権を与えられるべきであると、しばしば主張した。しかし、大半の国の実際の歴史は、そうならなかった。相続する権利、金銭の授受を行う権利、契約当事者となる権利、そして一般に法の目に独立した人格とみなされること、これらの法的諸権利は、一般的に言って、〔財産を有しない家族にとってよりも〕財産を有する家族にとってはるかに大きな意味がある。社会問題（アルコール中毒、女性や子供に対する虐待）に対する女性組織の運動や、身体についての自己決定権を推進する運動は、しばしば、中産階級の男性に対してよりも、労働者階級の男性に対して、より直接的に向けられた。

■労働者／社会主義運動とエスニシティ／ナショナリズム運動

労働者／社会主義運動のエスニシティ／ナショナリズム運動に対する関係も、これと並行する困難を示した。各国国内において、労働者運動は、いかなるエスニシティ運動をも、労働者階級を分断する仕掛けだとみなした。非抑圧エスニシティ／人種集団による労働市場への包摂の要求は、女性からの同様の要求と同じ反応に直面した。そういった集団の要求は、本質的に、雇用者の利益（より安価な労働力の入手を可能にする）に資するものとみなされた。多くの労働組合は、そのような「マイノリティ」を、労働市場から排除しようとした。もちろん、まったく完全に排除しようとしたわけではない。ただ、支配的なエスニシティ集団出身の労働者が伝統的に確保してきたある程度高賃金の職にかかわる部分の労働市場から排除しようとしたのである。マイノリティを排除しようとする動きはまた、そのようなマイノリティの立場を上昇ないしは強化するような地域からの移民の受け入れに対する反対も強化した。さらには、さまざまな形態の強制労働を廃止しようとする動きに対する反対さえ（あるいは少なくとも躊躇が）強まった。それによって解放された労働者が、自由な労働市場で競争することが可能になるからである。

ここでもやはり、両者の敵対関係は、労働者運動の形成の枠組みとなった国家からの分離を求める全面的なナショナリズム運動に対する労働者／社会運動の関係の問題において、さらに強度を増した。このことは、そのナショナリズム運動が、その国のなかの一地方である場合であろうが、その国によって支配されている「海外」植民地領における場合であろうが、同じであった。基本的に、労働者／社会運動は、女性運動に対する場合と同様に、そのようなナショナリズム運動を、本質的に（そのナショナリズム運動が直接闘争の相手としている個別のブルジョワジーをのぞいては）ブルジョワジーに属する者の利益を追求するブルジョワ的組織であると非難した。

労働者／社会運動は、民族の「独立」は、分離してできる国の労働者階級に必ずしも利益をもたらさないと主張した。もし、もとの「帝国」権力が、言うところの「独立」権力ほど、労働者の利益に対して、敵対的でない法制や権力構造を敷いているならば、それはむしろ労働者階級にとって後退でさえある。いずれにせよ社会主義政党は、「ブルジョワ国家はみな同じようなものであり、唯一の重要な問題は労働者階級が個々の国家において政権をとりうるか否かのみである」と主張する傾向にあった。かくて、「ナショナリズムは妄想ないしは目くらましである」とされたのである。

ナショナリズム運動もやはり、そっくりやり返した。彼らは、民族弾圧は、現実的、直接的かつ圧倒的な問題であると論じた。労働者の目標を追求するいかなる努力も、「ひとびと《ピープル》」の〔労働者とそれ以外との〕分断を意味するものであり、したがって、民族の権利を保全する努力を損なうものであると論じた。また彼らは、もし労働者階級にかかわる特別の問題があるならば、それは独立した国家の枠組みのなかでこそ最もよく対処されうると主張した。そしてさらに、自分たちの主張する文化的要求（たとえば言語に関する要求）は、実際のところ、ナショナリズム運動が樹立を目指している国の労働者階級の直接の利益と一致すると主張した。彼らが主張する民族言語のほうが、ナショナリズム運動が打倒を目指している政治体制が使用している公用語よりも、〔その民族の労働者階級にとって〕はるかに多くの場合に使用しやすいから、というわけである。

最後に、女性組織のエスニシティ／ナショナリズム組織に対する関係であるが、これも同様〔に非協調的〕であり、同じような主張が両側からなされた。一方で、女性組織は、自分たちには、マイノリティの市民権の拡大や民族独立の達成から得るところはなにもないと主張した。また女性組織はしばしば、ほとんど読み書きのできないマイノリティや移民の男性が選挙権を与えられようとしているのに、教育のある中産階級の女性が選挙権を否定されていると強く訴えた。民族独立の場合については、女性運動は、新しい国家になったからといって、独立以前の国家におけるよりも、女性に市民権が与えられる可能性が高まるわけではまったくないと主張した。ここでもやはり、〔エスニシティ／ナショナリズム組織の側からの〕反論が返された。エスニシティ／ナショナリズム運動は、女性運動を抑圧者集団――その国において支配的なエスニシティ集団ないしは植民地における帝国権力――の利益を代表するものとみなした。彼らにとって、女性の権利の問題は二次的で、彼らが訴える不満が解決されたのちにこそ最もよく対処されうる問題だと考えていた。

■連帯の不在と軌跡の一致――反システム的運動の達成と限界

こういった敵対関係を乗り越えようとし、さまざまな運動のあいだの本質的な相乗効果を主張する人間が（あるいは集団でさえ）まったく不在であったというわけではない。そういった者たちは、諸闘争を統一しようとし、個別の諸状況においては、この点で一定の進歩を印すこともあった。しかし、全体として見ると、一八四八年から、少なくとも一九四五年までの時期において、そういった諸運動の統一の方向に努力する力は、反システム的運動の世界的パターンに、ほとんどインパクトを与えなかった。これら三種の主要な運動——すなわち、労働者／社会運動、エスニシティ／ナショナリズム運動、そして女性運動——は、それぞれ自らが掲げる主張を追求して闘争を展開し、他の種類の運動については無視、ないしは敵対さえしたのである。他方で、相互に調整などなかった（まして協調などなかった）にもかかわらず、これらさまざまな種類の諸運動がとった戦略は、おどろくほど、同じパターンをなぞるものであった。これらの諸運動の長期的な歴史をみると、二十世紀末までには、そのいずれもが、それぞれ掲げてきた表向きの目標——市民《シティズンシップ》への正式の包摂——は達成したが、それに続くべき目標——国家権力を用いて社会を変革すること——を達成した運動はひとつもなかった。この話については、あとで立ち返って論じよう。

■ジオカルチュアとしての社会科学

イデオロギーはその内容を発展させ、そして枠にはめられていった。反システム的運動は、不満のエネルギーを集約した。かくて、ジオカルチュアの有効性を確保するうえで、最後に残るものは理論装置である。これこそが社会科学の責務であった。すでに第1章で、「二つの文化」の出現については述べた。ここでは、ジオカルチュア形成上の現象として、この話を簡単に振り返っておこう。

「社会科学」とは、十九世紀に創られた言葉である。「科学」という語、「社会」という語、それぞれに説明が必要である。なぜ「科学」なのか。十九世紀において、科学とは、進歩——世界システム全体に共有して受け入れられていた大目標——の達成に対する支持の表明を含意していた。今日では、それは当たり前のことのように思われるが、先に述べたように、当時にあっては、それは、知の世界を支配する価値体系の根本的変化——キリスト教的贖罪から啓蒙主義的な人間の進歩という考え方へ——を表していた。それにつづく、いわゆる哲学と科学の分離——後に言わゆる「二つの文化」——は、われわれの知というものがいかに得られるものなのかをめぐる認識論的論争へとつながっていった。

十九世紀には、学問機関（特に新たに復活した大学システム）および文化の世界一般において、科学者が、哲学者ないしは人文学者に対して優越するようになってきた。科学者は、自分たちは——そして自分たちだけが——真理を獲得しうると主張し、自分たちは、科学者としては、善や美については——そういった概念は経験的に検証できないので——まったく関心を持たないと主張した。科学者は、善と美の追求を人文学者に譲り渡した。また概して人文学者の側でも、そこに逃げ込むことに異存はなかった。言わば、多くの点で、彼らは、キーツの詩句——「《美は真であり／真は美である》と。——これこそは　きみたちが／この地上で知り、また知るべきすべてのものなのだ」*——にならったのである。ある意味では、人文学者は、真の追求に対する支配を、科学者に譲り渡してしまったのである。いずれにせよ、「二つの文化」の考え方が到達したのは、真・善・美の知の世界の根底からの分割であった。これは、人類の歴史において初めてのことであった。

科学者が物質的現象の研究に集中し、人文学者が創作的活動の研究に集中するにつれ、この分割においてどういう位置を占めるのかが判然としない重要な領域があることが明らかになってきた。それは社会的活動の領域である。ところが、フランス革命は社会的領域についての知を、公的権威の中心的関心とした。政治上の変化が常態であり、主権が人民《ピープル》にあるのだとすれば、社会的領域が構成される際の規則性の内容とその作用のあり方とを理解することは、きわめて重要な問題となるからである。そのような知の追求は、社会科学と呼ばれるようになった。社会科学は十九世紀に生まれるやすぐに、またその本性からしても当然に、政治的対決の場となると同時に、この〔社会的活動の〕領域が科学者的な知の様式の下に収まるべきか、人文学者的な知の様式の下に収まるべきかの争いの場ともなった。公的立場（国家および資本主義的企業）に身を置く者たちにとっては、社会科学を支配することが、ある意味では、未来を支配することを意味した。そして、学問機関に身を置く者たちにとっては、科学者にとっても人文学者にとっても、この〔社会科学という〕場を自らの陣営のもとにおくことが、大学システムにおいて彼らが演じている、権力の掌握と知的優越性を目指す（あまり友愛的でない）争いにおいて、重要な意味を持つものと考えられた。

すでに述べたとおり、十九世紀の後半および二十世紀の前半に、社会的現実を扱う学問として、六つの学科名称が広く受け入れられるようになった。すなわち、歴史学、経済学、政治学、社会学、人類学、東洋学の六つである。これら六つの学科名称の基礎にある論理、したがってつまり社会的現実の研究における分業は、十九世紀の世界の社会的状況から派生したものである。そこには三本の分割線が引かれている。第一の分割線は、西洋「文明」世界の研究と非近代世界の研究のあいだに引かれている。第二の区別は、西洋世界の内部に設けられたもので、過去についての研究と現在についての研究のあいだに分割線が引かれた。そして第三は西洋の現在のなかの区別であり、自由主義のイデオロギーによって、近代の文明化した社会生活にあるとされた三つの独立した領域、すなわち市場、国家、市民社会の三つの間の分割であった。認識論の点で言うと、社会科学は全体としては、自然科学と人文学のあいだに位置することになり、したがって「二つの文化」のあいだの認識論的争いによって引き裂かれることになった。実際には、西洋の現在を研究する三つの学科（経済学、政治学、社会学）はおおむね科学主義の陣営に入っていき、法則定立的個別科学《ディシプリン》として自己を規定するようになった。その他の三つの個別科学《ディシプリン》——歴史学、人類学、東洋学——は、この〔科学主義からの〕誘惑に抵抗し、人文学的ないしは個性記述的個別科学《ディシプリン》として自己を規定する傾向をみせた。

　このようなかっちりとした分業は、特定の世界システムの構成を前提としていた。すなわち、西洋によって世界が支配され、「その他」の地域は、植民地ないしは半植民地とされるような世界システムの構成である。この前提が当てはまらなくなると——実質的には一九四五年以降ということになるが——〔個別科学《ディシプリン》間の〕境界線は、かつてのような自明さと有用性を失っていき、分業に混乱が生じた。このあと社会科学に起こったことについては、イデオロギーおよび反システム的運動に起こったこととあわせて、世界システムにおける一九六八年の世界革命のインパクトの話として、次章で論ずる。

ジオカルチュア――それは、三つのイデオロギーの鏡のなかで構築され、それに反対する意図で発生したきわめて反システム的な諸運動によって逆説的にも支えられてきた――の観点から見ると、社会科学の役割は、近代世界システムが機能する仕組みを再強化するのに利用されていた道徳的正当化の知的根拠を供給するところにあった。この役割において、社会科学は、少なくとも一九六八年の世界革命までは、おおむねうまく機能していたのである。

＊キーツの詩句の訳出に際しては、『キーツ全詩集』第二巻（出口保夫訳、白鳳社、一九七四年）を参照した。

5 危機にある近代世界システム

……分岐《バイファケーション》、カオス、そして選択

■システムの危機とは

先に、史的システムには寿命があると述べた。史的システムは、特定の時間と空間に存在するものであり、その理由と様態はわれわれの分析の対象となりうる。システムは、その生成における諸々の困難を乗り越えて生き延びると、そのシステムを構成する諸構造の枠組みと制約のなかで、その歴史的生命に従い、循環的な律動を刻みつつ、逃れがたく長期的な趨勢を歩んでいく。そのような長期的趨勢の描くカーヴは漸近線に接近し、システムの内的矛盾は深刻化する。つまり、システムがもはや〔内的に〕解決しえない問題に突き当たるということである。これによって引き起こされるのが、世界システム分析で「システムの危機」と呼んでいるものである。「危機」という言葉は、単に、なんらかのシステムの生涯における困難な時期という緩い意味で用いられることが、きわめて多い。しかし、その困難が、どういうかたちにせよ、〔システムの内部で〕解決されうるものであるならば、そこに生じているものはすべて、真の危機ではなく、単にシステムに内蔵された困難であるにすぎない。真の危機というものは、当該のシステムの枠組みのなかでは解決しえない困難である。それは、その困難を生み出した史的システムの外部へ向かって、その史的システムを越えていくことによってのみ克服されうるものである。自然科学の用語を用いれば、そこに起こっているのは、システムの分岐《バイファケーション》、すなわちシステムの基盤を成す均衡の解が、まったくことなる二つのかたちで与えられうるような状況のことである。これを日常言語で言い換えれば、システムは、危機に際して、それを解決する二つの選択肢――本来的にその両方がともにありうるものである――に直面するということができる。結果として、システムの構成員は総体として、いずれの選択肢をとるのか、つまりどのようなシステムが新しく構築されるのかについての史的選択を要請されることになる。

■システム間移行の過程のカオス性

既存のシステムが、そのシステムによって定義された範囲内では、もはや適切に機能しえなくなっている以上、そこからの出口の選択、新しく構築されるべきシステム（それはひとつではなく複数のシステムかもしれない）について、選択を行うことが不可避となる。分岐《バイファケーション》の過程は、カオス的である。「カオス的」という言葉の意味は、この期間における小さな行動のひとつひとつが、有意味な帰結にいたる高い可能性をはらんでいるということである。そのような条件下では、システムの振幅が激しくなる傾向が観察される。しかし、最終的には、ひとつの方向に傾いていく。決定的な選択がなされるまでには、通常、かなりの時間がかかる。その期間は、移行期と呼ぶことができる。移行の帰結は、まったく不確実である。しかしながら、ある点にいたると、はっきりとした帰結が現れ、ひとびとは、異なる史的システムにおかれることになる。

われわれが生きている近代世界システム――それは資本主義的な世界＝経済である――は、目下、まさにこのような危機にある。実際、このような危機におかれてしばらくが経過している。この危機は、今後さらに二五〜五〇年ほどは続く可能性がある。〔すでに述べたように〕そのような移行期の中心的特徴のひとつとして、われわれは、既存の世界システムに内在的な現象の一部としてすでにわれわれの知るところとなっているさまざまな構造や過程のすべての激しい動揺に直面する。したがって、われわれの短期的な期待は、必然的に、きわめて不安定なものとなる。非常に不安定な状況のなかでは、ひとびとはそれまでに手にしている権益や（位階《ヒエラルキー》的な）地位を確保しようとするため、そのような不安定性は、深刻な不安感、ひいては暴力を招くことになる。一般に、この過程は、きわめて好ましからざる形態の社会的紛争を起こす傾向があるといってよい。

■一九六八年の世界革命——近代世界システムの危機の起源

この危機はいつ始まったのか。科学の言説において、諸現象の生成というものは、つねにもっとも論争的な主題である。というのも、ほとんどあらゆるものについて、その近い過去に、その先駆者や予兆といったものが見出されうるし、それればかりか、当然ながら、きわめて遠い過去にもそういった先駆者や予兆は見出されうるからである。目下のシステムの危機の始まりの契機として、説得性のあるもののひとつは、一九六八年の世界革命である。この世界革命によって、世界システムのさまざまな構造は、相当に不安定化することになったからである。一九六八年の世界革命は、長く続いた自由主義の優越性の時代の終わりを画することとなり、それによって、世界システムの政治的諸制度を無傷に守ってきたジオカルチュアの枠組みを外してしまうこととなった。このジオカルチュアの枠組みが外れると、資本主義的な世界=経済の基礎がぐらつく。資本主義的な世界=経済は、つねに政治的および文化的な衝撃にさらされてきたが、同時に、それまではつねにある程度保護されてもいたのに対して、いまやその衝撃をもろにかぶることになるからである。

しかしながら、一九六八年の衝撃——これについてはあとで立ち返って述べる——で、システムの危機がすべて説明しつくせるわけではない。そこには、長期にわたって存在してきた構造的趨勢がなければならない。〔一九六八年の衝撃の際に〕その趨勢は、漸近線に近づき始めつつあり、したがってその循環的律動のゆえに、あらゆるシステムが陥ることになる反復的困難を克服することが、もはや不可能となっていたのである。その趨勢がなんなのか、繰り返し起こる困難はなぜもはや容易には解決されえないのかを理解してはじめて、われわれは、一九六八年の衝撃が、なぜ、そしていかに、それまでシステムを統合してきたジオカルチュアの解体を促すことになったのかを理解することができる。

■資本主義的世界=経済のディレンマ

不断の蓄積を求める過程で、資本家は、自己の産品の売価を引き上げ、生産の費用を削減する方法をつねに探し求めている。しかしながら、生産者は、恣意的にどのような水準にでも売価を引き上げることができるわけではない。そこには二つの考慮が制約として働く。ひとつは、競争する他の売り手の存在である。このゆえに、他の売り手の数を減らす寡占の形成がかくも重要なのである。もうひとつは、有効需要――買い手が、総計でいくらのカネを持っているか――の水準と、購買力の限界に起因する消費者の選択行動である。

有効需要の水準は、世界の所得分配に第一に影響される。自明のことながら、個々の買い手がより多くのカネを持てば持つほど、その買い手ひとりひとりが購買しうるものも増える。この単純な事実が、資本家にとって、固有にして持続的なディレンマを生み出す。資本家は、一方では、利潤を可能な限り大きくしたいと考え、したがって自分以外の者（たとえば従業員）へ回る利潤の額を最小化したいと考える。しかし他方で資本家は――たとえすべての資本家がそうではないにしても――生み出された剰余価値の一定の再分配を容認しなくてはならない。さもなければ、生産されたものに対する買い手が、全体として過少になってしまうのが普通だからである。かくして、少なくとも生産者の一部は、有効需要を引き上げるため、実際、間歇的に被雇用者に対する報酬の引き上げを支持することになる。

所与の時点において所与の有効需要の水準があるとすると、消費者の選択行動は、経済学で言うところの需要の弾力性によって決定される。これは、個々の買い手が、自分のカネを、諸々の使途に選択的にふりむける際の価値付けのことを指している。買い手の目から見た購買物は、必需品からまったく任意に選択されるものまで、さまざまである。そういった価値付けは、個人の心理、文化的圧力、生理的必要などの相互作用の帰結である。売り手は――マーケティング(最も広い意味での)は、まさにこの消費者の選択行動に影響を与えることを意図しているものではあるが――この需要の弾力性に対しては、限られた影響力しかもたない。

■生産費用の長期的上昇

売り手にとっての最終的な帰結はこうだ。すなわち、売り手は、(a)競争する売り手が、より安価に販売できる水準、(b)買い手にとって、その生産物を購買するだけのカネがない水準、(c)買い手にとって、その生産物の購買に対してそれだけのカネを割り当てる気にはならない水準、のいずれかを超えるような価格を設定することはできないということである。このように売値の水準には、あらかじめそなわった上限があるので、生産者は通常、資本蓄積に努めるその精力の大半を、生産費用の削減の方法――「生産の効率性」と呼ばれることが多いが――を探すことに費やす。今日の世界システムに起こっていることを理解するためには、なぜ、生産者の努力にもかかわらず、世界全体の生産費用がしだいに上昇してきており、それによって生産費用と可能な販売価格とのあいだの利ざやが縮小してきているのか、その理由を見なくてはならない。言い換えれば、世界規模での平均利潤率の圧縮が進んできていることの理由を理解しなければならないということである。

あらゆる生産者には、三つの主要な生産費用がある。第一に、生産者はその事業体内で働く人員に報酬を与えなければならない。第二に、生産者は生産過程への投入物を購買しなければならない。そして第三に、生産者は、あらゆる政府機関――それらは特定の生産過程に対して課税の権限を持つ――によって課される税金を支払わなければならない。ここでの議論に必要なのは、これら三つの費用それぞれを順に検討し、とりわけ、なにゆえそのそれぞれが、資本主義的世界=経済の長期持続《ロング・デュレ》を通じて着実に上昇し続けてきたのかを見ることである。

■労働力にかかる費用

雇用者は、被雇用者の報酬額をどのように決めるのか。最低水準を定めた法律がある場合はある。またどの時代、どの地域にも、慣習的な賃金の相場というものが（つねに見直しにさらされているとはいえ）あるのもたしかである。基本的に、雇用者はほとんどつねに、被雇用者が望むほどの額を払おうとはしない。生産企業と労働者は、このことについて交渉をおこなう。両者は、この問題をめぐって持続的・反復的に闘争する。どのようなものであれ、そのような交渉ないしは闘争の帰結は、両陣営の強さ——経済的、政治的、文化的——によって決定される。

被雇用者は、その技能が稀少であれば、それを根拠に交渉における強さを増す場合もある。報酬の水準の決定に際しては、つねに需要と供給の関係が要素として作用する。あるいはまた被雇用者は、たがいに団結して、組合行動を行うことで交渉力を高めることもありうる。このことは、生産活動に従事する労働者（熟練技術者および非熟練労働者）だけではなく、管理職（重役層および中間幹部層）にもあてはまる。これは、個々の生産企業の内側の経済的強さの問題であるが、外側にも問題はある。全般的な経済状況——個々の地域および世界全体——は、失業の水準を決定し、それゆえ、個々の生産単位内の両陣営がそれぞれどのていど追い詰められているかということが、報酬の設定にかかわってくるからである。

政治的な強さは、国家機構内の政治的な仕組みや取り決め、労働者の組合組織の強さ、そして一般労働者の要求を抑えるために、雇用者が管理職や中間幹部の支持を確保する必要の程度といった要素の組み合わせから引き出される。そして「文化的強さ」——地域共同体ないしは国民《ネイション》の共同体の社会的慣行——は、それまでの政治的強さの結果であることが普通である。

一般的に、どの生産地域においても、労働者の組合の力は、組織化と教育によって、時とともに増大する傾向がある。そのような組織化の効果を限定的なものとするために、抑圧策が用いられる場合もあるが、それには付随するコスト——より多くの税金が必要になるかもしれないし、幹部層への報酬を増やさねばならないかもしれないし、抑圧のための人員を雇用して、その報酬を負担せねばならないかもしれない——もかかる。もっとも利潤率の高い生産地域——主導産業部門の寡占的企業——に目を向ければ、そのような地域で高い利潤率をあげている企業は、労働者の不満のために生産の時間を失うことを避けたいと考えており、その点で、さらに労働者の力を大きくする要素がさらにひとつ付け加わることになる。結果として、そのような企業においても人件費は、時間とともに上昇する傾向が生ずるが、遅かれ早かれ、その同じ生産単位は、より激しい競争に直面することになり、したがって〔販売〕価格の上昇を抑制する必要が生じて、最後には利潤率も低下しかねない。

■工場の逃避

このように必然的にしのびよってくる人件費の上昇に対して有効な対策はひとつしかない。工場の逃避である。現行の生産費用がもっと低い地域への生産の移転によって、雇用者は、〔単に移転先で〕人件費を削減できるばかりではなく、（その企業がまだ一部留まっている）移転元においても、さらに職が「逃げる」のを恐れて、既存の従業員も報酬の引き下げの受け入れに応ずる可能性が出てくるという点で、政治的な強さを増すことにもなる。もちろん、このことは、雇用者にとってマイナスになる面もある。そうでないなら、生産の立地は、もっと早くに移転していたはずである。まず移転そのものに費用がかかる。そして通常、移転先の地域における取引費用は——最終消費地までの距離の延伸、インフラの低劣さ、「腐敗」の費用の高さなど、要するに被雇用者以外の者に対する隠れた報酬が——もとの立地より高くつくのである。

人件費と取引費用とのあいだのトレード・オフは、循環的なしかたで現れる。取引費用は、経済的の拡張期（コンドラチェフ循環のA局面）において、主要な関心となりやすい。それに対して、人件費は、経済的停滞期（コンドラチェフ循環のB局面）において、主要な関心となる。さらに、そもそも人件費の安い地域というものがなぜ存在するのかということも問わねばならない。その理由は、所与の国ないしは地域における非都市人口の規模に関係している。非都市人口の規模が大きい地域であればどこでも、全面的には賃金経済の内部にいない人間が（場合によっては主として賃金経済の外部にいる人間さえ）多数まとまって存在している。あるいは、農村地域における土地利用の変化によって、その土地を離れることを余儀なくされるひとびともいる。そのようなひとびとにとって、都市地域における賃金雇用の機会は——たとえその賃金が世界規準の人件費をかなり下回るものであったとしても——自分が属する家計世帯《ハウスホールド》の総所得に対する、かなりの積み増しを意味することがふつうである。したがって、そのようなひとびとがその土地の賃金労働力に加わることは、すくなくとも最初は、関係するいずれもにとってプラスになる——雇用者にとっては人件費の削減になり、被雇用者にとっては所得の増大になる——取り決めとなる。またそういった地域においては、非熟練労働者の賃金だけではなく、幹部層の賃金も低い。普通、周辺地域は、物価が安く、生活が不便な地域であり、したがって幹部層の賃金も、中核地域の規準よりも低いのである。

問題は、雇用者と被雇用者の政治的な強さが、絶対的に固定されたものではないということである。両者の力関係は変転する。新規に都市化された被雇用者は、たとえ最初こそ都市生活への適応に困難を抱え、自分たちがもつ潜在的な政治的強さに無自覚であったとしても、そういった無知の状態は永続するものではない。二五年も経てば、それらの被雇用者（ないしはその次の世代）が、新しい状況の現実に適応して、世界規準でみた彼らの報酬水準の低さに気づくようになるのは確実であり、それに対する反応として、彼らの組合活動への参加が始まる。そのとき雇用者の目に映じているのは、最初にその企業が生産活動を移転させることによって逃れようとしたのと同じ状況の再来である。結果として、その後の経済が下降期に入ると、生産者は再度、「工場逃避」の戦術を試みようとするかもしれない。

■世界の脱農村化

しかしながら、時の経過とともに、資本主義的世界＝経済のなかで、この人件費の上昇に対する解決法が実施可能な地域の数は、しだいに少なくなっていく。世界は脱農村化が進んできており、その大部分は、まさにこの生産過程の再配置というやり方による人件費の抑制によって進められてきたのである。二十世紀の後半には、農村地域に居住する世界人口の割合は、劇的に低下した。そして二十一世紀の前半は、残されている、あちこちのまともな農村集積地も消し去られてしまう危険にさらされている。工場の逃避先となる地域がなくなれば、人件費の水準を抑制するまともな手段は、世界規模でなくなってしまう。

■投入物にかかる費用

人件費水準の着実な上昇は、生産者が直面する唯一の問題ではない。さらに投入物の費用の問題がある。ここで「投入物」というのは、機械と生産の原料(いわゆる〔一次〕原料だけではなく、半加工品や最終加工品を含む)の両方を指すものとする。いうまでもなく、生産者は、これらの原料を市場で調達し、したがってそのために支払うべき額が支払われなければならない。しかし、生産者が必ずしも支払わなくともよい隠れた費用が三つ存在する。廃棄物(特に有害廃棄物)の処理費用、一次原料の再生にかかる費用、そしておおくくりに「インフラ」と呼ばれているものにかかる費用である。これらの費用の負担を回避する方法は多岐にわたる。そして、これらの費用を支払わないことが、投入物の費用の抑制にあたっての主要な要素となってきたのである。

■廃棄物の処理

廃棄物処理の費用を最小化する最も主要なやり方は、投棄、すなわち最小限の処置で(あるいはまったくなんの処置もせず）どこか公共の場に廃棄物を置いていくというやり方である。その廃棄物が有害物質である場合は、単に廃棄物がちらかされていくというにとどまらず、生態系への悪影響を帰結することになる。どこかしらの時点で、廃棄物の蓄積や生態系への悪影響の帰結が、社会問題として、ひとびとの認識するところとなり、〔その社会〕全体が、その問題に対処せざるをえなくなる。しかし、蓄積した廃棄物や生態系の悪化は、右に述べた近接地域からの農村地帯の消滅の問題にすこし似通ったところがある。すなわち、生産者はいつでも、〔廃棄物が社会問題となった地域から〕どこか新しい地域に移転して、問題を取り除くことができる。しかしそれは、「まだ汚染されていない」地域が尽きるまでの話である。そして世界規模で、いままさにこの資本主義的な世界=経済に起こっているのは、この「まだ汚染されていない地域」の消滅なのである。廃棄物の処分地が枯渇する可能性が社会問題としてまともに認識されるようになったのは、二十世紀も後半にはいってはじめての話である。

■一次原料の再生

一次原料の再生の問題は、この問題と並行する問題である。一次原料の購買者は、通常、その長期的な入手可能性に関心を払わない。そしてしばしば非難されるように、売り手側も、長期的な存続可能性を短期的な利益に従属させることにためらいなどない。このため、五〇〇年にわたって、次から次へと資源は枯渇していき、そのような資源を入手する費用は上昇していった。この趨勢は、代替的な資源を創り出す技術の前進によっては、部分的にしかくいとめられてこなかった。

廃棄物の処分地の枯渇と天然資源の枯渇という二つの問題は、この社会的な必要に応えるための政府の介入を求める、主だった環境主義の社会運動および（最近の二、三十年では）「緑の党」的な社会運動の主張に入るようになってきた。しかしながら、こういった必要に応えるためにはカネが、それも多額のカネがかかる。そのカネを誰が負担するのか。実質的な可能性は二つしかない。社会全体、すなわち課税によるか、その原料を使用する生産者に負担させるか、である。生産者に求められる負担が高ければ高いほど――経済学的な言葉遣いで言うなら、「費用の内部化」の程度が高まるほど――個々の生産者にとっての生産費用は上昇する。

■インフラ整備

最後に、インフラの問題がある。「インフラ」というのは、生産施設の外部にあって、生産および流通過程の不可欠の一部を成している物理的施設全般、たとえば道路や輸送網、通信ネットワーク、警備システム、水の供給などを指している。これらの費用は莫大であり、しかもその規模はますます大きくなってきている。ここでも、誰がそれを負担するのかが問われる。やはり社会全体、すなわち課税によるか、個々の企業が負担するかであり、個々の企業が負担すれば、〔生産にかかる〕費用は上昇する。注意すべきなのは、インフラが民営化されればされるほど、インフラにかかる費用は個々の企業の負担となるということである（ただし、そのインフラの操業から利益を得る他の企業が出てくることもあるかもしれないし、インフラの費用を負担している企業の商品にその費用が転嫁され、個人がその消費において費用を負担することになるかもしれない）。

生産企業にとって、費用の内部化の圧力は、生産費用の相当の上昇を意味している。その上昇は、時間の経過とともに、技術改良によって可能になる費用の節約分を上回ってしまう。また、ここで言う費用の内部化には、過去に費用の負担をしてこなかったことから生ずるさまざまな損害について司法や立法から課される罰金や課徴金（結果としてこれは企業にとって大きな問題となってきている）が計算に含められていない。

■税負担の費用

時の経過とともに膨らんでいる費用の第三は、税負担である。税は社会組織の基本要素である。過去も、そして将来にも、社会にはなにかしら税があるものである。しかし、誰が、いくらの税を払うのかということは、終わりのない政治的闘争の主題である。近代世界システムにおいては、課税の根拠は二種類である。ひとつは、治安（軍隊および警察）の確保、インフラの建設、公共サーヴィスを提供するための官僚の雇用、そしてもちろん徴税も含むさまざまなことを行う手段を具えた国家機構をととのえるためである。何に対してどのように支払われるべきかということについては、当然、強力で広範な意見の相違があるとはいえ、これらの費用そのものは不可避である。

■世界の民主化

しかしながら、税の根拠にはもうひとつ、もっと歴史の浅い（多少とも意味のある程度のものとなったのは前世紀のことにすぎない）ものがある。それは、政治的な民主化の結果として現れてきた。すなわち、政治的な民主化を通じ、市民は国家に対して、教育、保健、生涯的な所得の保証という三つの主要な便益を要求するようになったのである。これら三つの便益は、市民の権利であると考えられるようになってきたものである。十九世紀に、これらの便益がはじめて供与されたころ、それに費やされた国家の支出は微々たるものであり、しかもごく少数の国でしか実施されていなかった。二十世紀を通じて、〔教育、保健、生涯的な所得の保証の〕三つの領域のいずれにおいても、国家が提供すべきであると期待されるものの定義と、なにがしかそういったものを提供する国家の数とは、着実に増えていった。今日、それらの支出の水準を逆向きに押し下げることは、ほとんど不可能なことのように思われる。

治安、インフラの建設、教育・保健・生涯的な所得の保証における市民の権利としての便益の提供をまかなうための費用の上昇（絶対額のみならず、世界の剰余価値に占める割合としても）の結果として、それらの総費用の一部として生産企業に課せられる税の額も、いたるところで着実に上昇してきた。またその上昇は今後も続くだろう。

■資本主義的世界=経済の限界

このように、三つの生産費用――人件費、投入物、税――は、すべて、過去五〇〇年間にわたって（特に過去五〇年間にわたって）着実に上昇してきたわけである。他方で、売値は、同じペースで上昇しえなかった。いくら有効需要の増加があったといっても、生産者の数が着実に膨らみ、ためにその都度、寡占的状況の維持がくりかえし不可能となったからである。いわゆる「利潤の圧迫」というのは、このことにほかならない。たしかに、生産者は、この状況を逆転させようと、ずっと努力してきたし、現在も努力している。その可能性の限界を理解するには、一九六八年の文化的衝撃に立ち返って考える必要がある。

■最大のA局面――一九四五年以降の世界=経済

一九四五年以降の世界=経済は、近代世界システムの歴史でもっとも規模の大きい生産構造の拡大を迎えた。その結果として、本章で論じてきた構造的趨勢――人件費の増大、投入物の費用の増大、税の増大――は、すべて急速に進んだ。同時に、先に論じた反システム的運動も、その直接的目標――国家組織の権力を獲得する――の実現において、尋常ならざる進歩を遂げていた。世界のあらゆる地域で、それら反システム的運動は、二段階計画の第一段階を達成しているように思われた。中欧から東アジアにいたる広大な北ユーラシア地域（エルベ河から鴨緑江《ヤールー河》まで）は、共産党が支配していた。汎ヨーロッパ世界（西欧、北米、オーストロアジア〔オーストラリア、ニュージーランドおよび近海諸島地域。ウォーラーステインのこの場合での語法では、しばしば日本を含めて用いられる。〕）では、社会民主党（ないしはそれに相当する勢力）が政権についていた（あるいは、すくなくとも互いに政権交代しあう勢力のひとつになっていた）。アジアのその他の地域とアフリカの大半の地域では、民族解放運動が政権をとっていた。そしてラテンアメリカにおいては、ナショナリズム／ポピュリズム運動が支配権を握っていた。

かくして一九四五年以降の時代は、おおきな楽観主義の時代となった。経済的将来は明るいと思われていたし、あらゆる種類の大衆運動は、その目的を達しつつあると思われた。そして、ヴェトナムでは、独立を求めて闘う小国が、覇権《ヘゲモニー》大国であるアメリカ合衆国を食い止めたと見られていた。近代世界システムが、これほど多くのひとびとに、これほど良いものと見られたことはかつてなかった。その感情には、浮かれた興奮をよびおこす効果があったが、同時に多くの点で社会を安定させる大きな効果もあった。

■古い反システム的運動への幻滅

それにもかかわらず、その背後では、まさに政権についたそれらの大衆運動に対する幻滅が広がっていた。二段階方式の第二段階――〔第一段階で獲得した国家権力をもって〕世界を変革するということ――の実現は、実際には、大半の人々が期待したよりもはるかに先のことのように見えたからである。世界システムの全般的な経済的成長にもかかわらず、〔世界システムの〕中核と周辺とのあいだの格差は、かつてないほどに広がっていた。そして、すでに反システム的運動が政権についたにもかかわらず、どの国においても、動員期の大衆参加の強い熱情は、反システム的運動が政権についたからといってなくなってしまうようなものではなかった。一般のひとびとは、いまや、自分たちを代表していると称する政府に対して、戦闘的な要求を掲げないことを請われることになった。未来が現在になったとき、それまで運動の熱心な戦闘的分子であった多くのひとびとは、考えを改めはじめ、最終的にはそれらの運動から袂を分かつことになった。

■国家一般に対する不信——一九六八年の世界革命の帰結

一九六八年の世界革命は、世界システムの作用について長く存在してきた怒りと反システム的運動が世界を変革する能力についての失望とが重なり合って導かれたものである。一九六八年の爆発には、二つの主題が含まれており、その二つの主題は、地域によって文脈こそ違え、ほとんどあらゆる場所で反復された。ひとつは、アメリカ合衆国の覇権《ヘゲモニー》的権力の拒絶である。しかも、これは同時に、アメリカ合衆国の反対勢力とされていたソ連が、実際には、アメリカ合衆国が打ち立てた世界秩序に共謀しているという不満をともなっていた。もうひとつは、伝統的な反システム的運動が、権力についた後、その約束を果たしていないというものであった。これら二つの不満が結びついて——実に広い範囲で繰り返された——ひとつの文化的激震を構成したのである。多くの蜂起は不死鳥のごとくであったが、各地の一九六八年の革命勢力は政権につくことはなかった（あるいは、ついたとしてもあまり長続きしなかった）。しかし、この激震によって、反システム的運動に対してのみならず、それらの運動が強化してきた国家機構に対する幻滅感までもが、正統化され、強められてしまうこととなった。時代が進めば社会は良くなるという長期的な確信が、世界システムは変化しないかもしれないという恐怖に変わってきたのである。

このような世界的な感情の転換によって、現状〔の体制〕は強化されるどころか、実際のところ、資本主義的世界＝経済の下層からの政治的および文化的支持の底が抜けてしまった。抑圧されているひとびとは、もはや歴史が自分たちの味方だという確信をもてなくなり、したがって、自分たちの子供や孫の人生においてその改良が実を結ぶだろうと信じて漸進的な改良に満足することもできなくなった。彼らは、将来の利益の名の下に、現在の不満を先送りにすることに納得できなくなった。要するに、資本主義的世界＝経済の多数の生産者は、被抑圧者の楽観主義というシステムの隠れた主安定装置を失ったのである。そして言うまでもなく、このことは、最悪のタイミングで、すなわち利潤の圧迫が深刻に感じられるようになったまさにそのときに起こったのである。

■自由主義のジオカルチュアの終焉

一九六八年の文化的衝撃は、自由主義的中道――一八四八年の世界革命以来、世界システムにおいて優勢でありつづけてきた――が自動的に支配的立場を占めるような仕組みを解体した。右派と左派は、中道主義的自由主義の〔表面上の〕変種としての役割から解放され、それぞれが、より原理的に重んじている価値を主張（むしろ「再主張」というべきだが）できるようになった。世界システムは、すでに〔システム間〕移行の時代に入っており、右派と左派の双方ともが、その危機から最終的に現れてくる新しいシステム（ひとつのシステムかもしれないし、複数のシステムかもしれない）において、自分たちの主張する価値による支配を確保するべく、このカオス的状況の拡大を利用しようとしている。

■ポスト一九六八年の左派の対応

一九六八年の世界革命の直接の効果は、左派の価値（特に人種と性の領域において）の正統化であるように見えた。人種主義は、近代世界システムの全存在に浸透した特徴のひとつであった。たしかに、その正統性が疑問に付されるようになって、二世紀ほどの時間は経っているが、広範な反人種主義運動――主として支配層に属する自由主義者によって指導されていたかつての反人種主義運動とは異なるものとしての、被抑圧者自身による運動としての反人種主義運動――が、世界の政治の舞台において中心的現象となったのは、一九六八年の世界革命以降のことでしかない。それらの運動は、世界各地における積極的な戦闘性をもつ「マイノリティ」のアイデンティティ運動という形態と、知的言説の中心に巣食う人種主義から派生する問題を論点化するために、知の世界を再構築しようとする努力の形態の両方をとった。

人種主義についての論争と並行して、一九六八年の世界革命にとってのセクシュアリティの中心性を無視することは困難である。ジェンダーに関する政策のことを言うにせよ、性的選好に関する政策のことを言うにせよ、また最終的にはジェンダーを横断するアイデンティティについても、一九六八年の衝撃は、それに先行する半世紀間のゆっくりとしか進んでいなかった性的慣習の変容を一気に最前線に押し出し、世界の社会的場面でそれらの問題を噴出させ、法、慣習的実践、宗教、そして知的言説に莫大な帰結をもたらした。

■ポスト一九六八年の右派の対応

伝統的な反システム的運動は、国家権力と経済構造の問題を第一に強調してきた。それらの問題はいずれも、一九六八年の戦闘的言辞においては、人種とセクシュアリティの問題に言葉が費やされた分、いくらか後退した。これは、世界の右派にとって、まさしく問題を突きつけるものであった。右派にとって、社会文化的問題は、ジオポリティクス上の問題や経済問題ほど容易には対処できない問題だった。というのも、中道的自由主義の立場は、資本主義的世界=経済の基本的な政治的・経済的制度の解体には敵対しても、一九六八年革命（およびそれ以降）の戦闘的活動家たちが主張する社会文化的転換に対しては、背面で支持（それほど戦闘的ではないにせよ）していたからである。結果として、一九六八年革命のあとの〔右派の〕反応は、実際には、分裂したものとなった。すなわち、一方では、秩序を回復して、現れつつある利潤の圧迫という直近の困難になんらかの解決を与える努力をしようとする体制派と、他方に、それよりも基盤は小さいが、はるかに激烈な文化的反革命勢力とのあいだの分裂である。二つの問題系、したがって二つの戦略方針の違いを明確にすることが重要である。

■新自由主義の登場

ここにおいて、世界＝経済が長いコンドラチェフ循環のB局面に入ったため、中道主義勢力と右派勢力とは共闘して、先に述べた三つの生産費用の要素すべてについて、その上昇の傾向を巻き返そうとした。人件費の水準を下げようとし、投入物の費用を再外部化しようし、福祉国家の便益（教育、保健、生涯的な所得の保証）のための税を削減しようとした。この攻勢は、さまざまな多くの形態をとった。中道は、（グローバルな両極化の克服の様式としての）開発主義の主題を放棄し、かわりにグローバリゼーションという主題をもってきた。その主題は、本質的に、財と資本の自由な流通（ただし労働の自由な流通は含まれない）に、あらゆる境界を開くことを求めるものである。イギリスにおけるサッチャー体制とアメリカ合衆国におけるレーガン体制は、この政策の先導役を務めた。それは理論としては「新自由主義」と呼ばれ、政策としては「ワシントン・コンセンサス」と呼ばれた。ダヴォスで開かれた世界経済フォーラムは、この理論の普及の場であった。ＩＭＦ（国際通貨基金）と新たに設立されたＷＴＯ（世界貿易機構）は、ワシントン・コンセンサスの主たる実施機関となった。

■カオスの増大としての世界=経済の金融化

一九七〇年代以降、あらゆる地域（特に「南」の地域と旧共産圏地域）の諸政府が直面した経済的困難によって、古い反システム的運動によって統治されていたそれらの諸国にとって、「構造調整」と境界の解放を求める圧力に抗することは、著しく困難となった。結果として、世界規模での生産費用の上昇に対する巻き返しは、限られた規模で成功したものの、その成功は、そのような政策を推し進めた勢力が望んでいた水準にも、利潤の圧迫を終わらせるに必要な水準にも、はるかに及ばないものであった。こうして資本家は、ますます、生産の領域においてではなく、むしろ金融投機の領域で利潤をあげようとするようになった。そのような金融的操作は、〔そのゲームに参加している〕一部の者たちには、大きな利潤をもたらしうるが、世界=経済はきわめて不安定になり、通貨および雇用の変動の影響を受けやすくなる。実際のところ、それはカオスの増大の徴候なのである。

■徴候としての世界社会フォーラム

世界の政治の領域においては、世界の政治的左派は、選挙を第一次的な目標から外すようになってきており、むしろ「諸運動の運動」——ポルト・アレグレで最初に開催され、その後繰り返し象徴として言及されている世界社会フォーラムが、その具体的な表れだとされている——を組織しようとしはじめている。世界社会フォーラムは、単一の組織体ではない。それは、多様な立場と主張とをもつ諸々の戦闘的活動家たちの交流の場であり、そこに集まる活動家たちの活動は、世界規模ないしは地域《リージョン》規模の集団的示威行動から、地球上の各地でのローカルな組織化まで、多彩である。「もうひとつの世界は可能だ」という彼らのスローガンは、世界システムが構造的な危機にあり、政治的な選択に実質的な意味があるという彼らの感覚を表現している。世界は、多くの前線において、ダヴォス精神とポルト・アレグレ精神とのあいだの闘争に直面する度合いを強めている。

■カオスの増大としてのテロリズム

二〇〇一年九月十一日にニューヨークのツインタワーを襲ったオサマ・ビンラーディンの劇的な攻撃は、世界の政治のさらなるカオス化の徴候と、政治的連帯のありかたの転換点とを画する出来事であった。この出来事によって、〔自由主義的な〕中道とのつながりを切ってしまいたいと考えている右派は、アメリカ合衆国の軍事的強さによる一国主義的主張を中心に、一九六八年の世界革命以降に起こった世界システムの文化的進化（特に人種とセクシュアリティの分野で起こった進化）をまき戻そうとする意図が結びつけられてできあがったプログラムに突き進んでいくことが可能になった。その過程で、一九四五年以降に確立されたジオポリティクス上の諸構造は、彼らの政策を制約するものとみなされるようになり、彼らは、その多くを流動化させようとした。

しかし、そういった努力は、すでに高まっている世界システムの不安定性をますます悪化させる危険をもたらした。

こういったことがらは、世界システムのカオス的状況の経験的記述にほかならない。そのような状況において、われわれは何を期待しうるのだろうか。第一に強調すべきことは、世界システムのあらゆる制度的領域において、激しい揺れが起こることが予期できる――というより、すでに目の当たりにしているわけだが――ということである。世界=経済は、激しい投機の圧力にさらされ、それは、大きな金融機関や、各国の中央銀行のような金融管理当局が制御しうる範囲を超えてしまう。激しい暴力が、さまざまな規模で、相対的に長い期間にわたり、いたるところで発生する。そのような暴力の発生を有効に止めることのできる力をもつ主体は、もはや存在しない。国家によるものにせよ、宗教機関によるものにせよ、それらの力によって伝統的に守られてきた道徳的制約の有効性は、相当に低下しつつある。

■システム間移行の過程と行動の時間的スケール

他方、システムが危機にあるからといって、単純に、システムがこれまでどおりのしかたで機能しつづけようとはしないということにはならない。逆である。これまでの機能のしかたが、長期的趨勢を漸近線に接近させているかぎりにおいて、そのままのシステムが機能しつづけることは、端的に危機の悪化を意味する。それにもかかわらず、慣習にしたがってこれまでどおりに行動しつづけることが、大半のひとびとの行動様式となる可能性は高い。それは短期的には理にかなっているからだ。慣習的な行動様式は、慣れ親しんだ行動様式であり、その短期的な利益は確実性が高い（そうでないなら、そもそもそれが慣習的な行動様式とはなっていないはずである）。まさに〔システムの諸構造の〕揺れが激しくなっているがゆえに、大半のひとびとは、慣習的な行動にしがみつくことで、安全の保障を得ようとするのである。

たしかに、あらゆる立場のひとびとが、中期的には、システムに適応しようとする。いまある問題も、そうすることで緩和されるという主張はあるだろう。それもまたシステムの慣習的パターンのひとつなのだ。それは、大半のひとびとにとって、過去にうまくいったもの、それゆえ再度試みられるべきものとして記憶されているパターンなのである。問題は、〔システムの〕構造的危機においては、そのような中期的適応がほとんど効果をもたないということである。これは、結局のところ、なにをもってシステムの危機の定義とするかということである。

さらに、しばしば見かけとしては中期的な適応のかたちをとりながら、もっと積極的にいまのシステムを別のシステムに変容させようとする道を進もうとする者も出てくる。そういった者たちは、システム間移行期の激しい変化を利用して、そこに生じたシステムの作用様式の大きな変化を特定のかたちに固定化し、そうすることで、分岐《バイファケーション》の〔潜在的な複数の方向のうちから〕特定の一方向に向かう過程を後押ししようとする。この今述べた最後の行動形態こそが、最も大きな帰結をもたらす行動形態である。現在の状況において、そういった行動様式が現れているのは、先に述べた「ダヴォス精神とポルト・アレグレ精神とのあいだの闘争」である。この闘争は、まだ大半のひとびとの関心の中心にはないかもしれない。そして、言うまでもなく、その闘争に積極的にかかわっている者たちの多くは、自分たちの目的を表立って宣言すると、それによって引き起こされてしまうかもしれない反対があるため、そういった反対を避けて、その目的を達成せんがために、闘争の激しさやその闘争に本当は何が賭けられているのかということに関心が向かわないようにしたほうが良いと考えている場合もある。

■自由と平等の等根源性

まさにいま展開しはじめている闘争について言いうることは——しかもその闘争の中心的性格は、ひとつにその帰結の全面的な不確実性であり、いまひとつに闘争の不透明性であるのだから——ほんのこの程度のことでしかない。これは、原理的価値の衝突と捉えることもできよう。さらに言えば、「文明」の衝突とさえ言ってもよいかもしれない（ただし、対立する二つの陣営を、既存の民族《ピープル》、人種、宗教集団、その他の歴史的集団と同一視しない限りにおいてではあるが）。この論争において鍵となる要素は、どのような社会システムであるにせよ（とはいえ、この場合は、まさにわれわれ自身がこれから構築する将来のシステムについてであるが）、その社会システムが、自由と平等——両者はながらく社会組織のあり方について中心的な論点となってきた——という二つの方向のうちのどちらに、どの程度偏ったものとなるのか、ということである。この二つの論点は、近代世界システムにおける社会思想が進んで主張してきたほど別々のものではなく、もっと緊密に結びつきあったものである。

■多数者の自由と少数者の自由

自由（ないしは「民主主義」）という論点は、近代世界においては、あまりにも多くの誇張的言辞に取り囲まれており、時として、その基盤にある真の問題を理解することが困難になることさえある。そこで、多数者の自由と少数者の自由とを区別することが有益かもしれない。多数者の自由とは、集団的な政治的意思決定が、多数者――それは実質的に意志決定過程を支配している可能性のある少数の集団に対立するものとして捉えられる――の選好を実際に反映している程度において測られる。これは、単にいわゆる自由選挙の問題ではない（ただし、常設的で、不正がなく、非閉鎖的な選挙は、民主的組織の要素として十分というにはほど遠いとしても、不可欠であることは疑いない）。多数者の自由は、多数者の積極的な参加を必要とする。そこには、情報へのアクセスが、多数者に開かれていることが必要である。そして、人口の多数の意見を立法機関の多数の意見へと翻訳する手続きが定められる必要がある。近代世界システムにおける既存の国家のなかで、こういった意味で完全に民主的な国家がひとつでもあるかどうかは疑わしい。

少数者の自由は、これとはまったく別の問題である。それは、あらゆる個人ないしは集団が、多数者がその選好を他に押しつけることはいかなるかたちでも正当化されえないあらゆる領域において、自らの選好を追求する権利を持つということを意味している。原則的に、近代世界システムの大半の国家は、こういった多数者の選好を押しつけられない権利に対して、口先ではそれを尊重する態度をとっている。この概念を、単に保護されるべきものとして後ろ向きに捉えるのではなく、多くの多様な立場からなる史的システムの構築への貢献として前向きに捉え、それを称揚するひとびとさえいる。伝統的な反システム的運動は、ここに述べた「多数者の自由」を優先してきた。一九六八年の世界革命は、むしろ「少数者の自由」の拡大を大きく強調した。

たとえ万人がほんとうに自由を支持すると仮定したとしても（無茶な仮定だが）、多数者の自由と少数者の自由とのあいだに引かれる線をどのように決定するか――つまり、どのような領域と問題の場合には、どちらの自由が優先されるのかということ――をめぐっては、巨大で、終わりのない困難が存在する。既存の世界システムを引き継ぐ新しいシステム（ひとつのシステムかもしれないし複数のシステムかもしれない）をめぐる闘争において、根本的な分裂は、両方の自由（つまり多数者の自由と少数者の自由の両方）を拡大しようとする者と、多数者の自由か少数者の自由か、どちらか一方を優先させるかのような見せかけで、実際には自由に価値を置かないシステムを創ろうとしている者とのあいだに生ずるだろう。そのような闘争のなかで、闘争における不透明性の役割が明らかとなってくる。不透明性は〔実際には異なるものの〕混同を招き、それが、自由を制限しようとする者の主張に有利にはたらくのである。

■自由の条件としての平等

平等は、しばしば、自由の概念と対立する概念として提示される。物的な財へのアクセスの相対的平等のことを言う場合は、特にそうである。しかし実際には、それは、同じ一枚のコインの表裏である。有意味な不平等が存在すればするほど、多数者の選好を測る際にすべてのひとびとに平等に賦与されているべき重みというものは、意味をなさなくなってくる。また、少数者の自由も、もしその少数者が、万人の目に平等でないならば――つまり、政治的に平等であるための社会的および経済的平等がないならば――十分に尊重されているとは考えられない。概念としての平等を強調することは、多数者がその自由を実現するのに必要な立場を指し示し、少数者の自由を鼓舞することである。

■新しいシステム

既存のシステムにかわる新しいシステム（ないしは複数のシステム）を構築するにあたって、われわれは、システムにおける地位――能力主義的な規準も含め、その地位の決定のされ方はどうあれ――に応じた特権を与えるような（あるいはそのような特権を許すような）位階《ヒエラルキー》的なシステムをとるのか、相対的に民主的で、相対的に平等主義的なシステムをとるのかの選択をすることになる。いまある世界システムの大きな美点のひとつは、ここに述べてきたような諸々の論争を、どれひとつとして解決してこなかった（まったく！）とはいえ、その論争の可視性は高めてきたということである。五世紀前と比べては言うまでもなく、一世紀前と比べても、今日、世界中のひとびとが、これらの問題に対して、より十全な認識を持っているということには、ほとんど疑問がない。ひとびとは、認識を深めており、自分たちの権利をもとめて闘争する準備も高まっており、権力を有する者が行使する修辞に対する懐疑も深めている。既存のシステムがいかに二極分解的であったとしても、すくなくとも、このことは、プラスの遺産である。

ひとつのシステムから別のシステムへの移行の時代は、大きな闘争の時代であり、大きな不確実性の時代であり、知の構造に対する大きな問いかけの時代である。われわれは、まずもって、なにが起こっているのか、その明晰な理解に努めなければならない。そのうえで、どのような方向に世界が進むことを願うのか、選択を行わなければならない。そして、最後に、その望んで選んだ方向に世界が向かう可能性を高めるために、現在、われわれがいかに行動しうるか、その方法を見出さねばならない。これら三つの課題は、それぞれ、知的課題、道徳的課題、そして政治的課題として捉えることができる。それらは、互いに別のものではあるが、密接に絡み合ったものでもある。これらの課題のうちのどれをとっても、そこから手を引いてしまうことは、誰にもできない。三つの課題すべてに取り組むつもりはないというのは、端的に、隠れた選択を行っているにすぎない。われわれの眼前にある課題は、例外的に困難な課題である。しかしそれは、われわれ——個人としても、総体としても——に対して、創造の可能性を——少なくとも、われわれが総体として有する可能性を、より良く実現しうるなにかを創造することに寄与しうる可能性を——与えてくれてもいるのである。

訳者あとがき

本書は、Immanuel Wallerstein, *World-Systems Analysis : An Introduction* (Duke University Press, 2004)の全訳である。タイトルに示されている通り、ずばり世界システム論の入門書である。(1)

世界システム論は、それ自体として三十年以上の歴史をもち、すでにそれなりに定まった長短功罪の評価もある、いわば一種の古典理論である。大学で歴史学なり社会学なりの学科に一、二年ほど通っていれば、たとえウォーラーステインの書いたものをなにひとつ読んでいなくとも、世界システム論のイメージくらいは誰の頭にも浮かぶといったような意味で、今日では、ある種の常識に近いものといってもよいかもしれない。

ところが、では、いざウォーラーステインの書いたものをなにか読んでみようかというときに、初学者向けに適切な、しかも日本語で読めるものとなると、これまで非常に限られた選択肢しかなかった。もっともよく薦められてきたのは、『史的システムとしての資本主義』であるが、これはもともと一九八〇年代のはじめにハワイ大学で行われた講演をもとにしており(原著の刊行は一九八三年)、一九八九年に刊行された『近代世界システム』第三巻を執筆する過程で生まれた新しい理論的要素（それらは『ポスト・アメリカ』、『脱＝社会科学』、『アフター・リベラリズム』といった、一九九〇年代に刊行された論文集において展開されている）については、当然ながら触れられていない。同書には、一九九五年に増補版も出たが、そこに新たに収められた二論文は、ウォーラーステインによる（ポスト一九八九年的な）世界システムの現状認識を示すものではあるものの、一九八〇年代後半以降の彼の理論展開についての十分な議論は含まれていない。

ウォーラーステイン本人によるもの以外の入門書といえば、英語では、Thomas R. Shannon の *An Introduction to the World-System Perspective*（Westview Press）が、比較的よくできた入門書ではあったが、一九八九年の初版はもとより、一九九六年の第二版も、いささか内容に古さが目立ってきた。日本語では、川北稔編『知の教科書　ウォーラーステイン』（講談社選書メチエ、二〇〇一年）がある。同書は、自分も主な寄稿者のひとりであるので、手前味噌ではあるが、初学者／一般読者にも薦められる、よい入門書である。しかしながら研究者というものは固有の見解をもつものであり、同書に収められた諸章も、ウォーラーステイン理論の忠実な導入というよりは、いまウォーラーステインを読む（あるいはむしろ読み直す）うえで注目すべき論点の敷衍といった性格のほうが強い。また同書は相対的に、歴史を見るパースペクティヴとしての世界システム論に重心がかかっており、現代の世界を理解するうえでのウォーラーステインの立場に関心を寄せる読者には、あまり向いていない。

その他、世界システム論についての基礎的知識をその内容に含む日本語の著作は、探せばいろいろとある。だが、個別の著作としての評価は別として、世界システム論を基礎から学ぶ際の入り口として見た場合、それらのほとんどは、国際関係論、社会学、政治学、経済学、人類学、歴史学といった個別のディシプリンの枠組みを前提として解釈された、世界システム論の部分写像のようなものでしかない。本書（特に第1章）が強調しているように、本来の世界システム論が、そのような個別のディシプリンによる歴史的＝社会的現実の分割を強く批判していることからしても、あまりよい入門を提供しているとは思われない。

要するに、とりわけ冷戦終結このかた、初学者が教科書として用いることのできる世界システム論のテクストは、事実上不在であった。今回、ウォーラーステイン本人が、明示的に初学者を意識して、世界システム論の入門書を書いたことは、この不在を埋める意味において、きわめて喜ばしい。まだまだ旺盛な執筆活動を続けてはいるものの、すでに教育からは引退している彼が、このような作品を世に出したことを、私なりに忖度すると、そこには、本書をもって世界システム論入門の決定版とする意図があるように感じられる。

さて、本書は入門書であるから、内容について、訳者がさらに解説をくわえる余地はない。ただ、本書は、必ずしもウォーラーステインを初めて読む読者だけのためのものでもないので、そういった読者のために、数点、かいつまんで注釈を付しておきたい。

本書を訳していて、内容としてはすでにこれまでのウォーラーステインの著作で論じられていることながら、入門書という体裁をとったために、かえって輪郭がはっきりとした論点が、いくつかあることに気がついた。そのうち最も目を引いたのは、家計世帯《ハウスホールド》に関する議論である。家計世帯《ハウスホールド》とは、賃金、自給自足的生産、小商品生産、地代、移転などさまざまな形態の所得をプールする人間集団の単位である。通常、数人から十人程度で構成され、少なくとも一世代程度の時間的持続を持つ。この概念は、当初、賃金所得がその家計世帯《ハウスホールド》の所得の中核を占めるプロレタリア的家計世帯《ハウスホールド》と、賃金所得以外が所得の中核を占める半《セミ》プロレタリア的家計世帯《ハウスホールド》とを区別し、後者の家計世帯《ハウスホールド》から雇用される賃金労働者の存在が、世界の資本にとっての労働力コストの水準を引き下げる（それによって利潤の水準が維持される）主要な条件のひとつとなっていることを指摘する際に、持ち出されたものである。

その後、この概念は、主にジョアン・スミスらとの共同研究を通じて、肉付けが進んだ。家計世帯《ハウスホールド》は、階級帰属の単位であると同時に、ジェンダー関係の再生産の単位でもあり、かつ（エスニシティや宗教、さらにはセクシュアリティなどによって定義される）身分集団ないしはアイデンティティ帰属の単位でもある。言い換えれば、それは近代世界システムの多元的な闘争の軸が交錯する場なのである。

残念ながら、家計世帯《ハウスホールド》分析についてのジョアン・スミスとの共編著（Joan Smith and Immanuel Wallerstein [co-ord.], *Creating and Transforming Households : The Constraints of the World-Economy*, Cambridge University Press, 1992. 邦訳藤原書店近刊）が未邦訳であるため、期せずして、本書における家計世帯《ハウスホールド》概念に関する記述が、現状では、日本語で読めるもっともコンパクトで、かつ主要な論点を網羅した唯一の解説となっている。すでにウォーラーステインの著作にある程度親しんでいる読者にも、この部分に関しては、新鮮な印象をもたれるだろう。

次に、本書において、これまでになくはっきりと記述されたのは、半周辺概念についてである。この概念は、世界システム論とそれ以前の単純な従属理論とを分離するきわめて重要な概念であるにもかかわらず、その概念としての内包が、よく言えばきわめて多様、悪く言えばいささか不安定で、実際、ウォーラーステインの著作のなかでも（特に七〇年代から八〇年代の前半にかけて）、その意味付けが、しばしば揺れてきた。しかし、本書は入門書としての役割から、安定した最小限の定義を明示的に打ち出しており、この概念につきまとっていた曖昧さが晴れた印象である。

すなわち、まず中核と周辺という概念は、第一次的には、生産過程にかかる形容詞として意味をもつのであって、実体的な空間や、まして特定の国家を直接指示するものではないということ、そして「中核（周辺）地域」や「中核（周辺）国家」という表現は、あくまで、中核的（周辺的）生産過程が集中的に立地している地域や国家という表現の簡略した言い方として許容されるにすぎないことが確認される。そのうえで、半周辺とは、中核的生産過程と周辺的生産過程とが相半ばして立地しているために、特殊な政治的状況におかれる国家を形容する際にのみ意味を持つ概念として定義されなおしている。これは、これまでのこの概念の展開の学説史的過程に照らすと、かなりいろいろな要素がそぎ落とされたミニマムな解釈ではあるが（そぎ落とされた要素は、覇権《ヘゲモニー》や反システム的運動といった別の概念に割り振られている）、おかげで、この概念にかかりすぎていた理論的な負荷はおおむね一掃されたといってよいだろう。

もう一点だけ特筆しておきたいのは、一八四八年の世界革命の意義と、古典的な反システム的運動における連帯の困難についての記述である。

ウォーラーステインにとって、近代世界システムにおける世界革命は、一八四八年と一九六八年の二回きりである。いずれも、それを通じて、反システム的契機が、具体的な運動の形態に現実化した。本書によって、一八四八年の世界革命が、保守主義、自由主義、急進主義の各陣営に、それぞれ戦略上の教訓をもたらし、それらの合流によって、自由主義のプログラムがジオカルチュア化していった過程が、やはりきわめてコンパクトかつ明晰に論じられている。

この一八四八年の世界革命は、まず反システム的運動としての労働者／社会主義運動を析出させた。しかし、これにつづいて、女性運動やナショナリズム運動といった、別の闘争の軸を持つ反システム的運動も現れ、いずれも、自由主義のジオカルチュアのなかで、一定の機能を帯びるようになっていった。本書によって強調されているのは、これらいわば古典的な反システム的運動のあいだの連帯の実質的な不在という論点である。連帯を阻んだ、それぞれの運動の論理を跡付けることで、自由主義のジオカルチュアが課す構造的な制約が逆に浮かび上がる記述になっており、多元的な運動の連帯という今日的課題を考える上でも示唆に富んでいる。

繰り返しになるが、右にとりあげた論点は、決して、本書でまったく初めて論じられたものではない。しかしウォーラーステイン本人が、自らの主張の解釈の幅をミニマムに切り詰めて、コンパクトな記述につとめたことによって、明晰になった論点が増えたことは、初学者のみならず、これまで専門的な世界システム論に取り組んでいる者にとっても、有益なことである。逆にまた、本書で初めて世界システム論に触れ、そこで論じられているさまざまな論点が、背後にどのような議論の振幅をかかえているのか、もう少し踏み込んで読んでみたいという向きには、さしあたりウォーラーステインの『新しい学』（藤原書店、二〇〇一年）が好適であろう。

最後に訳語について、一点だけ説明ないしは釈明をしておかなければならない。それは、capitalist world-economy という語にあてた「資本主義的世界=経済」という訳語についてである。従来、この語は、他の多くの訳者によって「資本主義世界経済」という訳語をあてられてきた。

まず world-economy という語は、単に世界規模の経済的関係や、いわゆる国際経済のことを指しているのではなく、基礎的財について単一の分業によって結び付けられた空間、いわば、それ自体がひとつの世界であるような経済のことを指している（したがって世界=経済は、必ずしも空間的規模において世界的ではなく、むしろ地域的なものであることもある）。私は「世界経済」ではなく、「世界=経済」という表記をとるのは、world-economy という用語のそのような限定的な意味合いを訳語のレベルで明示しておきたいからである。しかし、そのことよりも説明の必要性が高いのは、一見、どうでもよさそうな「的」の一字のほうである。

右に述べたとおり、世界=経済は、基礎的財についての単一の分業によって一体性を持つ空間と定義される。ウォーラーステインは、これまでの著作で、世界=経済の本質的紐帯として、この分業がとる具体的な様式は、論理的には、いろいろな可能性がありうると述べる一方で、歴史上、実際的には、資本主義以外の様式ではありえなかったとも述べている。人類史を通覧して、資本主義のメカニズムを具えない世界=経済は、外部の政治的干渉に対して脆弱であり、そういった世界=帝国の征服事業によって、世界=帝国に併呑されるか、破壊されるか、あるいはそれ自体の内的な発展の結果として世界=帝国に変容するかのいずれかであったというわけである。

ここから、実際の歴史において、少なくとも持続的な世界=経済の例は、資本主義的な世界=経済だけであり、それが近代世界システムの本質であるというウォーラーステインの主張が出てくる。この主張を前提とすると、「世界＝経済」＝「資本主義」＝「近代世界システム」という等式が成り立つことになり、資本主義と世界＝経済とは同義語というよりは、同じひとつの実体であるということになる。「資本主義世界経済」という一語の固有名詞のようなニュアンスをもった従来の訳語の根拠はここにある。

しかしながら、世界＝経済／世界＝帝国の二分法による史的システムの分類には、近年、異論が多い(2)。少なくとも論理的可能性として、資本主義的でない世界＝経済がありうることをウォーラーステインが認めている以上、たとえウォーラーステインによる近代世界システム概念の定式化において、資本主義と世界＝経済とが一体のものであることは認めるとしても、資本主義以外の様式による世界＝経済の可能性を論理的・一般的にあらかじめ排除するような訳語を採用することは、とりわけこれから世界システム論を学ぼうという読者にとって、好ましからざることだと判断し、ほかの様式の世界＝経済もありうるというニュアンスをこめて「資本主義的世界＝経済」の訳語で統一することを原則とした。

くわえて、こうした問題に開いてウォーラーステインによる capitalist world-economy の語の用い方をつぶさに見なおすと、本書においても、むしろ積極的に（ほかの様式による世界＝経済のことではない）資本主義的な世界＝経済という意味合いを読みとるべき箇所があることがわかった。本書は、巻末に用語集が付録されており、翻訳にあたっては、この用語集に挙がっている用語については、全章を通じて同じ訳語をあて、文脈による訳しわけを避けることとしたのであるが、以上のような事情を踏まえ、唯一の例外として、capitalist world-economy の語についてだけは、「資本主義的世界＝経済」という訳語を原則としつつ、場合によっては「資本主義的な世界＝経済」と訳して、世界＝経済概念を資本主義に還元する解釈を留保する立場を明示した。

この訳語の問題からも示唆されることだが、本書は、世界システム論の入門書として、今後定番となることが期待される反面、決して世界システム論の唯一にして決定的な解釈を権威付けるものではない。私としては、むしろ本書が出たことによって、ウォーラーステインの所説から、なにを拾い、何を捨てるか、基本的な論点における立場の異同を明確にして、異なるかたちでの世界システム論を構築するための条件もととのったのではないかと考えている。本書はあくまで、ウォーラーステインが彫琢してきた概念や発想を、精確な理論的文脈において使いこなす土台をつくるために読まれるべきであって、決して無反省に丸呑みされるマニュアルとして読まれるべきではない。グローバリゼーションが進む世界において、巨視的な観点から自らの立場や実践を評価する技法は、決して研究者や一部の専門家にだけ要請されるものではなくなってきている。本書によって、自己の生とグローバルな問題とのあいだの連関をみずから考える契機を読者が得たならば、それこそが、世界システム論入門の本意であろう。

今回また、ウォーラーステインの作品の訳者を任されたことは、私にとっておおいに光栄なことである。信頼をおいて起用してくださる藤原書店の藤原良雄社長には、感謝の一語に尽きる。また今回も編集を担当してくださった刈屋琢氏には、今回も、ひとかたならぬお世話になった。同氏のプロフェッショナリズムがなければ、この訳業はありえなかった。感謝と敬意を捧げたい。そして、いつものことながら、こうしてともかくも一冊の本を訳しおえるまで、実に多くの方々の支えにあずかった。そのすべてのかたがたに深く感謝して、このあとがきの筆を擱く。

西暦二〇〇六年九月

山下範久

注

(1) すでにあちこちでウォーラーステイン本人が書いていることではあるが、ウォーラーステインは、自身の考え方を、なにか確定した固定的な知識体系や研究プログラムのようなものとして受け取られることを本意とはしておらず、そういったニュアンスの出る「世界システム理論 world-system theory」という表現を嫌っている。彼が自身の考え方を表現する際には、「世界システムパースペクティヴ world-systems perspective」、ないしは「世界システム分析 world-systems analysis」という語が用いられるのが通例である。本書のタイトルが、『世界システム分析』となっているのもそのためであり、当然ながら、本書本文の翻訳にあたっても、"world-systems analysis" の語には、一貫して「世界システム分析」という訳語を当てた。

ただ、日本語の「世界システム論」という表現における「論」の語には、(特に「世界システム理論」という表現に比べて) ウォーラーステインが嫌うようなニュアンスがそれほど強いわけではなく、むしろ開かれた多くの可能な「論」のうちのひとつといったニュアンスもあるように思われるため、私個人の立場としては、「世界システム論」という日本語の表現自体は、ウォーラーステインの立場を本質的に傷つけるものではないと考えるにいたっている。すでに日本の学界では「世界システム論」という表現が定着している事実ともあわせて、このあとがきでは、あえて「世界システム分析」という用語を貫くことはしなかった。

(2) この二分法の問題点については、拙著『世界システム論で読む日本』(講談社選書メチエ、二〇〇三年) で詳しく論じた。

人々にとってのモデルであるとするような，あらゆる考え方を指している。

主導産品《リーディング・プロダクト》

これは，所与の時代にいつでも主導産品《リーディング・プロダクト》というものが存在し，その産品が主導的であるという所以は，その産品の利潤率がきわめて高く，相対的に独占されていて，経済に深い影響（いわゆる後方連関〔ある生産活動が他の生産活動に対する需要を高めること〕と前方連関〔ある生産活動が他の生産活動の費用を低下させること〕）を与えるからだと主張する経済学者たちが，最近，用いだした用語である。主導産品《リーディング・プロダクト》は，大きな利潤の場であるため，生産者はつねに，そのような産品の市場の競争に参入しようとする。そして，〔そのことによって〕所与の主導産業は，遅かれ早かれ，その主導性を失うことになる。

流通主義／生産主義

この二つの用語は，世界システム分析を批判する正統派のマルクス主義の内部においてしか意味をなさない。マルクスにとって，生産様式を決定するうえで重要な特徴は，生産のシステムであると主張するマルクス主義者がおり，そういう立場からすると，交易の決定的重要性を強調しようとする議論は，なんでも「流通主義」的だ（「生産主義」的でない）という話になる。そういった考え方がマルクス自身のものなのかどうかについては，かなりの論争があるテーマである。世界システム分析は「流通主義」に分類されうるというのは，世界システム分析の立場からは認められないことである。

長期持続《ロング・デュレ》

社会的時間を参照せよ。

をより強調するものである。

民族運動

民族主義運動（ナショナリズム運動）ないしは，民族解放運動とも言われる。民族運動とは，「民族《ネイション》」の防衛を目的とする運動である。運動の支持者たちは，(1) その民族が植民地化されている，ないしは (2) 自分たちの「民族的」権利（しばしば言語的権利を意味する）が，その国家において無視されている，あるいは (3) みずからの「民族性」を主張する特定のエスニシティ集団に属する人間が，その国家において社会的・経済的に劣位に置かれているといった理由で，自分たちの民族が他の民族に抑圧されていると主張する。民族運動は，しばしば，非抑圧民族の公式な独立——すなわち抑圧者とされる国家からの分離——を目指す。

問題発見〔的技法〕

必ずしも完成した知でなくとも，知にとって有益となるような，探査的な問題解決のあり方。

統一学科性《ユニディシプリナリティ》

この語は，多学科協働性《マルチディシプリナリティ》や学科横断性《トランスディシプリナリティ》とは，明確に区別されるべき用語である。あとの二つの用語は，研究者（単独にせよ複数にせよ）が，二つ以上の個別科学《ディシプリン》の技法を結びつければ，多くの研究がよりうまくいくという，今日ではよく普及した考え方のことを指している。これに対して統一学科性《ユニディシプリナリティ》とは，今日，少なくとも社会科学において，個々の個別科学《ディシプリン》が区別されておかれるべき，十分な知的理由がまったく存在しておらず，むしろすべての研究が，単一の個別科学《ディシプリン》（場合によっては史的社会科学と呼ばれる）の部分だと考えられるべきだという考えを指している。

ヨーロッパ中心主義

これは否定的な用語であり，前提として，汎ヨーロッパ世界の歴史および社会構造の分析から取り出されたパターンを普遍的パターンであるとし，したがって暗黙に，それが汎ヨーロッパ世界以外の世界の

融的優位を結びつけ，そうすることによって，軍事的および文化的指導性をも有するような状況を指す。このように定義すると，ヘゲモニーは，あまり長続きするものではなく，自己解体的なものである。

封建制

この名称は，通常，中世のヨーロッパに広まった史的システムに与えられるものである。それは，社会的義務（たとえば，なんらかの貢納および社会的保護とひきかえに土地の使用が認められる）を交換し合う主従関係の階梯を内部に含む分権的なシステムである。このシステムがヨーロッパにおいてどれくらい続いたのか，また同様のシステムが，ヨーロッパ以外の世界にも存在したのかどうかということについては，相当な学問的論争がある。

法則定立的

個性記述的／法則定立的を参照せよ。

保守主義

フランス革命以来の近代世界システムの三つの基本的なイデオロギーのひとつ。保守主義にはさまざまな形態があるが，支配的な論調はつねに，変化の法制化についての鋭い懐疑と伝統的な権威の源泉が有する叡智の強調とを含んでいる。

身分集団

この語は，マックス・ウェーバーの用語である（もともとのドイツ語は Stände であり，その標準的な英訳は，status-groups である）。ウェーバーの用語は，封建制のシステムからとられたものである。封建制のシステムにおいては，異なる身分ないしは「位階」（貴族，聖職者，平民）のあいだに区別がおかれる。ウェーバーは，この語を拡張して，近代世界における，階級にもとづかない社会的な集団づけ（エスニシティ集団，宗教集団など）の意味で用い，そこにある種の連帯とアイデンティティ形成とがあることを示した。20 世紀後半には，「アイデンティティ」という語が用いられるようになった。それは，多かれ少なかれ，身分集団と同じ意味ではあるが，おそらく，その主観的性格のが存在せず，したがって社会科学の役割は，個別の現象ないしは構造がいかに作用するかを詳しく記述することだという主張である。

プロレタリア／ブルジョワジー

「プロレタリア」という語は，18 世紀末のフランスで用いられはじめたものであり，古代ローマとの類比で，平民を指していた。19 世紀になると，この語は，より限定的に，（都市の）賃金労働者――すでに土地へのアクセスを失っており，したがって所得を雇用に頼るよりほかないひとびと――を指す言葉として用いられるようになった。プロレタリアは，社会運動および急進主義のイデオロギーにとって，近代の**階級闘争**におけるブルジョワジーの社会的敵対者と見なされた。「ブルジョワジー」という語は，11 世紀から使われている。この語は，もともと都市居住者，特に中間的な（貴族よりは下だが，農奴や平民労働者よりも上の）社会的位階を占めるひとびとを指していた。この語は，主として，商人および銀行家の職業と結び付けられて捉えられていた。19 世紀以降，言葉としてのブルジョワジーは，貴族の重要性の低下にともなって，中間的な位階から，最上層の位階を指す言葉にゆっくりと移動した。「中産階級」という言葉が，しばしばブルジョワジーという言葉の代わりに用いられる。ただし，「中産階級」のほうが，より広範囲の人間集団を包含する傾向がある。

ヘゲモニー

この用語は，単に，ある政治状況における指導性（leadership）や優越性（dominance）を意味するものとして，ゆるやかに用いられることが多い。イタリアの共産主義理論家であるアントニオ・グラムシは，マキャヴェリに従って，イデオロギー的および文化的要素――それによって，その政治的指導性が大衆によってなんらかのかたちで正統化される――の重要性を強調した。彼によれば，その過程こそが，エリートによる権力の維持を可能にする上で，決定的に重要なのである。世界システム分析においては，この語は，より狭い意味で用いられる。すなわち，ある国家が，他の強力な国家に対する経済的，政治的，金

部族

この語は，19 世紀の人類学者が，文字使用以前の大半のひとびとが属する単位を記述する言葉として造りだしたものである。この用語は，20 世紀の後半に広範な批判にさらされることになった。批判者たちの議論では，この用語は，〔この用語によって記述される〕ひとびとが織り成すシステムの構成における莫大かつ重大な多様性を不可視化するものである。

二つの文化

C．P．スノーが 1950 年代に発案した用語。この言い回しは，人文学に属するひとびとと自然科学に属するひとびとのあいだに，まったく別個の「文化」――実際には認識論であるが――があることを指している。科学と哲学の分離――「離婚」と言われることもある――は，18 世紀末初めてできあがったものであり，それが再び疑問に付されるようになったのは，20 世紀末のことである。

不等価交換

この語は，1950 年代に，アルギリ・エマニュエルによって，デイヴィッド・リカードの**比較優位**の概念に反駁するために発案された用語である。エマニュエルは，労働費用の低い産品（周辺的産品）が，労働費用の高い産品（中核的産品）と交換される際に，周辺から中核にむかって，剰余価値の移転をともなう，不等価な交換が生じていると主張した。エマニュエルの著作は，かなりの論争を引き起こした。多くの論者は，エマニュエルによる不等価交換の定義や説明は受け入れず，不等価交換の概念だけを受け入れた。

普遍主義／個別主義

この一対の概念は，法則定立的な学者と個性記述的な学者の強調点の差異を反映している（**個性記述的／法則定立的**を参照)。普遍主義とは，普遍的な，つまり時間と空間とを超えて真なる人間行動の一般化は存在するという主張である。個別主義とは，そのような普遍性は存在しないか，あるいは少なくとも，特定の現象に関して有意味なもたのは，この二つの種類の運動がともに決定的な特徴を共有しており，われわれが生きている既存の史的システムに対する強力な——システム自体の転覆を目指すところまで含むような——抵抗を主張する様式において，同じ方向性を表現していると思われるからである。

半周辺

「中核的産品」および「周辺的産品」が存在するというような意味での「半周辺的産品」なるものは存在しない。しかしながら，ある国の生産に占める中核的産品と周辺的産品の割合を計算すれば，両者の割合がかなり均等に配分されている国——つまり中核的産品を周辺地域に輸出し，周辺的産品を中核的地域に輸出する国——がいくつか存在する。ここにおいて，半周辺諸国というものを語ることができる。半周辺諸国は，特殊な政治的立場にあり，世界システムが機能するうえで，固有の役割を果たしている。

比較優位

19 世紀のイギリスの経済学者デイヴィッド・リカードは，たとえある国が，二つの品目〔の両方〕を，別のある国に比べて，低い費用で生産していたとしても，前者の国は，その二つの品目のうちでより低い費用で生産できるほうだけの生産に特化して，もうひとつの品目については，特化して生産した品目との交換で，後者の国との交易によって手に入れるほうが，前者の国にとっても利益になると主張した。これが，比較優位の理論と呼ばれるものである。リカードは，ポルトガルは，たとえイギリスよりも低い費用で織物を生産していても，ワインの生産に特化して，イギリスの織物と交換すべきだという例を挙げて，このことを示した。この理論は，今日において，グローバリゼーションを推進しようとする主張の多くの根拠になっている。

費用の外部化

経済学者の言葉遣いで，生産にかかる費用のある部分が，その生産者によって支払われず，生産者以外の者ないしは社会全体へと「外部化」されるような実行のことを指す。

独占／寡占

独占とは，市場に売り手がひとりしかいない状況である。真の独占というものはきわめてまれである。より普通に生ずるのは，寡占である。寡占においては，市場に少数の（通常きわめて大規模な）売り手しか存在しない。それらの大規模な売り手は，しばしば，共謀して価格を設定し，独占に準ずる状況をつくりだす。独占はもとより，寡占もきわめて高い利潤率をもたらすため，独占／寡占された市場には新しい競争者が参入して価格が低下し，自己解体する傾向がある。

内発的／外発的

この一対の概念は，社会的行動を説明する上で鍵となる変数の出所について用いられ，それが，その社会的行動の単位として定義されるものの内部にあるか，それとも外部にあるかを指す。

認識論

われわれの知は，いかにして知となるか，そしてその知が真であることはいかに確かめられうるかを論ずる哲学思想の分野。

能力主義

家族のコネや，社会的地位，政治的所属などに対して，能力によって，ひとびとをそれぞれその地位につけることを意味する今日の表現。

家計世帯《ハウスホールド》

世界システム分析に特殊な用法としては，一定の長期（たとえば30年程度）にわたって，さまざまな種類の所得を「プール」する複数の人間（通常，3人から10人程度）の集団を指す。新しい構成員が加入することもあるし，古い構成員が死亡することもある。家計世帯《ハウスホールド》は，同居する親族集団であることが多いが，必ずしも親族集団ではなく，また必ずしも同居集団でもない。

反システム的運動

私は，この用語を，19世紀以来用いられてきた二つの概念の両方をカヴァーするものとして発案した。すなわち，社会運動と民族運動のふたつである。私がこの〔二つをひとつの範疇とする〕概念を発案し

という含意を持ってしまう。ハイフンのない“world economy”は，大半のエコノミストが，国家間の貿易関係を言うときに用いる概念〔いわゆる単なる「国際経済」の意〕であって，統合された生産システムのことではない。

世界宗教

この概念は，部族（**部族**を参照）的な宗教組織に対して，広い地域に存在する限られた数の宗教を示す言葉として，19 世紀から用いられ始めた。標準的に世界宗教に数えられる宗教には，少なくとも，キリスト教，ユダヤ教，イスラム教，ヒンズー教，仏教，道教が含まれる。

漸近線

これは，数学の概念であり，有限の空間内において，特定の曲線が接することのない直線のことを指している。最もよく用いられる用法は，縦軸の座標が％で測られる曲線を指す場合である。その場合，100％が漸近線を表している。

知的活動

二つの文化のいずれかの立場をとることを避けて，とにかく学問的ないしは科学的活動を指すときに用いる中立的用語。

中核／周辺

これは，関係的に定義される一対の概念であり，ラウール・プレビッシュと国連ラテンアメリカ経済委員会が世界=経済の**垂直的分業**の表現としてとりあげたのが，その後の普及の始まりとなった。この概念は，生産物について言う概念〔つまり，中核的産品ないしは周辺的産品という言い方で意味を持つ概念〕であるが，しばしば，略式に，そのような産品の生産が支配的となっている国のことを指す言葉として〔つまり（中核的産品を支配的に生産している）中核諸国ないしは（周辺的産品の生産が支配的な）周辺諸国という言い方で〕用いられる。本書の主張するところでは，周辺的〔生産〕過程から中核的〔生産〕過程を分かつ鍵となる要素は，その過程における独占の程度（独占の程度が高いほど利潤率が高い）である。

す。

剰余価値

この用語をめぐっては，分厚い論争の遺産があり，その論争はオカルト的な場合さえある。本書では，生産者によって獲得される（しかし実際には，**不等価交換**の結果として，失われるかもしれない）実質利潤の総額という意味でしか用いていない。

垂直的分業

中核的過程と周辺的過程とを垂直的に結びつける目に見えない軸が存在することで，資本主義的な世界=経済はその特徴を維持しているという主張を表現する際に用いられる用語(**中核／周辺**を参照のこと)。

世界=経済，世界=帝国，世界システム

これらの用語は，相互に連関している。世界システムは，世界自体がシステムだという意味ではなく，ひとつの世界であるようなシステムという意味であって，地球全体よりも小さい地域を占める存在でありうるし，大半の場合実際そうであった。世界システム分析は，われわれがその中で作用しており，その規則がわれわれを制約している社会的現実の単位となるべきものは，大半の場合，そのような世界システムである（それ以外の場合は，かつて地球上に存在したが，すでに消滅した小規模なミニシステムである）と主張する。また世界システム分析は，これまでのところ世界システムには二つの種類，すなわち世界=経済と世界=帝国しか存在してこなかったと主張する。世界=帝国とは，たとえばローマ帝国とか漢代の中国とかのことであるが，単一の政治的中心，単一の垂直的分業，そして多元的な文化を有する，大規模な官僚制構造のことである。世界=経済とは，多元的な政治的中心と多元的な文化を有する，単一の大規模な垂直的分業のことである。英語では，これら三つの概念は，すべてハイフンで二語をつないで表記される（world-economy, world-empire, world-system）が，このハイフンには本質的な意味がある。ハイフンのない“world system”という表記は，世界の歴史において，世界システムがひとつしかなかったと捉える者もあるし，イギリスの自由党は，保守党と労働党の中間を占めると称している。大陸ヨーロッパの多くでは，自由党といえば，経済的な保守主義の立場に立つが，非宗教的な党のことである。自由主義の本質を国家による経済への関与に対する反対と捉える立場もあるが，19 世紀末以来，多くの「自由主義者」は，福祉国家を支持する改良主義の立場を自認してきた。また，自由主義は，個人の自由に対する関心を示し，したがって個人の諸権利を制約する国家の権力を制限しようとするものだと捉える立場もある。混乱に拍車をかけているのは，20 世紀末に，新自由主義という用語が現れたことである。この語は，自由貿易の重要性を強調する保守主義的なイデオロギーを意味することが多い。世界システム分析において言及される三つのイデオロギー（**イデオロギー**を参照）のひとつとしては，自由主義は，その第一義として中道的であり，着実で，（しかし相対的に）ゆっくりとした社会システムの進化，市民権《シティズンシップ》の基礎としての教育の拡充，**能力主義**，公共政策の策定における熟練専門家の役割の優先を支持するものとされる。

周辺

中核／周辺を参照せよ。

主権

16 世紀に広く用いられ始めた国際法上の概念。この語は，国境の内部におけるすべての活動を支配する国家の権利を指す。すなわち，主権とは，中央国家の権威を認めない下位単位の権利と，主権国家の内的機能に対する他のあらゆる国からの干渉の権利の両方を否定するものである。もともと，主権とは，自ら行動する君主ないしは国家元首に属するものであつたが，フランス革命以後，それはしだいに「人民《ピープル》」に属するものとなっていった。

需要の弾力性

経済学者の言葉遣いで，諸個人からなる全体が，ある財を，その価格にかかわらず，それに代替する他の財に優先して購買する程度を指動にくわえて，女性運動，環境主義運動，反グローバリゼーション運動，ゲイおよびレズビアンの権利運動などは，すべて社会運動と呼ばれている。

社会的時間

この概念は，特にフェルナン・ブローデルが好んだものであるが，〔歴史的社会的現実を分析するうえで〕分析者は，異なる社会的現実を反映する異なる時間性に眼を向けるべきだということを示唆するものである。ブローデルは，広く用いられている二つの社会的時間を区別した。すなわち，個性記述的〔人文〕学者が用いる「出来事」の短期的時間と法則定立的社会科学者が用いる「永遠不変」の時間である（**個性記述的／法則定立的**を参照）。彼は，それら二つの社会的時間よりも，別の二つの社会的時間をより基礎的な重要性をもつものと考えて，はるかに好んだ。すなわち，長期的に持続し，持続的な（しかし永遠不変ではない）構造的現実を反映した構造的時間――彼はそれを「長期持続《ロング・デュレ》」と呼んだ――と，所与の構造的時間の枠組みの中で生ずる上昇期と下降期との循環的時間とである。

自由市場

古典的定義によれば，多数の売り手と多数の買い手が存在し，情報が完全で（すなわち，すべての売り手と買い手が価格の変化についてすべて知っており），かつそこでの活動に一切の政治的制約がないような市場を指す。現実の市場にせよ，仮想的な市場にせよ，この定義を満たす市場は，これまでほとんど存在したことがない。

自由主義

自由主義は，言葉としても，現実としても，19 世紀の初めに保守主義に対するものとして現れてきた。当時の語法では，自由主義者とは，「運動の党」であり，保守主義者とは，「秩序の党」であった。「自由主義」という用語は，考えられる範囲でも，きわめて多様な用いられ方をしている。今日，特にアメリカ合衆国では，自由主義者といえば左翼（ないしは，すくなくともニューディール的な民主党員）のこと主義という用語を回避して考えているつもりでも，黙示的にその意図が裏切られて，資本主義の概念が入り込んできてしまう〕とは，フェルナン・ブローデルの言である。私は，「資本主義」を，独自の定義で用いている。すなわち，「無限の資本蓄積が優先されるシステムとして定義される史的システム」という定義である。

資本主義的世界=経済

世界=経済は必然的に資本主義的であらざるをえず，資本主義は世界=経済の枠組みのなかにしか存在しえないというのが本書の主張である。よって近代世界システムは，資本主義的世界=経済である。

市民社会

この語は，19 世紀初頭につくられたものであり，20 世紀の最後の数十年間に，きわめて広範に用いられるようになった。もともとの用法では，この語は，「国家」と対を成すものとして用いられていた。フランスでは，その当時，「法的な国」le pays légal（国家のこと）が「現実の国」le pays réel（市民社会のこと）に対比されていた。このような区別をたてることは，国家の諸制度が社会（われわれすべて）を反映していなければしていないほど，その国家はなんらかの意味で正統性を欠くということを含意している。近年では，もっと狭い意味で，ＮＧＯ（非政府組織）全般を指すものとして用いられている。そこには，国家というものは，強力な「市民社会」が存在していなければ，真に民主的にはなりえないという含意がともなっている。またこの語は──特に本書においてはそうなのだが──狭い意味での経済的制度でも政治的制度でもない諸々の制度全般を指す語としても用いられる。

社会運動

この言葉の起源は 19 世紀にあり，もともとは，労働組合や社会主義政党といった産業労働者の利益を増進させる運動のことを指すものとして用いられていた。時代が下ると，この語はより広い用法で用いられるようになり，組織の構成員の活動に立脚して，教育活動や政治活動を行うあらゆる種類の運動を指すようになった。今日，労働者運た科学的課題への信奉という，より広い意味を帯びるようになった。この用法では，実証主義と法則定立的方法論（**個性記述的／法則定立的**を参照）とは，ほぼ同義語である。しかしながら，経験主義的な歴史家も――たとえ法則定立的な方向は拒否していたとしても――データにかたく依拠していなければならないと主張する点で，しばしば，実証主義者と呼ばれる。

史的社会科学

統一学科性《ユニディシプリナリティ》を参照せよ。

史的（社会）システム

「史的」という言葉と「システム」という言葉とを一語に結びつけたこの用語は，世界システム分析が，あらゆる社会システムが，システム的である（記述可能な持続的特徴を有する）と同時に，歴史的でもある（持続的に進化する生命を有し，一瞬ごとに変化する）ということを強調するために用いる用語である。この逆説的現実は，社会の分析の困難さの原因であるが，その矛盾が，分析の中心にきちんとおかれていれば，その分析の結果は，より実り多く，より現実的である。

資本

資本という用語については，きわめて議論が多い。主流派の用法では，生産活動への投資に用いられている（あるいは用いられうる）資産（富）を指す。そのような資産は，既知のあらゆる社会システムに存在している。マルクスは「資本」という言葉を，本質的に定義せず，関係的に用いており，資本主義のシステムにのみ存在して，労働力を供給するひとびとに対して，生産手段を支配するものとして現れるものという意味で用いている。

資本主義

この語は，マルクス主義を連想させるがゆえに――もっとも，思想史的な観点からすれば，この連想は，せいぜい部分的に正しいにすぎないのだが――学界では評判の悪い用語である。「資本主義は，玄関から放り出せても，裏の窓から戻ってきてしまう」〔明示的には資本

Spaceの頭文字をそれぞれ大文字にしたうえで一語にまとめてあるが，それはあらゆる種類の**社会的時間**には，それに対応する特定の社会的空間というものが存在するという見方を反映しているからである。つまり，社会科学における時間と空間とは，バラバラに存在し，バラバラに測られるものではなく，限られた数の組み合わせに非可塑的に結び付けられたものだと考えられるべきだということである。

システム

字義としては，内部に作用規則を有し，一定の持続性をもつ，なんらかの結びつきをもった全体のことであるが，社会科学においては，記述的用語としての「システム」という語の使用には異論がある。その異論は，特に二つの種類の学者から唱えられる。ひとつは，個性記述的（**個性記述的／法則定立的**を参照）な歴史家であり，彼らは，社会システムなるものは存在しない，あるいは社会システムが存在するとしても，それが歴史的現実の主たる説明になるものではないと考える傾向がある。もうひとつは，社会的行動が，個人的行動の帰結だと考えるひとたち（しばしば方法論的個人主義者と呼ばれる）で，彼らは，「システム」なるものは，そういった個人の行動の総和にすぎないと考えている。社会科学において「システム」という語を用いることは，いわゆる創発特性〔複数の行為者の社会的相互作用によって生じる特性〕が存在すると考えているということを含意する。**史的（社会）科学**も参照せよ。

実証主義

この語は，19世紀のフランスの思想家であるオーギュスト・コントが造ったものである。コントは，自分の仕事を表現する言葉として，「社会学」という語を造った人物でもある。コントにとって，実証主義とは，非神学的，非哲学的な科学的思想（社会分析を含む）を意味するものであり，また近代の精髄であった。実証主義は，物理学（最も限定的に言えば，20世紀の後半まで自然科学においてほぼ異議のなかったニュートン的物理学）に最もよく代表されるような方法を用い

個別主義

普遍主義／個別主義を参照せよ。

コンドラチェフ循環

コンドラチェフ循環とは，資本主義的な世界=経済の拡大と停滞との基本的なサイクルのことである。いわゆるA局面〔拡大期〕とB局面〔停滞期〕とで構成される，ひとつのサイクルは，一般に，50年から60年ほどの長さを持つ。コンドラチェフ循環の存在そのものは，多くの経済学者が異議を唱えるところである。またこの概念を用いる論者のあいだでも，コンドラチェフ循環をどう説明するのか，特にB局面からA局面への上昇をどう説明するのかについては，論争の多いところである。コンドラチェフ循環の名称は，1920年代にこのことについて書いたロシアの経済学者であるニコライ・コンドラチェフの名をとったものである（ただし決して彼が最初にこのことを記述したわけではない)。コンドラチェフ自身は，「長期波動」と呼んでいた。

ジオカルチュア

ジオポリティクスとの類比で造られた造語。この語は，世界システムの内部において正統なものとして広く受け入れられている規範および言説の様式を指している。本書の議論では，ジオカルチュアは，世界システムにその最初から自動的に存在していたものではなく，創り出されなければならなかったものとして論じている。

ジオポリティクス

国家間システムにおける権力の配置と操作を指す19世紀の用語。

＊訳者注記——説明された意味では，一般には「地政学」と訳されるが，本書およびウォーラーステインの著作全体では，世界システム分析の用語として，固有の意味合いを含むため，本書の訳語としてはジオポリティクスという表記で統一した。なお，その固有の意味合いについての詳しい議論は，ウォーラーステイン著，山下範久訳『新しい学』（藤原書店，2001年）所収の拙稿「訳語についてのノート」を参照されたい。

時空

近年になって発案された概念。〔原語では，〕TimeSpace と Time と

個性記述的／法則定立的

この一対の用語は，社会科学をめぐる，いわゆる「方法論争」Methodenstreit——そこには，**二つの文化**への学問の分割が反映されていた——を記述する言葉として，19 世紀末にドイツで創られた。法則定立的な立場の学者は，再現可能で「客観的」（定量的であることが望ましい）方法を主張し，自分たちの仕事を，社会的現実を説明する一般法則を目指すものとみなした。個性記述的な立場の学者は，概して，定質的で物語的なデータを用い，自らを人文主義者であるとみなして，**解釈学**的方法を望ましいと考えた。個性記述的な立場にとって，最も重要な関心は解釈であって，法則ではなく，個性記述的な立場の学者たちは，〔社会的現実を説明する〕法則というものについて，〔たとえ完全に否定しなかったとしても〕せいぜいのところ懐疑的でしかなかった。（付記：個性記述的 idiographic は表意的 ideographic とは異なることに注意。“idio-” という接頭辞は，ギリシア語に由来し，「具体的な」，「個別の」，「それ自身の」という意味を持ち，したがって idiographic という語は，個別的記述ないしはそれに関連するものを意味する。これに対して，“ideo-” という接頭辞はラテン語に由来し，「画像」，「形態」，「観念」という意味を持つもので，したがって ideographic という語は，漢字のような非表音的な書記体系ないしはそれに関連するものを意味する。）

国家

近代世界システムにおいて，国家は，その領土と臣民（今日では市民《シティズン》）に対する主権を主張する一定の境界を有する領域である。今日，世界のすべての陸地（南極をのぞく）は，なんらかの国家の領域のなかにおさまっており，複数の国家の領域に収まっている陸地は存在しない（ただし境界が係争の対象となる場合はある）。国家は，その領域内において，その国家の法に従って，兵器の使用を合法的に独占する権利を求める。

動を指す一般的用語。労働組合は，その顕著な例である。しかし，労働者の組合行動には，ほかにも多くの形態がある。また労働者以外のひとびとも組合行動にたずさわりうる。

グローバリゼーション

この用語は，1980年代に発明されたものである。この語は，通常，近年に生じたばかりの世界=経済の再編成を指すものと考えられており，その再編成においては，財および資本の自由な移動に対して，あらゆる国が国境を開放するように迫る圧力が，普通にはないほど強くなったと考えられている。そしてこれは，技術の発展（特に情報科学の分野での）の結果であると論じられている。またこの語は，記述的概念であると同時に，規範的概念でもある。世界システム分析にとっては，新しいこととして描かれているもの（相対的に開放された国境）は，実際には，近代世界システムの歴史を通じて，循環的に生じてきたことだと捉えられる。

経済主義

これは，批判に用いられる用語であり，その批判の対象となる議論が，社会的現実を説明するうえで，経済的要因に排他的な優先性を与える主張をしていることを示唆するものである。

国民国家

事実上，すべて（ないしは，ほとんどすべて）の近代国家が目指している理想。国民国家においては，すべての人間が，単一の国民《ネイション》に属し，したがって一定の基本的な価値や忠誠心を共有していると言いうることになる。ある国民であるということの中身は，国によって，さまざまに定義される。ほとんどつねに言われるのは，言語の共有である。またしばしば宗教の共有もその中身に含まれる。さらに国民は，機関としての国家の存在以前からある（と普通主張される）歴史的な紐帯を持つとも言われる。こういったことの多くは――すべてではない――神話である。そして純然たる国民国家に本当に近い国家などというものは，ほとんど存在しない（このことを認めるものは少ないが）。

じた分析に対して，社会的行動の意味を，〔その行動の主体の主観に〕移入して解釈することによって分析しうるとする認識論的立場を指す。

外発性

内発性を参照せよ。

寡占

独占を参照せよ。

幹部（層）

本書において，この用語は，社会システムにおける頂点の指揮的立場にも，底辺の諸職務を遂行する大多数にも属さないひとびと全般を指している。幹部（層）は，管理職的機能を果たしており，通常，頂点よりは少ないが，底辺よりは多い報酬を得ている。私の見立てでは，今日，世界の人口の 15 ～ 20 %が，この幹部（層）に属する。

急進主義

自由主義および保守主義とともに，急進主義は，19・20 世紀の第三の大イデオロギーである。急進主義は，進歩的な社会変化が単に不可避なだけではなく，きわめて望ましいものであり，しかもその速度は速いほど良いと考える。また急進主義は，社会変化は，自動的に起こるものではなく，そこから利益を得るひとびとによって促進されなければならないと考える傾向がある。マルクス主義（およびその多くの変種）は，ひとつの急進主義的イデオロギーであるが，決して唯一の急進主義的イデオロギーではない。アナキズムもそのひとつである。20 世紀末においては，急進主義的イデオロギーの称号を求める新しい候補が多数現れている。

近代世界システム

われわれが現在生きている世界システム。その起源は，ヨーロッパおよび両アメリカにおける長い 16 世紀にある。近代世界システムは**資本主義的な世界=経済**である。**世界システム**も参照せよ。

組合行動

ひとびとが集団で共通の利益を守るためにおこすあらゆる種類の活

業灌漑施設の供給・管理の必要を中心として組織された集権的な帝国システムのマルクス的な呼び方である。マルクスにとって鍵となったのは，そのような帝国システムが，「生産様式」――〔システムごとに異なった特徴を持つ〕生産のシステムの組織化のあり方――の遷移によって進む普遍的な進歩の過程の外部にあり，それゆえ，「生産様式」の遷移は普遍的な進歩の過程とは考えられないという点であった。

イデオロギー

通常，特定のものの見方に浸透している一貫した観念群を指す。この語は，中立的にも（「誰にでもイデオロギーはある」），否定的にも（「われわれの科学的ないし学問的分析に対して，彼らはイデオロギー的だ」）用いられうる。この語は，世界システム分析では，もっと狭く，社会的領域において，そこから政治的結論を導き出すための一貫した戦略という意味で用いられる。この意味では，イデオロギーは，フランス革命以降にしか存在しない。というのも，フランス革命以降，政治上の変化の持続的な必要をめぐって一貫した戦略をもつことが必要となったからである。そこに存在するイデオロギーは，保守主義，自由主義，急進主義の三つのみである。

インフラ（インフラストラクチュア）

道路，橋，その他，生産および流通のシステムの基本的な基盤とみなされるような公共建造物のこと。

大きな物語

ポストモダニズムの論者が用いる批判の用語。史的社会システムの全体を説明しようとするあらゆる様式の分析を指す。

階級闘争

資本を支配する者と資本を支配する者に雇用される者とのあいだにおける，近代世界システムに宿存する分裂。

解釈学

本来は，聖書テクストの学問的解釈のことを指す。今日では，より一般的に，たとえば統計学的分析のような「客観的」な知の様式を通

■用語解説

これは，本書で用いられている諸用語の解説である。諸概念の用語解説は辞書ではない。ここに収めた諸用語の大半には，定まった定義というものは存在しない。それらは，まったく当たり前のこととして，異なる諸々の学者たちによって，異なった定義で用いられている。個々の語の用い方は，しばしば，その背後に置かれた異なる前提や理論に左右される。ここに掲げたのは，私の用いる用語と私によるそれらの用い方である。私の用語法のなかには，標準的なものもあるが，他の論者とは，相当異なる用語法をとっているものもある。二つの用語が関係的に定義される一対のものだと私が考えているものについては，一方の用語の語法を，他方の用語との関係で示している場合もある。これらすべての用語は，その大半について，すでに本書の本文中に，明示的ないしは黙示的に定義がしてはある。しかし，読者にとっては，〔この用語解説によって〕手早く正確に意味を調べることができれば，便利ということはあろう。なお，ひとつの項目から別の項目への相互参照は，**太字体**で示した。

＊訳者注記――この用語解説に挙げられている用語については，本書では，全章を通して同じ訳語を充て，文脈に応じた訳し分けは避けた。唯一の例外は，「資本主義的世界=経済」である。この語に関してのみ，本文中では一部「資本主義的な世界=経済」と訳している。その理由については，「訳者あとがき」を参照されたい。なお，各項は五十音順に配列しなおしてあるが，日本語の普通のよみと異なるルビをふった訳語（たとえば「長期持続《ロング・デュレ》」など）については，ルビの読みの順で配列した。

アイデンティティ

身分集団を参照せよ。

アジア的生産様式

この用語は，カール・マルクスによって発案されたものであり，農プリゴジンの考え方を全般にわたって提示した，最も新しく，最も明快な作品である。その本質はタイトルに語られているとおりである。

Joseph Schumpeter, *Business Cycles*, 2 vols.（McGraw Hill, 1939）〔シュムペーター著，金融経済研究所訳『景気循環論』（復刻版）有斐閣，1985年〕は，シュムペーター〔シュンペーター〕の著作のなかで，世界システム分析に最も関連が深い作品である。同書は，長期波動の始まりは十九世紀にではなく，十六世紀にあると主張している。

Adam Smith, *The Wealth of Nations*〔アダム・スミス『国富論』〕。1776年に書かれたこの作品は，しばしば引用されるが，引用されるほどには読まれていない。残念なことである。マルクスは，自分はマルクス主義者ではないと言ったが，スミスもまたスミス主義者でないことはたしかである。

Max Weber, *General Economic History*（Collier, 1966）〔マックス・ウェーバー『一般社会経済史要論』岩波書店，1954年〕は，ウェーバーによる近代世界の歴史的発展の分析を知る最良の資料である。

Eric Wolf, *Europe and the People without History*（University of California Press, 1982）は，近代世界システムにおいて，ヨーロッパに属さないひとびとの歴史と運命とを強調した作品である。

には，ドップ／スウィージー論争が，その他論争に参加した多くの論者の作品とともに，収められている。

Nikolai Kondratieff, *The Long Wave Cycle*（Richardson and Snyder, 1984）では，1920年代の古典的論考が，新しく翻訳されている。

Karl Marx, *Capital*（1859）〔『資本論』〕, *The Communist Manifesto*（1848）〔『共産党宣言』〕。マルクスのこの二つの作品は，おそらく世界システム分析に最も関係が深いものだろう。

William McNeill。ウィリアム・マクニールは，一般に，「世界史」の第一人者だとされており，彼が描く「世界史」は，きわめて長期におよんでさかのぼる人類史の連続性と世界規模でのつながりとをともに強調している。その導入として最適なのは，彼が息子と一緒に書いたJ. R. McNeill, *Human Web : A Bird's-Eye View of World History*（W. W. Norton, 2003）である。

Karl Polanyi, *The Great Transformation*（Rinehart, 1944）〔カール・ポラニー著，吉沢英成ほか訳『大転換』東洋経済新報社，1975年〕は，ポラニー〔ポランニー〕の古典的で，もっとも影響力をもった作品である。同書は，市場社会を（どのような点においてであれ）自然な現象だとみなす考え方を批判している。

Raúl Prebisch。ラウール・プレビッシュは，国連ラテンアメリカ経済委員会の初代事務局長である。彼は，一般に，世界=経済の中核／周辺分析の創始者とみなされている。英語で読めるものはほとんどないが，概観として最適なものは，*Towards a Dynamic Development Policy for Latin America*（UN Economic Commission for Latin America, 1963）〔R・プレビッシュ著，大原美範訳『ラテン・アメリカの開発政策』アジア経済出版会（アジア経済研究所），1969年〕である。スペイン語では，三巻本の著作集 *Obras, 1919-1948* (Fundación Raúl Prebisch, 1991) がある。

Ilya Prigogine, *The End of Certainty: Time, Chaos, and the Laws of Nature*（Free Press, 1997)〔I・プリゴジン『確実性の終焉』みすず書房，1997年〕は，

Perry Anderson, *Lineage of the Absolutist State* (New Left Books, 1974)。近世ヨーロッパ史について書かれた本書は，絶対主義が，いぜんとして封建制の一形態であると主張している。

Anne Bailey and Josep Llobera, eds., *The Asiatic Mode of Production: Science and Politics* (Routledge and Kegan Paul, 1981) は，アジア的生産様式論争への良い入門書である。

Fernand Braudel, *Civilization and Capitalism, 15th to 18th Century*, 3 vols. (Harper and Row, 1981-1984)〔フェルナン・ブローデル著，村上光彦（第一巻・第三巻），山本淳一（第二巻）訳『物質文明・経済・資本主義 15-18 世紀』（全三巻・各巻二分冊）みすず書房，1985 年（第一巻第一・第二分冊），1986 年（第二巻第一分冊），1988 年（第二巻第二分冊），1996 年（第三巻第一分冊），1999 年（第三巻第二分冊）〕。彼の方法論に関する古典的論文 "History and the Social Sciences: The Longue durée"（初出は 1958 年，*Annales ESC*〔『年報——経済・社会・文明』〕誌）には，三つの英訳があり，その質はまちまちであるが，最も良い訳は Peter Burke, ed., *Economy and Society in Early Modern Europe* (Routledge and Kegan Paul, 1972) に収められたものである。

Ludwig Dehio, *The Precarious Balance: Four Centuries of European Power Struggle* (Alfred A. Knopf, 1962)。近代世界システムのジオポリティクスに関する簡潔で重要な概観である。

Frantz Fanon, *The Wretched of the Earth* (Grove, 1968)〔フランツ・ファノン著，鈴木道彦・浦野衣子訳『地に呪われたる者』みすず書房，1996 年（みすずライブラリー版）〕は，民族解放運動による暴力の使用の正当化に大きな意味を持った理論的な作品である。

Otto Hintze, *The Historical Essays of Otto Hintze*, edited by Robert M. Berdahl (Oxford University Press, 1975) は，「国家の自律性」学派〔シーダ・スコチポルら〕の歴史解釈に大きな影響を与えている。

R. J. Holton, ed., *The Transition from Feudalism to Capitalism* (Macmillan, 1985)

Origins of Capitalist Development : A Critique of Neo-Smithian Marxism," *New Left Review* I/104 (July-August 1977) : 25-92 である。同論文の批判は，ポール・スウィージー，アンドレ・グンダー・フランク，そして私に向けられており，モーリス・ドッブ流の生産主義的で，イギリス中心的な正統派マルクス主義を再生させたものになっている。

その後まもなく，私の『近代世界システム』第一巻に対して，「国家の自律性」学派（"state-autonomist" school）から批判的な書評がでた。主なものは二つあり，ひとつは，Theda Skocpol,"Wallerstein's World Capitalist System : A Theoretical and Historical Critique," *American Journal of Sociology* 82, no. 5 (March 1977) : 1075-90，もうひとつは，Aristide Zolberg, "Origins of the Modern World System: A Missing Link," *World Politics* 33, no. 2 (January 1981) : 253-81 である。スコチポルもゾルバーグもともに，オットー・ヒンツェの見方に負う部分があることを認めている。

文化主義的批判は，ずっとある。最も早い時期に出て，かつ最も完成したものは，Stanley Aronowitz, "A Metayheoretical Critique of Immanuel Wallerstein's The Modern World-System," *Theory and Society* 10 (1981) : 503-20 である。

これとはまた違うものとして，世界システム分析がヨーロッパ中心主義を脱しきれていないという第三世界の学者からの批判がある。たとえば，Enrique Dussel, "Beyond Eurocentrism : The World System and the Limits of Modernity" (F. Jameson and M. Miyoshi, eds., *The Cultures of Globalization* 〔Duke University Press, 1998〕, 3-37 所収）を参照のこと。

徹底した実証主義者からの批判は厳しいが，世界システム分析に対する体系的批判として価値があると思われるものはほとんどない。

Ⅳ 関連する作品――世界システム分析以外の大規模な分析の先駆的作品および影響力のある作品

ここでも著者のアルファベット順に列挙し，ひとりの著者につき，その主要作品，一点ないし二点を挙げるにとどめる。

てイマニュエル・ウォーラーステインによる三つの論考が収められている。

Terence K. Hopkins and Immanuel Wallerstein, *World-System Analysis : Theory and Methodology* (Sage, 1982)。本書に収められたホプキンスの諸論考は，世界システム分析の伝統における方法論的論考として重要な位置を占めている。

Peter J. Taylor, *Modernities : A Geohistorical Interpretation* (Polity, 1999)。本書は，近代世界システムのジオカルチュアのパターンを説明している。

以上にくわえて，アメリカ社会学会（American Sociological Association）の世界システムの政治経済学（PEWS）セクションの年次大会があり，毎年，その成果が一冊（ないしはそれ以上）ずつ刊行されている。そのシリーズは，1978 年から 1987 年までは，Sage 社から Political Economy of the World-System Annuals として，1987 年から 2003 年までは，Greenwood 社から Studies in the Political Economy of the World-System として刊行された。2004 年からは，Paradigm Press 社から刊行されている。世界システム分析の流れを汲むものとして，二つの季刊雑誌が刊行されている。ひとつは，*Review*（Journal of the Fernand Braudel Center for the Study of Economies, Historical Systems, and Civilizations）であり，もうひとつはウェブ・ジャーナルの *Journal of World-System Research*（http://jwsr.ucr.edu）である。

最後に，Thomas D. Hall, *World-Systems Reader* (Rowman and Littlefield, 2000) は，16 本の論考を集め，さまざまな論点についての多様な見方が収められている。

Ⅲ　世界システム分析に対する批判

ここでは，世界システム分析を特にとりあげてそのさまざまな欠点を批判している著作だけを挙げた。批判の大半は，単著ではなく，雑誌論文のかたちで刊行されている。

最初期の批判で，最も有名なもののひとつは，Robert Brenner, “The

がある。

Giovanni Arrighi, *The Long Twentieth Century : Money, Power, and the Origins of Our Times*（Verso, 1994）。タイトルは「長い20世紀」とあるが，アリギのこの著作は，13世紀から今日にいたるまでの近代世界システムの発展について，蓄積の長期サイクルを通じて論じたものである。また，Giovanni Arrighi and Beverly Silver with Iftikhar Ahmad et al., *Chaos and Governance in the Modern World System*（University of Minnesota Press, 1999）は，継起するヘゲモニー移行についての比較研究である。

Christopher Chase-Dunn, *Global Formation : Structure of the World-Economy*（Basil Blackwell, 1989）。本書は，資本主義的世界=経済の構造についての理論化である。ほかに，Christopher Chase-Dunn and Thomas D. Hall, *Rise and Demise : Comparing World Systems*（Westview, 1997）があり，同書は多種の世界システムの比較の試みの例として最良である。

Arghiri Emmanuel, *Unequal Exchange : A Study of the Imperialism of Trade*（Monthly Review, 1972）。本書は，国際貿易が相互に利益をもたらすというリカードの理論にたいする反駁である。「不等価交換」の用語および概念は，本書が提起したものである。

Andre Gunder Frank, *World Accumulation, 1492-1789*（Monthly Review, 1978）。フランクのこの著作は，彼の前期の仕事のなかから得られた諸々の知見を，もっとも明快かつ詳細に提示したものである。彼の後期の作品である *ReOrient: Global Economy in the Asian Age*（University of California Press, 1998）〔A・G・フランク著，山下範久訳『リオリエント』藤原書店，2000年〕では，そのラディカルな見直しに取り組み，過去5000年にわたって単一の世界システムが存在してきたこと，そのシステムはだいたいにおいて中国が中心であったこと，そして資本主義という概念には意味がないということを主張している。*Review* 誌（Journal of the Fernand Braudel Center for the Study of Economies, Historical Systems, and Civilizations）第22巻第3号（1999年）に，同書に対する批判として，サミール・アミン，ジョヴァンニ・アリギ，そし

The Decline of American Power (2003)〔山下範久訳『脱商品化の時代』藤原書店, 2004年〕に詳しく論じている。ほかに, テレンス・K・ホプキンスと私がコーディネーターを務めた論文集, Trajectory of the World-System, 1945-2025 (Zed, 1996)〔丸山勝訳『転移する時代』藤原書店, 1999年〕がある。

私の全著作リストは, ウェブサイト上 (http://fbc. binghamton. edu/cv-iw. pdf) で見ることができる。

Ⅱ ウォーラーステイン以外の著者による世界システム分析の著作

ここには, 世界システム分析を用いていることを自認している著者のみをとりあげた。またとりあげた著作は, (特定の状況についての実証分析に対するものという意味で) 分析範囲の広い作品に限っている。なお, 扱いの不公平さをなくすため, 著者名のアルファベット順に列挙した。

Janet Abu-Lughod, *Before European Hegemony : The World-System, A. D. 1250-1350* (Oxford University Press, 1989)〔J. L. アブー=ルゴド著, 佐藤次高・斯波義信・高山博・三浦徹訳『ヨーロッパ覇権以前』(上・下) 岩波書店, 2001年〕。本書は, 拙著『近代世界システム』が描く時代よりも, 早い時代にまでさかのぼって, 近代世界システムの歴史を描こうとしたものである。

Samir Amin, Accumulation on a World Scale : *A Critique of the Theory of Underdevelopemnt* (Monthly Review Press, 1974)〔サミール・アミン著, 野口佑・原田金一郎訳『世界的規模における資本蓄積』(三分冊) 柘植書房, 1979年 (第一分冊, 第二分冊), 1981年 (第三分冊)〕。フランス語で1971年に刊行された本書は, おそらく, 近代資本主義について, 本格的なスケールで世界システム的説明を提示した最も早い作品であろう。世界システムの将来についてのアミンの最近の作品としては, *Obsolescent Capitalism : Contemporary Politics and Global Order* (Zed, 2003)

Press から 1991 年に刊行された初版)〕と *The Uncertainties of Knowledge* (Temple University Press, 2004)〔未邦訳，藤原書店より山下範久訳で刊行予定〕において詳しく論じられている。

第２章から第４章の諸主題は，私の *The Modern World-System*（既刊分は第三巻まで, Academic Press, 1974, 1980, 1989)〔川北稔訳『近代世界システム：農業資本主義と「ヨーロッパ世界経済」の成立』(二分冊）岩波書店，1981 年，川北稔訳『近代世界システム：重商主義と「ヨーロッパ世界経済」の凝集』名古屋大学出版会，1993 年，川北稔訳『近代世界システム：大西洋革命の時代』名古屋大学出版会，1997 年〕および *Historical Capitalism, with Capitalist Civilization*（Verso, 1995)〔川北稔訳『史的システムとしての資本主義』(新版）岩波書店，1997 年〕で論じている。また Cambridge University Press から，私の論文集が三点刊行されている。*The Capitalist World-Economy*（1979)〔藤瀬浩司ほか訳『資本主義世界経済』(二分冊）名古屋大学出版会，1987 年〕，*The Politics of the World-Economy* (1984)〔田中治男ほか訳『世界経済の政治学』同文舘出版，1991 年〕，*Geopolitics and Geoculture*（1991)〔丸山勝訳『ポスト・アメリカ』藤原書店，1991 年〕の三点である。これらより新しい論文集である The *End of the World as We Know It*（University of Minnesota Press, 1999)〔山下範久訳『新しい学』藤原書店，2001 年〕は，世界システム分析の認識論面の諸論点と実体面の諸論点とをつなぐ作品である。

また，特定の主題について論じた本が二点あり，ひとつは，*Antisystemic Movements*（Giovanni Arrighi, Terence K. Hopkins と共著，Verso, 1995)〔太田仁樹訳『反システム運動』(新装版）大村書店，1998 年〕，いまひとつは *Race, Nation, Class*（Etienne Balibar と共著，Verso, 1989)〔若森章孝ほか訳『人種・国民・階級』(新装版）大村書店，1997 年〕である。

最後に，第５章に論じた現在および将来についての分析は，New Press から刊行された以下の〔三つの〕著作，すなわち *After Liberalism*（1995)〔松岡利道訳『アフター・リベラリズム』(新版）藤原書店，2000 年〕，*Utopistics* (1998)〔松岡利道訳『ユートピスティクス』藤原書店，1999 年〕，

■ブックガイド

世界システム分析についてさらに知りたいとお考えの読者のために，以下に四部構成のブックガイドを編んだ。第Ⅰ部は，本書以外の私自身の著作であり，本書の議論がさらに詳しく展開されている。第Ⅱ部は，私以外の著者の手による世界システム分析の著作であり，本書に論じたいくつかの論点について，やや異なった論じ方がされている。第Ⅲ部は，特に世界システム分析を批判した著作である。第Ⅳ部は，世界システム分析の先駆的作品として最も関係の深い著作，特に本書のなかで言及した著者による著作を挙げた。このガイドは，決して完全にすべてを網羅したものを意図してはいない。最初のとっかかりだとお考えいただきたい。

＊訳者注記――ここに挙げられている著作のうち，邦訳のあるものについては，原著のあとに邦訳の書誌情報を付した。邦訳の書誌情報が付されていないものは，未邦訳ないしは，本書の訳者が邦訳の存在を確認していないものである。

Ⅰ　イマニュエル・ウォーラーステインによる著作

世界システム分析の名の下に収められるべき諸々の主題の範囲全体に及ぶ私の論考――初出は1960年から1998年のあいだである――を集め，28 本の論文を収めた選集がある。その選集のタイトルは，*The Essential Walletstein* (New Press, 2000)〔未邦訳，藤原書店より山下範久訳で刊行予定〕である。第1章で論じた諸主題は，私が議長を務めた国際委員会の報告書 *Open the Social Sciences* (Stanford University Press, 1996)〔山田鋭夫訳『社会科学をひらく』藤原書店，1996 年〕，および私自身の著作，*Unthinking Social Science*（第二版，Temple University Press 2001)〔本多健吉・高橋章監訳『脱=社会科学』藤原書店，1993 年（ただし底本は，Cambridge University

ま　行

な　行

は　行

た　行

さ 行

か　行

索　引

索引は，本文，用語解説，ブックガイドから採った。
書名の中の単語は拾っていない。

英数字

あ　行

著者紹介

イマニュエル・ウォーラーステイン

（Immanuel Wallerstein）

1930 ～ 2019。ビンガムトン大学フェルナン・ブローデル経済・史的システム・文明研究センター所長，イェール大学シニア・リサーチ・スカラーを務めた。1994-98 年，国際社会学会会長。1993-95 年には社会科学改革グルベンキアン委員会を主宰，そこで交わされた討論リポートを『社会科学をひらく』（邦訳 1996 年，藤原書店）としてまとめた。世界システムの理論構築の草分けとして知られ，『近代世界システム』全 4 巻の著作は著名。

著書に『ポスト・アメリカ』（1991）『脱=社会科学』（1991）『アフター・リベラリズム』（1995）『転移する時代』（共編著，1996）『ユートピスティクス』（1998）『新しい学』（2001）『時代の転換点に立つ』（2002）『世界を読み解く 2002-3』（2003）『イラクの未来』『脱商品化の時代』（2004）『知の不確実性』（2015，以上邦訳は藤原書店刊）『ヨーロッパ的普遍主義』（2008，明石書店）他。

訳者紹介

山下範久（やました・のりひさ）

1971年大阪府生。ビンガムトン大学社会学部大学院にてウォーラーステインに師事，東京大学大学院総合文化研究科博士課程単位取得退学。北海道大学大学院文学研究科助教授を経て，現在，立命館大学グローバル教養学部教授。専攻・歴史社会学，世界システム論。
著書に『世界システム論で読む日本』（2003，講談社選書メチエ），『現代帝国論』（2008, NHKブックス），編著に『教養としての世界史の学び方』（2019，東洋経済新報社），訳書にフランク『リオリエント』（2000），ウォーラーステイン『新しい学』（2001），ミラン『資本主義の起源と「西洋の勃興」』（2011, 以上藤原書店），ウォーラーステイン『ヨーロッパ的普遍主義』（2008，明石書店），ムーア『生命の網のなかの資本主義』（2021，東洋経済新報社）など。

入門《にゅうもん》・世界《せかい》システム分析《ぶんせき》

2006年10月30日　初版第1刷発行©
2021年12月30日　初版第7刷発行

訳　者　山　下　範　久
発行者　藤　原　良　雄
発行所　株式会社　藤　原　書　店

〒162-0041　東京都新宿区早稲田鶴巻町523
電　話　03（5272）0301
FAX　03（5272）0450
振　替　00160-4-17013
info@fujiwara-shoten.co.jp

印刷・製本　中央精版印刷

落丁本・乱丁本はお取替えいたします
定価はカバーに表示してあります

Printed in Japan
ISBN978-4-89434-538-6

新しい総合科学を創造

脱＝社会科学

〈一九世紀パラダイムの限界〉

I・ウォーラーステイン

本多健吉・高橋章監訳

十九世紀社会科学の創造者マルクスと、二十世紀最高の歴史家ブローデルを総合。新しい、真の総合科学の再構築に向けて、ラディカルに問題提起する話題の野心作。〈来日セミナー〉収録（川勝平太・佐伯啓思他）。

A5上製　四四八頁　五七〇〇円

（一九九三年九月刊）

◇978-4-938661-78-6

UNTHINKING SOCIAL SCIENCE

Immanuel WALLERSTEIN

世界システム論を超える

新しい学

〈21世紀の脱＝社会科学〉

I・ウォーラーステイン

山下範久訳

一九九〇年代の一連の著作で、近代世界システムの終焉を宣告し、それを踏まえた知の構造の徹底批判を行なってきた著者が、人文学／社会科学の分裂を超え、新たな「学」の追究を訴える渾身の書。

A5上製　四六四頁　四八〇〇円

（二〇〇一年三月刊）

◇978-4-89434-223-1

THE END OF THE WORLD AS WE KNOW IT

Immanuel WALLERSTEIN

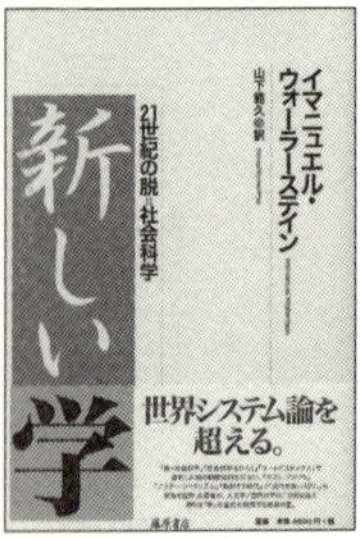

歴史の重要性を強調する新しい社会科学論

知の不確実性

〈「史的社会科学」への誘い〉

I・ウォーラーステイン

山下範久監訳　滝口良・山下範久訳

「人文学」と「科学」への知の分割が限界を迎えた中で、社会科学が果たしうる役割とは何か。近代世界システムの知の刷新を提起した大著『脱＝社会科学』『新しい学』等の著作の最先端に位置し、それらを読み解く手引きとしても最良の一冊。「世界システム論」の提唱者ウォーラーステインの最新作！

四六上製　二八八頁　二八〇〇円

（二〇一五年一〇月刊）

◇978-4-86578-046-8

THE UNCERTAINTIES OF KNOWLEDGE

Immanuel WALLERSTEIN

新社会科学宣言

社会科学をひらく

I・ウォーラーステイン

＋グルベンキアン委員会

山田鋭夫訳／武者小路公秀解説

大学制度と知のあり方の大転換を緊急提言。自然・社会・人文科学の分断をこえて、脱冷戦の世界史的現実に応えうる社会科学の構造変革の方向を、ウォーラーステイン、プリゴジンらが大胆かつ明快に示す話題作。

B6上製　二一六頁　一八〇〇円

（一九九六年一一月刊）

品切◇978-4-89434-051-0

OPEN THE SOCIAL SCIENCES

Immanuel WALLERSTEIN

1989年11月創立　1990年4月創刊

月刊
機
2021
9
No. 354

発行所　株式会社 藤原書店©
〒一六二-〇〇四一　東京都新宿区早稲田鶴巻町五二三
電話　〇三・五二七二・〇三〇一（代）
FAX　〇三・五二七二・〇四五〇
◎本冊子表示の価格は消費税込みの価格です。

編集兼発行人
藤原良雄
頒価 100円

一九九五年二月二七日第三種郵便物認可　二〇二一年九月一五日発行（毎月一回一五日発行）

国際的植物生態学者であり、世界の一七〇〇ヶ所に木を植えてきた巨匠、遂に死去

「いのちの森づくり」に生涯を賭けた男、宮脇昭さんを悼む

宮脇昭氏（1928-2021）

国際的植物生態学者の宮脇昭さんが、七月一六日、九三歳で亡くなった。「いのちの森づくり」に生涯を賭けた宮脇さんは、「本物の森」にこだわり続けられた。それは、次の氷河期が来る九千年先までいのちを守ることができる「潜在自然植生」の森である。日本の殆どの潜在自然植生はシイ、タブノキ、カシ類の森だというが、今は全くといっていい程残されていない。〝人、人、人〟、〝現場、現場、現場〟とこだわり続けられた宮脇さんを、細川元首相をはじめ、ゆかりの深かった三人の方に偲んでいただく。　**編集部**

● 九月号目次 ●

宮脇先生を悼む

公益財団法人　鎮守の森のプロジェクト　理事長
細川護煕

私が最初に宮脇先生にお会いしたのは、熊本県知事の時、「緑の倍増計画」についての指導をお願いしました。それから時がたち、再びお会いしたのは東日本大震災という未曽有の自然災害に襲われた翌年の三月（二〇一二年）でした。震災直後から復興に寄与できることが無いか、広く識者との意見交換をしていた同じ頃、先生は被災地の調査を行い、山積みになった震災瓦礫を前にして「緑の防潮堤」構想を練られていました。この構想を耳にした時、これこそ後世に残すべき事業だと直感し、先生の研究室を訪ねました。

先生はドイツ留学時にチュクセン先生から理論を学んだ植物社会学（植生学）と潜在自然植生の研究を進め、朝日賞を受賞された『日本植生誌』（全一〇巻）に集約されているように、日本の植生の体系化をされました（緑の戸籍簿）。その植生図（特に潜在自然植生図）は、学会並びに自然環境保全・再生に大きな貢献となりました。先生自らの研究成果を踏まえ、地球環境問題が顕在化している国内外において、自然環境の再生、いのちを守る森づくりを先導する社会実践活動も精力的に行っておられました。四千万本植えたとされる国内外の森づくりは、先生の理論・哲学を実践する場でもありました。土地本来の森が持つ、防災・環境保全機能の持続性に着目し、心身共に健全で豊かな人々の生活に繋がるはずであると訴えておられたのです。

学者である先生には「緑の防潮堤」づくりの指導をお願いし、私はその活動の母体となる組織を運営することになりました。最初の組織名は「瓦礫を活かす森の長城プロジェクト」。実際の植樹活動が始動したのは宮城県岩沼市の「千年希望の丘」と福島県南相馬市の「鎮魂復興市民植樹祭」でした。〝現場、現場、現場〟の先生は植樹祭前日には必ず下見をし、植樹リーダーの研修を行い、万全の態勢で植樹祭に望んでおられました。初めて植樹祭に参加した時、私も舞台に上げられ、ポット苗を持たされて木の名前を三度言わされた時は正直言って面喰らいましたが。しかしこれはポット苗という三〇㎝前後の苗木を、子供から老人まで、誰でも植えられる植樹祭形式を考案された、先生の見事な計算に基づいているのだということがすぐ理解できるようになりました。

二〇一五年正月に脳出血で倒れられ、現場に出ることが出来なくなった先生を何度かお見舞いしましたが、森づくりを熱く語られる姿には感動を覚えました。倒れられたときに、『私には三つの願いがある。一つ目はもう一度現場に立つこと。二つ目は新たな本を出版すること。そして三つめは森づくりに関心のある方々の前で講演すること』と言われたそうです。三つ目の講演はかないませんでしたが、講演では『この小さなポット苗が二〇年後に大きなタブノキになった時、枝や葉そして根までの総重量が一 t ならば、どのような計算式を用いても半分の五〇〇kgの二酸化炭素を固定したことになります』と、気候変動の元凶である二酸化炭素を吸収する切り札としての植樹の重要性も熱く語っておられました。

宮脇昭氏（左）、細川護煕氏（右）
2012年5月26日　岩沼市モデルの丘　試験植栽

先生が構想された「緑の防潮堤」は、現在「千年希望の丘」で実証されていますが、まさに一〇kmにわたる「緑の防潮堤」が出来つつあるわけです。この森を造るために参加していただいたのは様々な方々です。幼稚園児から老人会のお爺ちゃんお婆ちゃん。中には誰かの指示でいやいや参加した人もいるかもしれません。初めて苗木を植える人、何回も参加している人もいます。私は子供たちと一緒にポット苗を植えている時、とてもうれしい気分になるし、植えた木が成長して森になるイメージが湧いてきます。この森が、災害からいのちを守って欲しいと強く願います。私の中には千年希望の丘や南相馬市民の森、岩手県山田町の防潮堤のほかに、高知県や三重県、大阪府などで植えた木がイメージの中で成長しています。先生が言われた『心にも木を植える』ということを実感しています。

私たちは今「災害からいのちを守る森づくり」を通して、先生の森づくりにかけた哲学を継続し、全国にこの哲学の実践を広める決意をしています。

先生、どうぞこれからの活動を空の上からお見守り下さい。

心よりご冥福をお祈り申し上げます。

ヨーロッパの植生理論を、「宮脇方式」の森づくりに発展させた人

横浜国立大学名誉教授／植生学　藤原一繪

徹底したフィールド主義

宮脇先生、先生は常日頃、「女性の寿命の可能性は一三〇歳、男性は一二〇歳まで生きます。宮脇はたった八五歳です。あと三〇年間は木を植え続けます」と語ってきましたね。上皇、上皇后にも御進講申し上げてこられただけに、九三歳半ばで旅立たれた時には、どんなに残念だったでしょうか。

弟子たちの誰もが、宮脇先生の方が長生きをして、自分達が看取られると思っていました。けれども、怒濤の勢いで一生を駆け抜けられた先生は、残された者達に後をまかせ、お休みになる時だったのかもしれません。

徹底したフィールド主義を実践し、弟子たちにたたき込んだ先生、粒々の小豆餡のどら焼きと大福が大好物だった先生、食べることがお好きで、朝は三杯のご飯を食べて、昼に弟子たちが空き腹を訴えると、「君達が食べないのがいけないのだ」とさらに元気になり弟子に号令をかけて叱咤勉励する。そして疲れたご自分を奮い立たせられてきた先生。

二〇一七年来固形食が召し上がれなくなり、さらに二〇二一年五月の入院時からはチューブで栄養をとられるようになり、ベッドに横たわったまま。どんなに悲しく残念でしたでしょうか。弟子達は先生が元気になって、秦野にもどられるのを楽しみにしてお待ちしていたのに。

植物がお好きではない宮脇先生から、私は植物を教わりました。「君は踏まれた跡に生育するオオバコも知らないのだね」と嬉しそうに、また半ばあきれていわれたことを思い出します。おかげで、今は世界各地で現地の植物学者と共同で研究を進めています。徹底的にたたき込まれた現地を見る目を駆使しています。

自然と人間の関係へのまなざし

植物が必ずしもお好きではなかった宮脇先生が、何故植物社会学、植生学にのめりこんだのか考えてみました。それは、一つ目に敬愛するテュクセン教授から、自然の理念を徹底的にたたき込まれたこと、それはＮＨＫブックスの『植物と人間』に全て書き込まれましたね。

二つ目には、テュクセン教授（岡山弁ではチュクセン教授）のもとで、世界の一流の研究者と交流できたこと、それは本物の指導者を見る目につながりました。

そして最後に、宮脇先生は勉強家であったこと。シュミットヒューゼンのドイツ語の『植生地理学』の翻訳を行われたことは大変な努力であったと思います。野外調査がないときは、朝から晩まで研究室にこもり、原稿書きを行っていらした。

宮脇先生のドイツ好き。何十回とドイツを往復して、第二次世界大戦後からみてきたドイツでは、下を見たら切りがないですが、上を見ると、素晴らしいもの、長く続くものがたくさんある。宮脇先生の大切なものに、ペリカンのスーベレーンのグリーンストライプの万年筆がありました。大学で忙しくなられてからは、テープ吹き込みの原稿つくりに変わられましたが、手書き原稿の際は、ペリカンの万年筆にいつもたっぷりブルーのインクを含ませ、踊るような字で原稿を書いていられましたね。

そしてドイツ車もやっとアウディを買われ、最後まで乗っていらした。「ドイツ車は高級ということではなく、丈夫で長持ちするんだよ。ベンツはタクシーに使われているくらいだからね」。

“本物”を見極める

“本物”を見極めるということでは、人間も同じでした。トップに立つ方々をしっかりと森づくりに引き込む熱意、情熱、信念でぶつかっていかれた。首相、大臣、会社社長、県知事、市長、係長など。そして、森づくりのリーダーの養成。いくつの森づくり団体が生まれたことか。ネーミングをしていただいたことか。政治から一般市民のリーダー、植樹への参加者まで、この人はという人々の心をしっかりとつかんでしまう宮脇先生のカリスマ性は、日本だけではなくヨーロッパをはじめ、アメリカ、アフリカ、中近東、東南アジアまで世界に広がっています。

ドイツのテュクセン教授の教えである植物社会学の理論、植生調査法、植生図、そして潜在自然植生理論を日本に定着させて、さらに環境の為の宮脇独自の手法の開発、それが農家で培った農業と植生学を合体した「宮脇方式」の森づくりでしたね。「その土地本来の森の苗」を「混ぜる、混ぜる」「いのちの木を植える」、「心にいのちを植える」、たくさんの名言を残した宮脇方式の森は、宮脇先生のいのちをその中に生かし続け、次の氷河時代まで発展していくことでしょう。

秦野でのリハビリから、復活植樹祭へ

御嶽神社　出雲大社相模分祠 分祠長　草山清和

　二〇一七年七月上旬、宮脇昭先生の奥様から、突然自宅に電話をいただきました。「宮脇が秦野の施設に入ることになりました。本人が、秦野には出雲大社相模分祠があるから、と希望しました」とのことでした。二〇一五年正月に脳出血で倒れられたことは聞いておりましたが、まさかと思いました。秦野は、先生のご自宅横浜からは少し遠いので、きっと「いのちの森づくり　ドングリは千年の森をつくる――鎮守の森を世界に」と題して七回の講演と十数回の植樹祭を先生に指導していただいた時の記憶が頭の中で甦ったのだと思います。

　早速、宮脇先生が入られたボンセジュール秦野渋沢に伺い、先生にお目にかかりました。車椅子に乗っておられ、お話しすることも、右手を動かすことも不自由な様子でした。実は、私の母も脳出血で倒れ、後遺症治療で症状が軽減したものですから、先生も必ず回復すると思い、施設に毎日通うことにしました。

　そこで、岡田主治医と相談して、三つの目標を立てました。一つ目は、本の出版。二つ目は、植樹祭を行なう。三つ目は、立ち上がり挨拶をする。

　一つ目の目標は、藤原書店からの本の出版です。すでに『見えないものを見る力』『人類最後の日』は、先生が倒れられる前に校正を済まされていたので、二〇一五年二月に刊行されていましたが、一番大切な宮脇昭自伝『いのちの森づくり』がまだできていません。『日本植生誌』全十巻のダイジェスト版も刊行しなければなりません。

　二つ目の目標は、植樹祭を行ないたいという先生の希望を叶えることです。ボンセジュール秦野渋沢の施設から車で五分以内の所を探し、「いのちの森づくり　宮脇昭復活植樹祭」を行なうことです。

　三つ目の目標は、立ち上がり挨拶をすることです。そのためには、先生のいやがる機能訓練に、自ら率先して取り組んでいただく機能訓練計画書の作成です。

　先生にこの三つの目標をお話しすると、みるみる目が輝き、一ヶ月後には、藤原社長とすぐにお会いしたい、植樹祭は、いつ、どこで、何本植えるかと、倒れる前と変わらぬ先生になっておられました。

藤原社長のお力添えにより、宮脇昭自伝『いのちの森づくり』は二〇一九年九月に刊行することができました。

そして二〇一九年四月十四日、宮脇昭復活植樹祭で、四〇〇名参加により三〇〇〇本の植樹を行ないました。この時、アキラ・ミヤワキは見事に立ち上がり、挨拶と植樹指導を行ないました。

しかし、まだ『日本植生誌』全十巻ダイジェスト版は刊行できていません。「いのちの森づくり二〇二〇」、四年に一度のオリパラで、世界中の人が木を植える活動を拡めることは、志半ばです。宮脇昭が立ち上がり講演することはできなくなりました。

宮脇先生は、一人ひとりの心に木を植え、森をつくりました。これからは私達が、アキラ・ミヤワキの「いのちの森づくり」を世界中に拡めていかなければなりません。

●宮脇 昭（1928-2021）
1928年岡山生。広島文理科大学生物学科卒業。理学博士。ドイツ国立植生図研究所研究員、横浜国立大学教授、国際生態学会会長等を経て、現在、横浜国立大学名誉教授、公益財団法人地球環境戦略研究機関国際生態学センター名誉センター長。独ゲッティンゲン大学名誉理学博士、独ザールランド大学名誉哲学博士、タイ国立メージョウ農工大学名誉農学博士、独ハノーバー大学名誉理学博士、マレーシア農科大学名誉林学博士。紫綬褒章、勲二等瑞宝章、第15回ブループラネット賞（地球環境国際賞）、1990年度朝日賞、日経地球環境技術大賞、ゴールデンブルーメ賞（ドイツ）、チュクセン賞（ドイツ）、後藤新平賞（2015年）等を受賞。第5回「KYOTO地球環境の殿堂」入り（2013年）。
著書に『日本植生誌』全10巻（至文堂）『植物と人間――生物社会のバランス』（NHKブックス、毎日出版文化賞）『「森の長城」が日本を救う！』（河出書房新社）『森の力』（講談社現代新書）『見えないものを見る力』『人類最後の日』『東京に「いのちの森」を！』『いのちの森づくり』（藤原書店）など多数。

今、あなたの心の中に、青空はありますか？　「生きる希望」の本。

「かもじや」のよしこちゃん
——忘れられた戦後浅草界隈——

西舘好子

子ども時代とはなんだろう

戦後を乗り越えた私たちは、むろん、その努力や才覚のお陰で時代を乗り切ってきた。働き蜂となって経済を立て直し、繁栄を誇れる国となり、物心ともに豊かさを享受するまでになったはずが、いつの間にか、人の欲、得、金のあるなしなどに振りまわされるようになった気がする。落とし穴というのは、いつも満足した後に掘られているものなのかもしれない。

高度成長からバブルの到達点に達した後に、私たちはとんでもない罠にはまっていたのではないだろうか。なにか大きな忘れ物をしている。欲望は際限なく広がり、物や金が人間の評価の対象となるあたりから、世相も家庭も人間関係もゆがんできた。犯罪や虐待が日常になり、自殺や孤独死が取りざたされる毎日。大きな忘れ物は、人が人に伝えていく心だった。

あの敗戦後の貧しさや辛さを二度と味わいたくはないはずなのに、なぜかあの頃の記憶が宝石のようにきらきら輝く。家族がいて、友だちがいて、地域があって、ぬくもりに満たされていた。そこには、「人という宝物」を伝えようとしていた〝生活〟があったのではないだろうか。

繁栄の中で育った大人としての自責の念が加味されて、今の子どもたちに恥ずかしさを感じることがある。なにあろう、金と繁栄を追いかけていたのは私たち大人なのだ。子どもはいつも環境に適応し、強靭な精神が培われるほどしなやかなのだ。その心を持ちつづけるのはたやすいことではないが、せめて、その子ども時代がセピア色に輝く時、穏やかで溌剌とした青春の思い出につながっていてほしいと願わずにはいられない。

かつての私がそうであったように、必死な生きざまを見せてくれた人びとと、それを許容し温存した下町の風土は、私の心の中から消そうにも消せない。甘くてほろ苦い懐かしさは、今も薄まることがない。子ども時代の思い出は、私の人生の序曲だ。

　そしていつも思う。最も幸せであるべき「子ども時代」とはなんだろう。それは、いつまでも取り出せる宝物を作ってくれた、多くの人たちの人生のノートに出会うことではないだろうか。人は子ども時代に生きざまを学び、盗み、傷つきながら生かす知恵を授かる。堂々と受け取ればいい。その中から「幸せ」というエキスを取り出していけばいいのだ。

　私が子ども時代に出会ったすべての「生きた教師」をみんなに自慢したくて、この本を書く気になった。伝え、伝えられることで、私たちの命は限りなくつながっていくのだから。

よしこちゃん（中央）

子ども時代こそ自由でありたい

　街を歩いていても、旅の景色の中にいても、かつてその中に私はいた、という懐かしい感傷に襲われる。時の穴がぱっくり足下に深く掘られているような、そこに映る過去という時間と現在が確実につながれているといった感じ、記憶の錯覚だろうか。しかし、それは決して不快なものではなく、また、不気味なものでもない。時の穴に入れば、すんなり過去の自分を見つけ、すんなりその世界でも生きられる気がしている。おまけにその背景が、いつも真っ青なトルコブルーの空という設定となっているのだ。

　「あの青空が、私の子ども時代だった」ということに、気が遠くなる恍惚感さえある。青空は一点の曇りもなく上に広がり、それはそのまま、太平洋の海につながれていく。

　子ども時代こそ、自由でありたい。なぜか、私はそう確信する。無心に、好奇心いっぱいの心を育ててくれたのは、紛れもないこの青空だった。やがてその舞台に多くの人が現れる。父や母、祖父や祖母、姉妹や近所の人、友人たち。とりわけ、私を「人らしく」教え導いてくれた先生たちを忘れることはできない。

（「プロローグ」「あとがき」より／構成・編集部）

（にしだて・よしこ／日本らばい協会理事長）

国家はどうあるべきか、政治はどうあるべきか?

後藤新平の「国家とは何か」

『道徳国家と政治倫理』

編＝解説 楠木賢道

政治思想の総決算、最晩年の書

明治、大正、昭和初期に活躍し、大きな足跡を残した政治家である後藤新平は、最晩年に本書を刊行した。

この本を出版する四年前、首都東京は未曽有の大震災に襲われ、首都機能は麻痺した。その大震災の復興に、内務大臣、復興院総裁として八面六臂の活躍をするも、年末、虎ノ門事件で内閣は総辞職となり、後藤も下野することになる。

後藤が本書を記す直前は、後に大正デモクラシーと呼ばれることになる時代であった。ただ後藤自身は累積する内憂外患を鋭く察知し、大正十三(一九二四)年三月、東北帝国大学で『国難来』という講演を行い警鐘を鳴らし、同名の講演録(現代語訳、藤原書店)を刊行した。

翌年三月には、二十五歳以上の成年男子という限定ではあるが、いわゆる普通選挙法が成立し、つぎに衆議院が解散されれば、第一回普通選挙が行われるという状況になった。ただ、政党政治の実態は実に心もとなく、数は力なりとばかりに選挙買収が横行し、政権与党は警察組織を使って選挙干渉した。また政治は結果であるといい、手段を選ばない政治手法が横行した。そして議会内外では与野党がスキャンダルを暴きあっていた。現実の政治には閉塞感が漂っていたのである。

後藤は大正十五(一九二六)年二月、脳溢血の最初の発作に襲われてしまう。残りの命を燃やして、後藤は政治の倫理化運動を推進することを決意する。

同年四月に東京市青山会館の四千名を超える講演を皮切りに、全国をくまなく遊説した。青山会館での講演録『政治の倫理化』(現代語訳、藤原書店)はミリオンセラーとなった。しかし昭和二年八月には二度目の脳溢血の発作に襲われた。この休養期間中に執筆したのが、本書である。

国家とは、政治とは

そして執筆も佳境に達した十月初旬に、後藤は時の首相・田中義一からソ連を訪

▲後藤新平（1857–1929）

問し、スターリンら要人と会談し、支那問題、拓殖問題、漁業問題についての交渉を依頼される。対ロ・対ソ外交を生涯の政治的責務と考えていた後藤には、この依頼を断る理由はなかったし、後藤は健康状態から最後の訪ソになることを自覚していた。このため本書の執筆日程は切迫し、僅か数カ月の仕事となった。

本書を刊行したのは、訪ソに向けて東京を出発した翌日の十二月六日であった。後藤は、「政治の倫理化」運動を理論的に総括した本書を、第一回普通選挙までに国民に示さなければならないと念じていたのである。

本書は書き下ろしの学術思想書といってもよく、やや手強い内容となっている。そして、西洋哲学と東洋思想の核心部に踏み込み、これほど深く考え抜いて論じた書は、これまでなかったのではないか。後藤は、渾身の力をこめて、**国家はどうあるべきか、政治はどうあるべきか**を論じている。したがって本書は、後藤の政治思想の全容を知ることができる極めて重要な著作である。

国家は道徳を基盤としなければならず、政治は倫理的に許される手段によりなされなければならない。もし倫理的に認められない手段を許容すれば、政治は必ず腐敗し、国家は衰亡・破滅に陥る。

ひるがえって令和の政治状況をみると、後藤の時代とよく似た閉塞感が漂っている。いかに批判されようとも、政治家は政策より政局を重視し、権力闘争に身を投じている。これは、我々国民が政治家の非倫理的手法を容認してきた結果ともいえよう。状況は、後藤新平が政党政治の惨状に警鐘を鳴らし続けた百年近く前と、さほど違いはないのである。

いまこそ我々は、後藤新平の遺言ともいうべき本書を味読し、国家と道徳の関係について、今一度、真剣に考える必要があるように思う。国家に求められる道徳、政治に求められる倫理をひとりよがりなものにしないためにも、必要な作業である。これは決して青臭い議論ではないと思う。

（本書「編者はしがき」より）

（くすのき・よしみち／吉林師範大学教授）

国家とは何か［現代語訳］
後藤新平
楠木賢道 編＝解説
四六変上製　二〇八頁　二七五〇円

パリから観たこの激動の三十年、現代「世界史」が生まれる瞬間の鮮烈なドキュメント！

パリ日記――特派員が見た現代史記録 1990-2021

ボーン・上田記念国際記者賞受賞　山口昌子

世界が激動した三〇年の記録

今、想い起こすと、二十世紀最後の一〇年間と二十一世紀初頭からの約二〇年間は、フランスはもとよりヨーロッパは文字通り、激動の時代だったと言える。赴任当時、欧州はフランス、ドイツ、英国など一二カ国が加盟する欧州共同体（EC）だった。それが欧州連合条約（マーストリヒト条約、調印一九九一年、発効九二年）を経て、欧州連合（EU）となり、欧州統合という途方もない夢に向かって順調にまい進しているかにみえたが、旧ワルシャワ条約機構国一〇カ国の加盟により、東方へと拡大し、二八カ国の大所帯になるに及んで、種々の問題が噴出した。

英国のEU離脱は、共通農業政策（CAP）での英国の突出した不協和音や、欧州統合の象徴である欧州単一通貨ユーロやシェンゲン協定には非加盟という特殊な地位によって、絶えず予兆として低音で奏でられていたとはいえ、想定外でもあった。フランスにとって英国は、泳いでも渡れる英仏海峡を挟んでの隣国である。ナポレオン以来の夢だった英仏を繋げるトンネルも完成して久しいだけに、フランス人にとって英国抜きのEUはちょっと寂しいはずだ。

ヨーロッパはこの時期、ベルリンの壁崩壊（一九八九年十一月）とその延長線上の冷戦の終結、共産主義ソ連の瓦解と米国をはじめとする西側民主主義の勝利という歴史の曲がり角に直面していた。冷戦は米国とソ連の戦いだったが、主要舞台はヨーロッパだった。しかも、その後も冷戦の〝戦火〟は燻り続け、それは地域紛争、少数民族紛争となって噴出した。フランスは湾岸戦争（参戦前提の政府宣言を臨時上下議会で可決したのは第二次世界大戦以来初）に続いて、ボスニア紛争、コソボ空爆、アフガニスタン戦争に国連平和維持軍、多国籍軍として多数を派兵、多数の戦死者と重軽傷者を出した。サラエボはパリから空路二時間の〝隣国〟であるという自明の理に気づいたのは、パリに赴任後だった。

少数民族問題は現在も、中国・新疆ウイグル自治区への迫害となって続いている。人権尊重、言論の自由重視を民主主義の第一義とする米欧と中国との〝冷戦〟の再来とも指摘されている。一九六四年に共産中国を西側大国として最初に承認したフランスと中国との関係は、特に興味深い。天安門事件、経済大国中国、コロナ禍と、この約三〇年のフランスの対中外交の変遷は、日中関係との比較の上でも見逃せないと思う。

こうしたヨーロッパの激動の時期に新聞社の特派員として、次いでフリーのジャーナリストとして現場に立ち会うことができたことを、僥倖といわずに何と言おう。しかも、そのヨーロッパに一千年、曲がりなりにも大国として存在し、中心的役割を果たしてきたフランスから眺望できたのだから。

▲山口昌子氏（シラク大統領と）

フランスから見えるもの

米ジャーナリスト、ウィリアム・シャイラー（一九〇四～九三年。名著『ベルリン日記 1934-40』『フランス第三共和制の興亡』など）はパリ特派員時代を振り返って、こう総括した。「フランスは一つの国であるだけでなく、一つの理念、一つの文明、一つの生き方である」。まったく同感である。そのフランスの首都パリでの生活の日々を、この日記を通して読者にほんの一端でも伝えることが、もし、できたとしたら、望外の喜びである。

最後に本書の構成を記しておきたい。

Ⅰ ミッテランの時代 1990.5-1995.4
Ⅱ シラクの時代1 1995.5-2002.5
Ⅲ シラクの時代2 2002.5-2007.5
Ⅳ サルコジの時代 2007.5-2012.5
Ⅴ オランド、マクロンの時代 2012.5-2021.5

第Ⅳ巻までは、産経新聞社パリ支局長として赴任した一九九〇年五月から二〇一一年九月に定年退社するまでの日々を追う特派員日記だが、第Ⅴ巻は、引き続きパリでフリーのジャーナリストとして取材した内容を、オランド、マクロン両大統領をはじめ、欧州を揺るがした大事件――テロや移民、英国の欧州連合（EU）離脱問題を含めた欧州統合の行方、環境やコロナ禍などテーマ別に記した。

（本書「序」より）

第Ⅰ巻　ミッテランの時代

第Ⅰ巻は、パリに赴任した一九九〇年五月三十日からフランソワ・ミッテランが二期一四年の大統領職を離任する直前の一九九五年四月までの五年間にわたる公私の特派員日記である。

この時代は、主人公ともいうべきフランソワ・ミッテランというミステリアスかつ伝統的かつ典型的なフランス人が主要な取材対象だったことも、「フランス」を知る上で幸いした。「スフィンクス」とあだ名され、「十九世紀の小説の登場人物」（モーリヤック）とも評された謎に満ちたロマネスクな性向が、この劇的な時代にさらに彩りを添えていた。

シャルル・ドゴール（一八九〇〜一九七〇年）が制定した第五共和制（一九五八年発足）の四代目大統領にして、初の社会党出身者だが、「はたして社会主義者なのか」という疑義はついて回った。第四共和制で内相など重職を歴任し、ヴィシー政府との関係にも絶えず疑問符が付けられていた。

激動の長期政権、最後の五年間

一九九〇年八月に勃発した湾岸危機、そして湾岸戦争（一九九一年一〜三月）では難しいかじ取りを迫られたが、フランスと歴史的、政治的、経済的、軍事的、文化的に深い関係のある中東との連携と和平工作を探りながら、結局、米国が指揮する多国籍軍に加わり、参戦した。その理由としてこう言い放った——「フランスの地位を堅持し、国連常任理事国としての責務を果たす」。このドゴール的なセリフはフランス国民に大受けして、各種世論調査の支持率は軒並み任期中最高の六〇％以上を記録した。

ミッテランは私生活の逸話も豊富だ。三回目の大統領選への挑戦で国家元首の椅子を手に入れたほか、隠し子事件、末期がんとの壮絶な闘いがあった。こうした種々のニュースの中で、今、鮮明に想い出すのは、すでに前立腺がんの末期で顔色が蒼白だったミッテランが、欧州統合の道筋を決めた欧州連合条約の最終協議（一九九一年十二月）を終えたオランダ・マーストリヒトでのEC首脳会議後の記者会見で、頰を紅潮させていた姿だ。時計の針は午前一時をとっくに回っていた。

二期一四年の長期政権は「大統領の大工事」の実現を許した。一九八九年のフランス革命二〇〇周年に合わせて、ルーブル美術館の入り口としての「ピラミッド」をはじめ、「新凱旋門」「新オペラ座」が誕生した。一九九四年には「大図書館」

が完成し、一九九六年のミッテラン死後、「フランソワ・ミッテラン大図書館」に改称された。フランスが王制以来、相変わらず続行中のパリと国家元首に権力が集中する中央集権国家の賜物でもある。

欧州統合の実現と、その後

この時代、フランスは「外交大国フランス」の地位を保持していた。冷戦の幕引きを行った「パリ会議」が開かれたのは、凱旋門に近いフランス外務省のクレベール別館ではなかったか。ミッテランは「青、白、赤」の三色旗と同じ色の縞柄のネクタイを締めていた。カンボジア紛争の包括的解決を決めた「パリ和平協定」が調印されたのもパリなら、協議が延々と展開したのもパリ郊外ランブイエの外務省別館だった。

フランスはまだ、ドイツと共にヨーロッパの盟主であり、欧州統合を牽引する二頭立て馬車だった。ミッテランとコールによる仏独首脳会談で決定した内容が、ＥＵ首脳会議での決定事項になり、それがそのまま、先進国首脳会議（Ｇ７、後にロシアが加わり、主要国会議＝Ｇ８）の主要議題になり、議長声明や議長総括に盛り込まれた。皮肉なことに、ミッテランが夢見た欧州統合は、中・東欧の一〇カ国加盟（二〇〇三年）によって重心が一気に東に傾き、フランスに代わって第二次世界大戦の敗戦とユダヤ人大量虐殺の負い目を振り払って、ドイツが外交大国として国際舞台に躍り出た。

そのセーヌ河畔からは、二〇一九年四月に無残に焼け落ちる前のノートルダム大聖堂の尖塔が仰ぎ見られた。基本的にカトリック教徒でもあるフランス人にとって、ノートルダム大聖堂は精神的故郷であり、キリスト教の慈悲と寛容の精神の拠り所だ。当時はまだ、大半がイスラム教徒の移民に対する同化政策が大した疑問もなく進み、このキリスト教の精神とフランス共和国の国是「自由、平等、博愛」とが、ないまぜになってフランス人の魂をも形成していた。今は？

（第Ⅰ巻「はじめに」より）

（やまぐち・しょうこ／ジャーナリスト）

リレー連載　近代日本を作った100人　90

信時潔——武士道の上に接木されたる西洋音楽

新保祐司

サムライ・クリスチャンの息子

信時潔《のぶときよし》は、明治二十年に大阪で生まれた。実父は吉岡弘毅といい、当時大阪北教会の牧師であった。

吉岡弘毅という人物は、いわゆるサムライ・クリスチャンの一人である。幕末維新期を志士として生きた人間が、明治初年に旧新約聖書と出会い、基督者となった。

吉岡は、明治維新のときすでに二十一歳であったが、七歳で維新を迎えた内村鑑三は、晩年、昭和三年に「武士道と基督教」と題した講演の中で、「明治の初年に当つて多くの日本武士が此精神に由りて基督者になつたのであります。沢山保羅、新島襄、本多庸一、木村熊二、横井時雄等は凡て純然たる日本武士でありました」といった。

内村自身が無論、この系譜に入る訳だし、吉岡弘毅という人物もまた、そうであった。「此精神」とは、「正直」「勇気」「誠実」などを重んじる、武士道的なものを指す。

内村は、「武士道の上に接木されたる基督教」といういい方をしたが、「明治の精神」とは武士道という台木に西洋の文明・文化の何物かが接木されたものなのである。内村はいうまでもなく、基督教が接木されたが、福沢諭吉は「文明」であり、岡倉天心はフェノロサの眼、中江兆民はルソーの思想、夏目漱石は英文学、森鷗外は独文学といった具合に、それぞれの個性と宿命に応じて、様々なものが接木されたのである。この精神の構造が、近代日本を作ったのである。

信時潔は、吉岡弘毅の「武士道と基督教」が醸し出す精神的気圏を受け継いでいた。そういう台木に西洋音楽が接木されたのである。特に、西洋音楽の古典、バッハの音楽であった。信時潔は、一歳違いの山田耕筰のように西洋音楽の先端を追いかけることはしなかった。バッハを中心とした古典音楽にがっちりと対峙した人であった。この精神の頑固なまでの姿勢に、信時潔の「古武士」らしさがある。

明治以降、西洋音楽にかかわった日本人のほとんどが、いわゆる西洋かぶれで終わった。台木がしっかりしていなかったからである。そんな中で、信時潔は、西洋音楽の本質を把握しようと努めた人であった。そして、西洋音楽を血肉化することで近代日本の音楽を創造したのである。

交声曲「海道東征」の復活

信時潔の代表作といえば、やはり「海ゆかば」と交声曲「海道東征」ということになるであろう。「海ゆかば」は、昭和十二年、万葉集巻一八に収められた大伴家持の長歌の一節に作曲されたものである。この名曲は、バッハと万葉集が、信時潔という「古武士」的な精神の中で、奇跡的に結びつけられたものなのである。だから、バッハのコラール、あるいは讃美歌のように響き、戦時中、鎮魂曲のように聴かれたのも自然なことであった。

一方、交声曲「海道東征」は、神武東征を題材にして北原白秋が作詩した叙事詩に曲を付けたものである。昭和十五年に紀元二六〇〇年の奉祝曲として作られた傑作である。交声曲とはカンタータの翻訳であり、バッハのカンタータを学びながらも、西洋音楽の模倣にもならず、和楽器を使用するなどの表面的な日本に頼ることもなく、日本人の深みから鳴り響く音楽を創造したのであった。

この二曲は、敗戦によって一転して封印され、表立って歌われることがなくなった。この封印と信時潔に対する冷遇は、戦後日本の歪みを象徴している。私が、この冷遇に義憤を感じ、『信時潔』を上梓したのは、戦後六〇年の二〇〇五年であった。そして、一〇年後の二〇一五年に、生誕の地大阪での交声曲「海道東征」の公演の成功を機に、ついに信時潔の復活が始まったのである。

（しんぽ・ゆうじ／文芸批評家）

▲信時潔（1887－1965）
作曲家。大阪で、当時、大阪北教会の牧師だった吉岡弘毅の三男として生まれる。11歳のとき、大阪北教会の4長老の一人、信時義政の養子となる。大阪府立市岡中学を経て、東京音楽学校に進む。研究科作曲部を修了して、東京音楽学校助教授となる。33歳のとき、文部省在外研究員として、ドイツのベルリンに留学。帰国後、東京音楽学校教授に任ぜられる。昭和10年代に、独唱曲「沙羅」（清水重道作詩）、「海ゆかば」、交声曲「海道東征」など代表作を作曲。戦後の傑作には、独唱曲「帰去来」（北原白秋作詩）、合唱曲「鎮魂歌」（折口信夫作詩）などがある。晩年、声楽曲「古事記」の作曲にとりくんでいたが、死により未完に終わった。

■連載・「地域医療百年」から医療を考える　6

死の臨床と母の読経

方波見康雄

私が小学校に入るころから、母は毎日のように仏壇の前に正座して「ぎゃーてい、ぎゃーてい、はーらぎゃーてい」などと唱えるようになっていた。語調が忍者の呪文めいておもしろく、口真似をしたものだ。これが般若心経の結びの「羯諦羯諦波羅羯諦」と知ったのは、中学生になってからだった。

もう一つ母が愛誦したのは、曹洞宗の教典『修証義《しゅしょうぎ》』だった。毎日のように何年も耳にして、わからないままに自ずと滲み込んできたのが『修証義』の中の「愛語」であった。そしてやがて私が小学校高等科一年に進んだときに、国語教科書に「愛語」についての記述があり、はじめてこの言葉の持つ意味の深さを知った。その一節を引用しておく。「愛語というは衆生《しゅじょう》を見るに先ず慈愛の心を発《おこ》し顧愛の言語を施すなり、面《むか》いて愛語を聞くは面を喜ばしめ、心を楽しくす、面《むか》わずして愛語を聞くは肝に銘じ魂に銘ず、愛語能《よ》く廻天の力あることを学すべきなり。」(『修証義』)

この「愛語」は、後年にキリスト教の聖書を読み、西欧哲学書で「愛」についての言説に触れ、やがて「利他」や「他者性」そして「人間存在の根源」などへと向かう私の関心の導き手のひとつとなり、臨床医としての人間的視野や思索を広げ深める契機となってくれた。「門前の小僧、習わぬ経を読む」というが、小僧ならぬ医者の息子が、母親の読経の経文の言葉を耳にしながら育つというのはユーモラスでもあった。

ところで母はこの読経に続いて、こう祈りを捧げていた。「私はどうなってもよい、夫と子どもたちの息災と長寿をおかなえください」。

それかあらぬか母は晩年病気がちとなり、口腔がんと脳梗塞を患い、わずか六七歳で人生を終えている。また母が読経を始めたのは、三歳で夭折した私の弟の供養のためと知ったのも、母の死後のことであった。

旧水戸藩士の娘だったという母のこうした生き方が、いまなお私の日常診療と死の臨床実践の大きな指針となっている。

(かたばみ・やすお／医師)

■〈連載〉沖縄からの声［第XIII期］3（最終回）

沖縄シンパの試金石

伊佐眞一

伊波普猷《いはふゆう》に代表される「沖縄学」の源流は、琉球を武力で侵略した隣国、明治政府の沖縄調査が基盤になっている。侵略者というのは、洋の東西どこでもそうだが、支配地を土地の人間以上に詳しく調べたうえで、それを統治に役立てるものである。戦後沖縄の場合も同様で、米国と日本政府の政治家たちが沖縄に身を「寄り添った」のも、まさにそれ。沖縄ではいまだに、ひところの自民党には沖縄の苦しみをわが身のこととして理解してくれる者がいたのに、昨今の安倍とか菅とかはまるで違うなどと言う声をよく耳にする。比較すれば差があるのは当然で、問題は彼らに共通する根本目的が何であるか、それが見据えられていないからであろう。ヤマトにとって沖縄の何が最も「価値」があるのか、なのである。

そこでいまの沖縄だが、コロナウイルスが世界を席巻するまでは、年間一千万の入域観光客であふれかえっていた。亜熱帯の自然でレジャーを楽しみ、琉球王国時代の伝統料理や文化を満喫し、ついでに広大な米軍基地も目の保養にしていたはずである。「異国」情緒を堪能して帰っていくのは、それはそれで結構なことである。そして、沖縄を好きになってリピーター客になってもらえれば、沖縄経済にとってもなおさらいいと思う。

こうした「沖縄びいき」は、かつて茅《かや》誠司《せいじ》だったか、「沖縄病」にかかったという表現をしたくらい、長い歴史がある。官僚、実業家、運動選手、沖縄移住者など、広い範囲にわたっている。ところが、米軍基地のヤマトへの県外移設論が沖縄で出てきて、それに呼応するように基地の引き取り運動が日本《ヤマト》の側で起こってきたあたりから、「理解者《ファン》」の風向きが変わってきた。そして沖縄の独立を目標とする主張が沖縄で強くなるに及んで、揶揄と反感、敵意が眼につくようになる。しかし、これは何も保守層に限った話ではない。沖縄通の進歩派と思われてきた学者や評論家のメッキを引っ剝《ぱ》がす作用もしたのであって、米軍基地問題の威力を、改めて見せつけてくれた。人間の評価は、「棺《かん》を蓋《おお》いて事定まる」という。さすがに古人はよく言ったものである。

（いさ・しんいち／沖縄近現代史家）

連載　歴史から中国を観る　21

六つの文字で書かれた地名・人名辞典

宮脇淳子

清朝では、六種類の文字で書かれた地名・人名辞典がつくられた。書名は『西域同文志《せいいきどうぶんし》』あるいは『欽定西域同文志』と言う。清が最後のモンゴル遊牧帝国ジューンガルを倒し、一七五九年に新疆を征服して最大版図になったあとで編纂された。

次頁を見てほしい。最初に、漢字文化圏にとっては耳慣れない固有名詞の発音が満洲文字で綴られ、そのあと漢字音訳、ついで漢字で説明文が書かれたあと、「三合切音《さんごうせついん》」という、二つあるいは三つの漢字を組み合わせて一文字の発音記号としたものが続く。

次いで、モンゴル文字、チベット文字、オイラト文字（ジューンガルが使ったトド文字、モンゴル文字の改良形）、アラビア文字（トルコ系イスラム教徒がトルコ語を書写するのに使用）で同じ発音が綴られる。

一七六三（乾隆二十三）年に編纂の勅命を受け、七一年に第一次本が完成、八二年に第二次本が、紫禁城《しきんじょう》内にある官営の印刷所・武英殿《ぶえいでん》から刊行された。

乾隆《けんりゅう》帝は、自身のジューンガル征伐の記録である『平定準噶爾《ジュンガル》方略』や、征服の進行中からおこなわれていた調査にもとづく『皇輿西域図志《こうよせいいきずし》』の編纂も命じていたが、そのためには固有名詞の訳字を一定にしなくてはならず、参考書をまず編纂するという意味もあった。

『西域同文志』は全二十四巻あり、天山北路・南路の地名と山名・水名、天山南路回部の人名、青海の地名・水名・人名、西番（チベット）の地名・山名・水名・人名に分かれ、固有名詞が三二一一収録されている。

一九六一～六四年に日本の公益財団法人東洋文庫から、影印版三巻と、英文解説および言語別索引が付いた研究篇が刊行された。ジューンガルとイスラム王公、青海とチベット王家やダライ・ラマ世系も系図化されており、評価が高い。

モンゴル人の血が四分の一入っていた康熙《こうき》帝は、モンゴル語に堪能だったが、孫の乾隆帝も言語の学習に熱心で、清の支配下に入った諸民族の言葉をある程度理解したと言われている。

（みやわき・じゅんこ／東洋史学者）

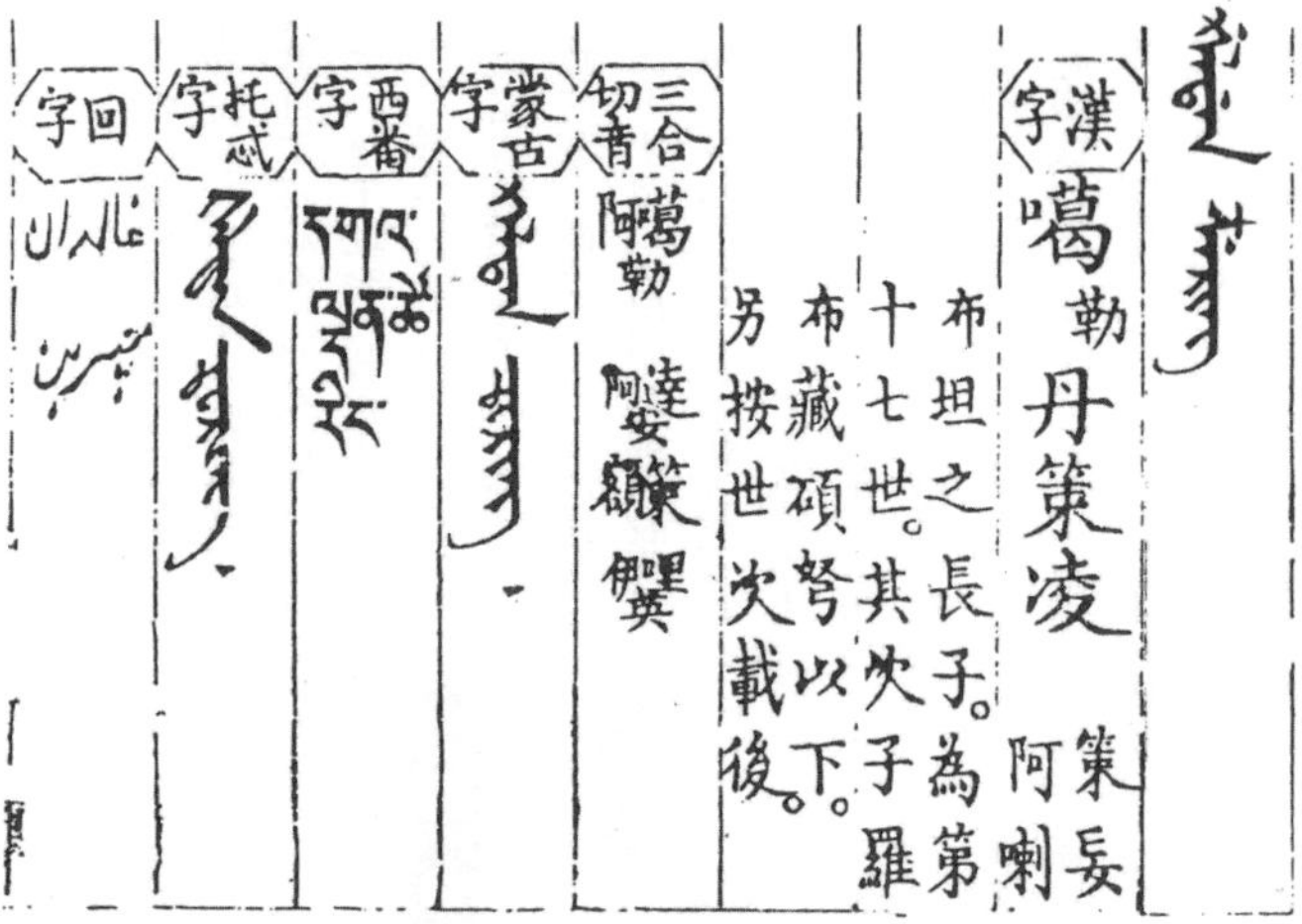

『欽定西域同文志』中のジューンガル部長ガルダンツェリン

欽定西域同文志卷之一

天山北路地名

巴爾庫勒路　巴爾庫勒。居天山北。舊隸版圖。西鄙準界。故以為天山北路之首。

漢字　巴爾庫勒　回語。巴爾。有也。庫勒。池也。城北有池。故名。轉音為巴里坤。古匈奴東蒲類王茲力支地。即匈奴中蒲類海也。後漢為伊吾盧地。魏入蠕蠕。隋屬伊吾郡。後入突厥。

漢字　招摩多　蒙古語。數盈至百謂之招。摩多。謂樹也。其地有樹百株。故名。

三合切音

蒙古字

清の乾隆帝勅撰
『欽定西域同文志』巻首

連載　今、日本は　29

再び、馬毛島

鎌田　慧

鹿児島県種子島《たねがしま》に近い、馬毛島《まげしま》について、昨年一二月号のこのページに書いた。無人島のほぼ全島を政府が買収、米軍空母から発進する艦載機の離着陸訓練基地にされる。当初は四〇億円と言われていた土地を、菅官房長官（当時）が買収したのが、一六〇億円と破格の値段。馬毛島と種子島の行政区域・西之表《にしのおもて》市の市長をはじめとする、住民の基地建設反対闘争がはじまった、との報告だった。

まだ住民が住んでいた頃の小中学校の跡地などは、いまでも市が所有していて、買収には応じない姿勢を示している。

艦載機のタッチ・アンド・ゴー（着陸&離陸）訓練は、島の向い側に住む西之表市住民には耐え難い騒音となる。さらに最近になって、滑走路が強化されるだけでなく、沖合にむけて海上自衛隊の大型艦船や米軍の強襲揚陸艦も接岸する港湾施設も建設される計画が明らかにされた。

馬毛島から南下した沖縄北部の辺野《への》古《こ》の海岸では、すでに強大な米軍基地の建設がはじまっていて、県知事を先頭にした反対闘争が続けられている。敗戦後七六年がたってなお、いまだに米軍の新基地が建設されている日本の現実を悲しいと思う。

日本の仮想敵はソ連に代わって、いまは中国とされている。かつては北海道が北の護りになっていたのだが、自衛隊の基地強化は南進して奄美諸島からはじまり、沖縄と先島諸島での中国を睨むミサイル基地建設になっている。馬毛島の建設資金一六〇〇億円＋αは、辺野古の建設資金の流用なのだ。

辺野古と馬毛島は日米で一体化され、膨大な資金が投入される。その間に自民党の政治家たちが介在して、渺たる無人島の買収価格が四倍に吊り上げられ、中国攻撃の陣列強化に利用される。しかし、冷静に考えてみよ。生産と貿易で依存している隣りの大国、中国と戦端をひらいて、膨大な犠牲者を発生させるつもりなのか。防衛費での米軍需産業の救済をやめよ。（かまた・さとし／ルポライター）

■連載・花満径 66

窓の月（五）

中西 進

文字の輸入が古代人の表現にとって、どれほど有効だったか、それを垣間見る一件が『万葉集』の中にある。

あの内乱、壬申《じんしん》の乱に勝った天武天皇は吉野に挙兵し、即位後諸皇子を従えて吉野に赴《おもむ》き、つぎのような一首をよんだという。

淑《よ》き人の良《よ》しと吉《よ》く見て好《よ》しと言ひ
し芳野吉く見よ良《よ》き人四来《よく》見つ　（巻一・二七）

思い出の地吉野がどれほどよいかを言いたい時に、これほど漢字を借りた。漢字表記五字、漢字のカナ書きも一つ。吉野の評価にこれほどの力を見せられたのは、まさに文字の力を受容し発揮させたからだ。

おもしろいことに『論語』で最高の価値をあたえられている「善」がない。そのことは逆に、知っているだけ文字を並べたなどという、いい加減のものではなかったことの明証だろう。

これをわたしは、みごとな文字力の解析による文化の受容だと考える。

もう一つ、おもしろい例をあげよう。笠金村《かさのかなむら》といえば志貴皇子《しきのみこ》の葬送をドラマ仕立てに歌ったり（巻二・二三〇）、遣唐使に歌を贈ったり（巻八・一四五三）する七一〇〜三〇年代の、開明派で遊び好きな歌人だが、彼は長歌（巻九・一七八七）の一節に「色に出でば」を、

色二《いろに》山上《い》復有《で》山者《は》……

と書く。つまり「出」と書けばよいものを、出の字を分解して「山の上にまた山がある」としたのである。仮名の「に」を「二」と書いて、「復」を連想した結果だろうか。

もっともこの前例は中国の詩集『玉台新詠集』（巻一〇「古絶句四首」）にあるから、その真似である。じつは出の字は本来、草が地上に出る姿を写した㞢で、山二つではない。金村にはこのユーモアがおもしろかったらしい。

そこで、あの窓越しの月を詠んだ万葉歌人も文字を分析する遊びを知っていて、篆書《てんしょ》の窓の字の一部に月の字があることから、「窓越しの月」の作者となったのだろうか。では彼は篆書体の中国古典を見ていたのか。

（なかにし・すすむ／日文研名誉教授）

Le Monde

■連載・『ル・モンド』から世界を読む［第II期］61

ある遺骸の運命

加藤晴久

今年没後二〇〇年のナポレオンに因んだエピソード（『ル・モンド』二〇年一〇月三一日付／二一年七月一四・一五日付）。

シャルル＝エチエンヌ・ギュダンは、陸軍幼年学校でナポレオンの同期生だった。一六歳でルイ一六世治下の王国軍に入隊。その後、革命政府軍、帝国軍に勤務し、ヨーロッパ各地を転戦。機敏な戦術家として勇名を馳せた。一八一二年のロシア遠征の際には兵士一万人の師団を率いる中将に昇進していた。モスクワ西南約四〇〇キロのスモレンスクでナポレオン軍とロシア軍が激突した。ロシア側の焦土作戦でフランス側は苦境に陥った。ギュダンは砲弾によって左足を吹き飛ばされ、三日後に死亡した。

ナポレオンは腹心の部下の死を深く悼み、遺骸をスモレンスクの城塞に厳かに埋葬した。

それから二〇〇年あまり後の二〇一九年、スモレンスクの公園で発掘された遺骸がＤＮＡ鑑定の結果ギュダン将軍のものと証明された。

ナポレオン没後二〇〇年の二〇二一年七月一三日、つまり国祭日の前日に、モスクワから華々しく見送られ、特別機で搬送された遺骸をマクロン大統領が、プーチン大統領と共に、ナポレオンの墓があるレ・ザンヴァリッド（廃兵院）に葬る儀式の段取りが整えられた。

だが、土壇場になってすべてがキャンセルされた。ひとつには、ロシア反体制派のリーダーであるアレクセイ・ナヴァルニー毒殺未遂事件と投獄、シリアやウクライナにおけるロシアの軍事行動のために仏露関係が急速に悪化したこと。そして何よりも、この一連のショーを演出したピエール・マリノウスキという胡乱《うろん》な人物の存在である。三三歳の若造だが、極右政党・国民戦線（現・国民連合）の創立者ジャン＝マリ・ルペンのお気に入りで、クレムリンに出入り自由なのもルペンがプーチンに紹介したお蔭だという。

結局、ギュダン将軍の遺骸は、パリ盆地南方ロワレ県の生まれ故郷の村の墓地に眠る妻と息子たちの傍らにひっそりと葬られた。

（かとう・はるひさ／東京大学名誉教授）

八月新刊

敢然と「天動論」を唱導した異貌の僧、初の本格評伝

文明開化に抵抗した男 佐田介石 1818-1882

春名 徹

「我《わが》日本に固有する品に非《あらざ》れば、開化致され難し。」仏教的天動説や自給自足論、「ランプ亡国論」を唱導した、幕末・維新期の僧侶にして思想家、佐田介石。その生涯と言動を通じ、圧倒的な西洋化に蹂躙される近代日本の苦闘を裏面から照射する。

四六上製 四八〇頁 **四八四〇円**

自然を物語る天才、賢治

中村桂子コレクション いのち愛づる生命誌 全8巻

7 生《な》る 宮沢賢治で生命誌を読む 〔第7回配本〕

「土神ときつね」「なめとこ山の熊」「セロ弾きのゴーシュ」……宮沢賢治の物語は、"生きる"を考える生命誌に重なる。様々な問題を抱え、転換点を迎えるこの社会が、"いのち"を中心に"動いていけるように――

〈解説〉田中優子 カラー口絵4頁

〈往復書簡〉若松英輔・中村桂子〈月報〉今福龍太／小森陽一／佐藤勝彦／中沢新一

四六変上製 二八八頁 **二四二〇円**

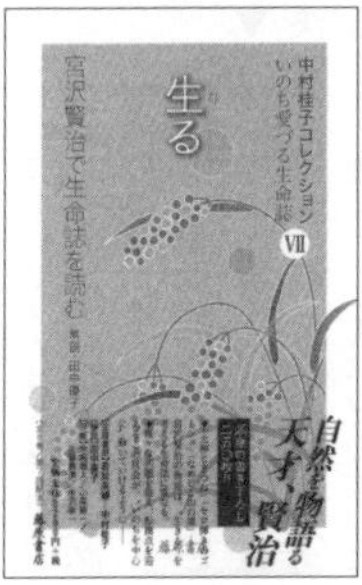

中村桂子コレクション いのち愛《め》づる生命誌《バイオヒストリー》 全8巻

内容見本呈

1 ひらく――生命科学から生命誌へ 解説・鷲谷いづみ 二八六〇円

2 つながる――生命誌の世界 解説・村上陽一郎 三一九〇円

3 かわる――生命誌からみた人間社会 解説・鷲田清一 三〇八〇円

4 はぐくむ――生命誌と子どもたち 解説・髙村 薫 三〇八〇円

5 あそぶ――12歳の生命誌 解説・養老孟司 二四二〇円

6 生きる――17歳の生命誌 解説・伊東豊雄 三〇八〇円

8 かなでる――生命誌研究館とは 〔次回最終配本〕 解説・永田和宏 〔附〕年譜、著作一覧

＊各巻に口絵、解説、月報
＊白抜き数字は既刊

最近の重版

新型コロナ「正しく恐れる」II **問題の本質は何か** 西村秀一 井上亮編 〔3刷〕一九八〇円

新型コロナ「正しく恐れる」 西村秀一 井上亮編 〔3刷〕一九八〇円

ブルデュー『ディスタンクシオン』講義 石井洋二郎 〔2刷〕二七五〇円

E・トッド **新ヨーロッパ大全 I・II** I 石崎晴己訳 II 石崎晴己・東松秀雄訳 I〔7刷〕四一八〇円 II〔6刷〕五一七〇円

バルザック「人間喜劇」セレクション （全13巻・別巻2）

別巻1 バルザック「人間喜劇」**ハンドブック** 大矢タカヤス編 〔3刷〕三三〇〇円

別巻2 バルザック「人間喜劇」**全作品あらすじ** 大矢タカヤス編 〔5刷〕四一八〇円

読者の声

新型コロナ「正しく恐れる」II
問題の本質は何か■

▼コロナウイルスについては本当に知りたい事が分からない、情報があるがそれが本当か分からない、政府の対応も後手で信頼できない、三方ふさがりの状況に陥りがちである。しかし西村先生の本書により、説明がストンと腹に落ちてくるようでした。日々の感染者数の発表、変異株のセンセーショナルなニュース、不要な情報に惑わされず「正しく恐れる」ことに気を留めていきたいです。

（兵庫　会社員　**稲垣雅子**　45歳）

▼・議論する場合の共通の科学的素養の重要性。
・政策決定に必要な専門家（集団）（ブレーン）の不足・欠如（必要性の認識不足）。

（宮城　医師　**阿部達也**　68歳）

▼歴史を学ぶとよく言うが、それは決して抽象的な言葉や時代を覚えることではなく、「人がどのように生きたか」を知ること。ペストにしろ、スペイン風邪にしろ、人間がどのように向き合ったかが大事。その中には成功も失敗もあるはず。一〇〇年後の歴史の教科書に果たしてどのように記載されるのだろうか？

大人は未来に対して、とてつもない責任を背負っていると自覚しなければならない。

（東京　団体職員　**田浦雅人**　57歳）

中国の何が問題か■

▼①アメリカにこのような沢山の中国研究家がいて、様々な意見を述べているのに驚きました。

②“Back to the future”という人もいたが、学者らしい抑制の利いた文章が多い。

③全体として、アメリカが中国をどのように見ているかがわかりました。

（兵庫　教員　**岡本哲弥**　63歳）

政治家の責任■

▼古今の名著の言葉を用いながら、多くの人々が抱く、政治・官僚・メディアへの不信感や疑問に切り込む、大きな意味を持った一冊であると感じました。「良質な政治」のため、関わる全ての人が自身の役割へ責任を持って事に臨む必要があると痛感するところです。

（東京　独立行政法人職員　**中東達矢**　26歳）

▼五十有余年新聞界にあって、政治記者として政治の動向を洞察してきた著者が、幅広い実例を通して政治家の責任の重さを強調。良かれと思って導入した小選挙区制が現下の政治の劣化、政治家の無責任主義を招いており、政治改革の第二幕の必要性を提唱している。本書は、新聞の意義を信じ、新聞記者を目ざす若者への遺言書のようなものである。

（大阪　**伏谷勝博**　82歳）

▼安倍政権になってウソで始まり「政治の劣化、官僚の劣化が」マスコミ等で報道され、本書を読み深く理解し、将来が暗くなる事を次世代に残したくないと感じました。

（北海道　**松島正佳**　72歳）

中村桂子コレクション
いのち愛づる生命誌■

▼子育て行政に何か生かせないか、ヒントを探らせていただいています。何よりも非常に共感できる内容で、講演などで是非お話をお聞かせいただきたいです。

（岩手　地方公務員　**小野寺一宏**　54歳）

老子に学ぶ■

▼人生とはまよいの連続。この本はそんな私に光りを与えてくれた。

（東京　山田隆　72歳）

動物たちのおしゃべり■

▼山崎陽子さんの作品をぜひ出版してください。

（東京　名誉教授　瀧口俊子　80歳）

幻滅（R・ドーア）／**ベートーヴェン　一曲一生■**

▼七年前の書物が直ぐ入手出来たことに先ず吃驚しました。続いて読んだのが新保祐司氏の『ベートーヴェン一曲一生』です。
　ドーア氏の卓見にはひたすら感動しましたし、新保氏のご本には意を異にする処もありましたが、仲々の好著です。続けて（全く偶然に）御社の卓越した好書に出逢えて幸せでした。（神奈川県　齋藤雄太郎　85歳）

「居住の権利」とくらし■

▼数少ない居住権に関する書籍。今後は被差別部落のみならず他のマイノリティーの居住権について取り上げて頂きたいです。

（静岡　英語翻訳者・通訳　大河原康隆　45歳）

『機』no. 348■

▼昨年以来、新型コロナウイルス感染拡大する中で、私たちの生活も行動も変化を迫られそれが心身にストレスとなって蓄積されてゆくのを感じている。
　息苦しい日々を送り、疲弊しそうになる私を静かに支え、勇気づけてくれるのが、毎月藤原書店から送られてくる『機』の存在だ。
　『機』は小さな冊子だが、内容が充実していて連載も読みごたえが有る。二〇二一年三月、米谷ふみ子様の「アメリカから見た日本」が最終回を迎えたが、最後に述べられた構想に共感しきりであった。
　――日本人は、日本の平和憲法を堂々と世界中に広めることだ。私たちの義務である。コロナ禍で大量の死亡者が世界中に出た。今、世界は戦争なんてしていられないことは明白である。…（中略）…
　もう地球は生存できない段階にまできている。武器製造にいく大資金を人間・動物・自然の生命保存に使うべきだ。
　世界中が一体となって、生きとし生けるものの生存を守ることに邁進していこうではないか。（完）
　米谷様の言葉を繰り返し読んでかみしめ、書き写すと、心に響いた言葉がやがて血肉と化し、私の思想のバックボーンとなってゆく。藤原書店の『機』の力に只管《ひたすら》感謝である。

（東京　地方公務員　松本朗　58歳）

機■

▼拝啓、『機』一月号に添えて、図書目録、原稿用紙を拝領いたしました。『機』を繙いていると、何んと拙稿が出ているではありませんか。二月の読書会にて、仲間に披露いたします。
　今年の賀状に添えた拙句、

年新た　牛（丑）歩で目指す
　米寿かな

　現在八十六歳の小生、右の如く、遠慮がち（?）にあと二年の余命としていますが、本音は、卒寿が目標です。金子兜太、D・キーンの両師を仰ぎつつ擱筆せん。　不一

（兵庫　柴垣重夫）

ブックガイド■

▼ブックガイドを拝見すると、貴社の出版方針は、売れる本より、「読んでほしい本」「読まれるべき本」を世に出すことなのだろうと思います。
　これまでに石牟礼道子さんの自伝などを読んでいます。いい本です。
　これからも内外の読まれるべき本を出して下さい。貴社の発展を祈ります。

（徳島　岩木敏久）

藤原書店御一同様■

▼二十数年前にリカレント教育という名目のため大阪府教育委員会の配

慮により、兵庫県社町にある国立兵庫教育大学大学院修士課程に修学する機会に恵まれました。当時勤務していた中学校現場を離れて、二年間の大学院生活を始めました。

　その折に大学構内にある生協の書店にて、貴社の出版になる幾冊かの書籍を購入する機会に恵まれました。大学院では教育社会学専攻でしたので、貴社の本で買い求めたものは、『文化的再生産の社会学』『ピエール・ブルデュー』『資本主義のハビトゥス』『ディスタンクシオン』『再生産』『構造と実践』『社会学の社会学』『科学的知の社会学』等々の本を購っております。

　貴社の出版された本はいずれもその装丁が丁寧で、とてもしっかりしていて、本造りに社員一同様が、心を込めておられるものだと実感致します。おかげさまで、修士論文として書きあげることができたのが「社会的援助活動からみた「内なる国際化」と「社会的教育」の課題と展望――中国帰国生徒とその家族を視座において」とタイトルしたものです。

　今でも自宅の本棚には貴社の出版された書籍の数冊が、その一角を占めて、鎮座しております。その重みのある存在感には驚きを禁じ得ません。貴重な本に出会えてまことに感謝の念で一杯です。　（大阪　**渡会雅敏**）

※みなさまのご感想・お便りをお待ちしています。お気軽に小社「読者の声」係まで、お送り下さい。掲載の方には粗品を進呈いたします。

書評日誌（七・四～九月号）

書 書評　**紹** 紹介　**記** 関連記事　**イ** インタビュー　**TV** テレビ　**ラ** ラジオ

七・四　記 北海道新聞「後藤新平の会」（「『後藤新平賞』授賞式」／「方波見医師『さらに努力』」／大沢祥子）

七・三　記 読売新聞「ディスタンクシオン〈普及版〉」（「100分de名著」／「本離れ時代に　本を語り合い10年」／武田裕芸）

七・一七　書 毎日新聞「新型コロナ「正しく恐れる」II　問題の本質は何か」（「確認された間違いを捨てる」／松原隆一郎）

七・一八　紹 産経新聞「新型コロナ「正しく恐れる」II　問題の本質は何か」

七・二三　紹 週刊読書人（「2021年上半期の収穫から」）「ゾラの芸術社会学講義」（荻野哉）／「民衆と情熱」（立川孝一）

七・二四　紹 図書新聞「ゾラの芸術社会学講義」（「二〇二一年上半期　読者アンケート」／小倉孝誠）

紹 読売新聞（夕刊）「後藤新平の会」（「Culture」／「政治混迷　後藤新平に学ぶ　都内でシンポ」）

七・二五　紹 サンデー毎日「草のみずみずしさ」

七・二六　書 産経新聞「祈り」（「交差する物語の深い響き」／桑原聡）

七・二六　紹 公明新聞「新型コロナ「正しく恐れる」II　問題の本質は何か」

七月号　紹 新聞研究「政治家の責任」

記 ちくま「家族システムの起源I　ユーラシア」（「吉本隆明2019（29）」／鹿島茂）

八月号　紹 りらく「新型コロナ「正しく恐れる」II　問題の本質は何か」（「りらく図書室」）

八月三回　紹 本の花束「大地よ！」／「シマフクロウとサケ」（「特集アイヌ」）

夏号　紹 この本読んで！「シマフクロウとサケ」

SUMMER　書 vesta「「共食」の社会史」（「文献紹介」／山極壽一）

九月号　紹 東京人「風土自治」（「今月の東京本」）

鶴見和子さん　没十五年

山百合忌

今回の『山百合忌』は、最初に藤原良雄社主の挨拶、続いて田中優子氏の講話「着物から見る内発的発展」（次号掲載）、語りと舞「花の山姥——鶴見和子の生涯」が上演された。また鶴見和子さんの着物と帯、小物等を写真で収録した私家版の本『魂のよりどころ——鶴見和子の着物』完成を記念し、鶴見さんの遺愛の着物を展示。

「語りと舞」は、これまでの十一回を凝縮し、鋲仙会の能舞台で上演。野村四郎師が長年の観世流への貢献により、本年名誉の雪号を授与され野村幻雪を名乗られて初の山百合忌であった。

二〇二一年 七月三十一日(土)
於・鋲仙会能楽研修所　写真・鈴木薫

舞・節付　**野村幻雪**（下段写真・山姥）、舞・歌・語り　**金子あい**（上段写真・鶴見和子）、語り・歌　**坪井美香**（中段写真・石牟礼道子）、作曲・演奏　**設楽瞬山**、衣裳　**細田ひな子**、構成・演出・花・語り　**笠井賢一**。

能舞台の上演にふさわしく、和子さんが倒れてから和歌の力で再生する様を、アニミズムの精霊というべき幻雪師の舞の力で見せ、最後は和子山姥と幻雪山姥が二人で相舞し、四十億年続く大いなる自然という生命体から生まれ、そこに戻って自然と一体となる様を夢幻能として演出した。石牟礼さんと鶴見さんは、いのちの始まりの豊かさと深い祈りを歌い、舞う。

最後に、平成の天皇が水俣で、皇后が東日本大震災の翌年に詠まれた和歌を使用したのは、お二人がともに実践された象徴天皇としての広く、深い鎮魂の想いが込められており、日本の伝統的な詩学が体現された和歌だからである。

野村幻雪師は二〇一三年から毎年、舞・節付で『山百合忌』の作品創りに情熱的に参加され、その至芸は一連の「語りと舞」の強力な牽引力であった。今回も病を押しての舞台でありながらそれを見せない気迫に満ちた舞であった。幻雪師は八月二一日に逝去され、山百合忌が生涯最後の舞台となった。（笠井賢一）

十月新刊予定

＊タイトルは仮題

心性史を継承するアナール派の到達点

A・コルバン／J-J・クルティーヌ／G・ヴィガレロ 監修

感情の歴史 全3巻

III 19世紀末から現代まで

J-J・クルティーヌ編

小倉孝誠監訳

完結

『身体の歴史』『男らしさの歴史』に続くシリーズ三部作完結編。最終巻では、感情を対象としてきたあらゆる学問領域が精査され、感情の社会的生成過程のメカニズムを追究し、現代人の感情体制が明らかにされる。アナールによる「感情史」の決定版、遂に完結。

カラー口絵24頁

都市計画の大家による最高の都市論

都市と文明 II （全3分冊）

文化・技術革新・都市秩序

P・ホール

監訳＝佐々木雅幸

口絵16頁

世界の代表的な都市を取り上げながら、人類史を壮大なスケールで展開し、経済・文化の揺籃としての都市の可能性を描く、「創造都市論」の先駆的大著。

〈第II分冊〉革新的環境としての都市（マンチェスター、グラスゴー、ベルリン、デトロイト、米西海岸、東京・神奈川）／芸術と技術の融合（ロサンゼルス、メンフィス）

〝私〟は〝私たち〟の中に

生きているを見つめ、生きるを考える

「いのち愛づる生命誌」の三十年

中村桂子

『機』誌好評連載と、藤原書店三十周年記念講演を構成し、〝生命誌〟という独自の視点から広がる豊かないのちの世界を、やさしく語りかける。コロナウイルス感染症が流行し、社会が転換期を迎える今、人間社会だけを見ていては未来はない。〝生命誌研究館（リサーチホール）〟を立ち上げてからの三十年の成果。

詩人としての高群逸枝の全体像の初の成果

別冊『環』㉖

高群逸枝 1894-1964

女性史の開拓者のコスモロジー

恋愛、婚姻、性、母性……様々な問題意識の中で読み解きうる高群逸枝の業績と思想。日本における母系の系譜を丹念に辿った女性史家であり、詩人であった高群逸枝の全貌を、小伝、短歌や詩、女性の歴史、同時代人の関係などから浮彫る初の成果。

南北を分断する38度線を、新潟で超える

金時鐘コレクション 全12巻

3 海鳴りのなかを

長篇詩集『新潟』ほか未刊詩篇

六〇年頃、北朝鮮への帰国船は次々と新潟港を出発。日本に身をおく著者は、南北を分断する38度線が新潟を通ることを噛みしめ、「在日」を問う。〈解説〉吉増剛造【第7回配本】

口絵4頁

9月の新刊
タイトルは仮題、定価は予価。

パリ日記（全5巻）
特派員が見た現代史記録1990-2021　内容案内呈
山口昌子
1 **ミッテランの時代** 1990.5-1995.4 ＊
A5並製　五九二頁　五二八〇円

「かもじや」のよしこちゃん ＊
忘れられた戦後浅草界隈
西舘好子
A5上製　二八八頁　二六四〇円　図版多数

国家とは何か ＊
後藤新平　楠木賢道 編＝解説
四六変上製　二〇八頁　二七五〇円

社会思想史研究45号　社会思想史学会編
〈特集〉**社会批判はなおも可能か?**
A5判　二七二頁　二八六〇円

10月以降新刊予定

感情の歴史（全3巻）　完結!
A・コルバン／J-J・クルティーヌ／G・ヴィガレロ監修
III **19世紀末から現代まで** ＊
J-J・クルティーヌ編　小倉孝誠監訳　口絵24頁

都市と文明 II ＊（全3分冊）
文化・技術革新・都市秩序
P・ホール　佐々木雅幸監訳

金時鐘コレクション（全12巻）内容見本呈
3 **海鳴りのなかを** ＊［第7回配本］
長篇詩集『新潟』ほか未刊詩篇
〈解説〉吉増剛造　口絵4頁
〈月報〉森澤真理／島すなみ／金洪仙／阪田清子

生きているを見つめ、生きるを考える ＊
中村桂子

別冊『環』㉖
高群逸枝 1894-1964 ＊
女性史の開拓者のコスモロジー
芹沢俊介・服藤早苗・山下悦子 編

好評既刊書

中村桂子コレクション　いのち愛づる生命誌（全8巻）
7 **生《な》る** ＊　〈解説〉田中優子
宮沢賢治で生命誌を読む
往復書簡＝若松英輔・中村桂子
〈月報〉今福龍太／小森陽一／佐藤勝彦／中沢新一
四六変上製　二八八頁　二四二〇円　カラー口絵4頁

文明開化に抵抗した男
佐田介石 1818-1882 ＊
春名徹
四六上製　四八〇頁　四八四〇円

漢字とは何か
日本とモンゴルから見る
岡田英弘
宮脇淳子＝編・序　樋口康一＝特別寄稿
四六上製　三九二頁　三五二〇円

テレビ・ドキュメンタリーの真髄
制作者16人の証言
小黒純・西村秀樹・辻一郎＝編著
A5上製　五五二頁　四一八〇円

何があっても、君たちを守る
――**遺児作文集**
「天国にいるおとうさま」から
「がんばれ一本松」まで
玉井義臣・あしなが育英会 編
四六変判　三一二頁　一七六〇円　カラー口絵8頁

新型コロナ「正しく恐れる」 II
問題の本質は何か
西村秀一　井上亮＝編
B6変上製　二五六頁　一九八〇円

祈り
上皇后・美智子さまと歌人・五島美代子
濱田美枝子・岩田真治
四六上製　四〇八頁　二九七〇円　カラー口絵8頁

＊の商品は今号に紹介記事を掲載しております。併せてご覧戴ければ幸いです。

書店様へ

▼**『新型コロナ「正しく恐れる」II　問題の本質は何か』**が、8/7(土)『朝日』にて絶賛書評。**『新型コロナ「正しく恐れる」』『ワクチン　いかに決断するか**　1976年米国リスク管理の教訓』『**ウイルスとは何か**　コロナを機に新しい社会を切り拓く』『**戦後行政の構造とディレンマ**　予防接種行政の変遷』『**日本を襲ったスペイン・インフルエンザ**』等、関連書籍とともに大きくご展開を!▼国際的植物生態学者の宮脇昭さんがご逝去されました。ご冥福をお祈り申し上げます。8/9(月)『産経』「産経抄」では、「宮脇方式」と呼ばれる潜在自然植生の森づくりとともに、『**いのちの森づくり**　宮脇昭自伝』を紹介。小社では本書のほか、『**見えないものを見る力**』など宮脇さんの書籍を多数刊行しております。今後追悼記事等パブリシティもございます。ご展開ください。▼『**芸の心**　能狂言　終わりなき道』にて、山本東次郎さんと対談された、野村幻雪さん（刊行時は野村四郎、人間国宝）がご逝去されました。ご冥福をお祈り申し上げます。（営業部）

出版随想

▼また、一人の大切な方を喪った。宮脇昭。まだお会いして十年足らずだが、この方のお仕事には、人類の希望があった。日本の将来の希望があった。お会いした頃、八〇代半ばにはとても見えない精力的な言動・行動にいつも圧倒された。「昨日タイから帰ってきて、あと一週間後には、アメリカに行きます。」と何の高ぶる調子もなく平然と語られる。それは、その土地の植樹の指導もあれば、植生調査の時もある。世界中の木を植えたいと思っている人々が、アキラ・ミヤワキを待っているのだ。

▼その合い間を縫って、わが社での会議に顔を見せられる。ある時、朝九時からの会議に、三十分前に来られたということを聴いて、ああ、この先生との会合は、一時間前に準備しておかないといかん、と思ったものだ。先生は、〝人、人、人〟とよく言われ、〝現場、現場、現場〟ともよく言われた。まさに小社が出版している大先達、後藤新平の言葉そっくりではないかと苦笑いしたものだ。ある時、突然先生が、「社長、この本全部でいくらですか？」と問われた時には、正直面喰った。これまで出版した本一三〇〇点余の価格の合計がいくらか、考えたこともなかったからだ。「そうですね、大体平均定価四千円位だから、一三〇〇点で五千万位ですかね」と応えて、「待てよ、一桁少ない五百万円ですね」と言い直した。この時自分でもこの三十年近く命懸けで作ってきたもの全てで〝五百万か！〟と、我ながら本は安いものだな、と考え込んでしまった思い出がある。その時先生はすかさず、某会社社長の秘書に電話して呼び出し、これを買うよう勧めてくれた。秘書は、茫然としてすべて見廻し帰っていった思い出がある。先生は、思ったら即断即決。迷ってる時間がない。やろうと決めたら即やる。〝本物、本物〟も口癖であった。

▼二〇一五年一月、『見えないものを見る力』校了寸前に、脳梗塞で斃れられた。少し疲れておられるのでは？という姿を垣間見たこともあったが、まさかこんなことになるとは思わなかった。その後、月一回は、施設に出向いて、先生を囲む会をしてきたが、このコロナ禍の中でそれもできなくなって久しかった。惜しい方を亡くした。合掌　（亮）